Urs Bircher

Vom langsamen Wachsen eines Zorns

Urs Bircher

Vom langsamen Wachsen eines Zorns

Max Frisch 1911–1955

Unter Mitarbeit von Kathrin Straub

Limmat Verlag
Zürich

Das Erscheinen dieses Buches wurde
mit einem Beitrag des Gönnervereins
des Limmat Verlags unterstützt.

Umschlagfoto: Max Frisch auf dem
Dent du Midi im August 1937
Foto Käte Schnyder-Rubensohn

© 1997 by Limmat Verlag, Zürich
ISBN 3 85791 286 3

Inhalt

Bin
oder Der Architekt als Freizeitschriftsteller (1942–1945)

»Spiel, das sich als Spiel bewußt bleibt«
Dramatische Jahre (1945–1950)

»Es gibt Augenblicke, wo man sich wundert über alle, die keine Axt ergreifen«
Der Ausbruch (1950–1955)

Achtung: die Schweiz!
Der Architekt und Stadtplaner (1943–1955)

Vorwort

Gefragt, worüber er schreibe, hätte Frisch sein Leben lang fast immer die Antwort geben können: Über mich. »Letzten Endes, wenn wir ehrlich sind, können wir nur von uns selbst aussagen«, notierte er als junger Journalist *(Wir bauen eine Straße)*. Zwanzig Jahre später, im *Stiller*, reflektierte er skeptisch die Schwierigkeit, über sich selbst zu schreiben: »Man kann alles erzählen, nur nicht sein wirkliches Leben.« Und weitere zwanzig Jahre danach, in *Montauk*, bilanzierte er: »Ich lebe nicht mit der eigenen Geschichte, nur mit Teilen davon, die ich habe literarisieren können. Es fehlen ganze Bezirke.« – »Ich habe mich in (meinen) Geschichten entblößt, ich weiß, bis zur Unkenntlichkeit.«

Mit dem Versuch, sein eigenes Ich zu literarisieren, befand sich Frisch in bester Gesellschaft. Das zwanzigste Jahrhundert ist das Jahrhundert der Ich-Literatur. Die Brüchigkeit des Ichs, das Zerbrechen von Ich-Identität, die Suche nach dem Selbst, die Auflösung des Individuums, die Beschädigung, Entwertung und Entfremdung des einzelnen – unter zahlreichen Titeln reflektierte die Literatur, was in der Wirklichkeit dieses Jahrhunderts mit atemberaubender Geschwindigkeit vor sich ging, nämlich die Marginalisierung des einzelnen, einmaligen und unverwechselbaren Menschen, wie ihn die Humanisten und Aufklärer zum Maß aller Dinge erhoben hatten. Voll bitterer Ironie konstatierte Günther Anders zur Jahrhundertmitte die *»Antiquiertheit«* eben dieses *»Menschen«*.

So konsequent Frisch sich selbst und sein Leben literarisierte, so konsequent verbarg er zugleich alles *nur* Autobiographische. Das wirkliche Leben des Schriftstellers, so seine Überzeugung, finde im Kopf statt: »Ein großer Teil dessen, was wir erleben«, schrieb er in *Ich schreibe für Leser,* »spielt sich in unserer Fiktion ab, das heißt, daß das wenige, das faktisch wird, nennen wir's die Biographie, die immer etwas Zufälliges bleibt, zwar nicht irrelevant ist, aber höchst fragmentarisch, verständlich nur als Ausläufer einer fiktiven Existenz. Für diese Ausläufer, gewiß, sind wir juristisch haftbar; aber niemand wird glauben, ein juristisches Urteil erfasse die Person.« Darüber hinaus war Frisch von der besonderen Anfälligkeit der Menschen zur biographischen Selbsttäuschung überzeugt. »Jeder Mensch erfindet sich eine Geschichte, die er dann, oft unter gewaltigen Opfern, für sein Leben hält, oder eine Reihe von Geschichten, die sich mit Ortsnamen und Daten durchaus belegen lassen, so daß an ihrer Wirklichkeit nicht zu zweifeln ist«, schreibt er in *Unsere Gier nach Geschichten.* Dieser Selbsttäuschung unterlag auch Frisch immer wieder.

Die beiden *Tagebücher* Frischs wurden berühmt als literarische Werke, Privates oder gar Intimes enthalten sie nicht. Viele Dokumente seines Lebens, private Briefe, Aufzeichnungen, Zeugnisse seiner Liebe zu einer Dichterin, mit der er jahrelang in leidenschaftlichen Widersprüchen verbunden war, ein *journal intime* zum Scheitern seiner zweiten Ehe u.a.m., sie ruhen, auf seinen Wunsch versiegelt im Safe und sollen erst im Jahr 2011 zugänglich werden.

Wer unentwegt über sich schreibt und sich zugleich unentwegt verheimlicht, muß ein gespaltenes Verhältnis zur Biographie haben. Frisch mißtraute Biographen. Ein einziges Mal verlor er im über zwanzigstündigen Gesprächsfilm mit Philippe Pilliod die Contenance: »Es ist das mit dem Autobiographischen so eine dilettantische, kunstfremde, kleinbürgerliche, langweilige Dorfschnüffelattitüde – hat er, oder hat er nicht? Eigentlich ganz unergiebig. Wird etwas exemplarisch, so ist es ganz egal, was daran autobiographisch ist.« Literatur ist Literatur, nicht camouflierte Biographie. Noch da, wo Frisch »Ich« schrieb – was nicht selten geschah – und einer Figur gar den eigenen Namen lieh, verstand er sie als Kunstfigur. Zuweilen allerdings gerieten die literarischen Verhüllungen so durchsichtig wie des Kaisers neue Kleider. Für die *literarische* Qualität eines Textes ist dies unerheblich, für seinen *biographischen* Zeugniswert nicht.

Ich las die Texte, einem Vorschlag Rolf Kiesers folgend,[1] als ein einziges, großes Tagebuch im Sinne der *Tagebücher* Frischs, wobei ich die »Dorfschnüffelattitüden« zu vermeiden suchte. Den Schlüssel zu dieser Form der Lektüre gab Frisch selbst an die Hand: »Geben Sie jemand die Chance zu fabulieren, zu erzählen, was er sich vorstellen kann, seine Erfindungen erscheinen vorerst beliebig, ihre Mannigfaltigkeit unabsehbar; je länger wir ihm zuhören, umso erkennbarer wird das Erlebnismuster, das er umschreibt und zwar unbewußt, denn er selbst kennt es nicht, bevor er fabuliert«, hieß es 1964 in *Ich schreibe für Leser.*

Meine »biographische« Lektüre der wichtigsten Texte Frischs versucht also nicht herauszufinden, welche biographische mit welcher literarischen Figur, welche Lebensepisoden mit welchen Geschichten, welche biographischen Pikanterien mit welchen literarischen Anspielungen gemeint sein könnten. Ich las die Texte in erster Linie vor ihrem historisch-biographischen Hintergrund auf ihre Erfahrungsmuster hin.[2] Die Leitfrage hieß stets: Warum schrieb Frisch in dieser Situation diesen Text in dieser Form? Dabei zeigten sich interessante Zusammenhänge. Zum Beispiel spielte Frisch in seinen Texten immer wieder Probleme seiner jeweiligen Lebenssituationen literarisch durch und versuchte sie anschließend gemäß dem literarischen Befund auch im Leben praktisch zu bewältigen. Literatur als Probehandeln, sozusagen.

Die Gliederung ergab sich aus dem gewählten Vorgehen. Die Kapitel verweisen auf wichtige Lebens- und Arbeitszäsuren. Dabei lassen sich – wie immer, wenn ein Kontinuum unterbrochen wird – gute Gründe für den Einschnitt anführen, wenn auch oft nicht minder gute dagegen. Man betrachte daher die Gliederung nicht statisch, sondern als Verschnaufpausen auf dem »laufenden Band« des Lebens.

Der erste Band betrachtet die Jahre 1911 bis 1955. Es ist die Zeit, in der Max Frisch sich vom konservativen Schweizerdichter zum linkskritischen, europäischen Intellektuellen entwickelt. Bislang unbekanntes Quellenmaterial eröffnet hier erstaunliche Einsichten. Der zweite Band behandelt die Jahre bis zum Tod 1991. Der Schriftsteller wird weltberühmt und zur umstrittenen moralischen Instanz im eigenen Land. Der dritte Band versucht die Nachteile einer chronologischen Behandlung zu kompensieren: Die Chronologie verbietet weitgehend die Erörterung übergreifender Entwicklungen. Längsschnitte sind jedoch bei einem Schriftsteller, dessen Themenreservoir lebenslang sehr beschränkt war, besonders aufschlußreich. Der dritte Band versammelt daher Essays verschiedener Autorinnen und Autoren zu übergreifenden Problemen, die in den ersten beiden Bänden zu kurz kommen müssen.

Die Sekundärliteratur zu Max Frisch übertrifft den Umfang seines Werks um ein Vielfaches. »Frisch fasziniert die Intellektuellen«, spottete Friedrich Dürrenmatt. »Sie finden bei ihm die Schwierigkeiten dargestellt, die sie auch haben, oder glauben, haben zu müssen.« Wozu also auch noch dieses Buch über Frisch?

Drei Gründe: Erstens, weil es keine Darstellung seines Lebens und Werks im historischen Kontext und für ein breites Publikum gibt. Die kleine Biographie von Volker Hage ist gut geschrieben, geht aber kaum auf die Werke und den Zeithintergrund ein und berichtet als Lebensgeschichte nur das, was Frisch selbst darüber geschrieben und erzählt hat. Dies trifft auch auf die Biographie von Karin und Lutz Tantow zu. Sie begeht darüber hinaus die Unanständigkeit, seitenweise Frischs eigenen Text zu paraphrasieren und als eigene Erkenntnisse auszugeben. Alle anderen Biographien, auch die literaturwissenschaftlich sorgfältig gearbeitete von Alexander Stephan, sind vergriffen und zehn Jahre und mehr veraltet.

Zweitens leben heute, betagt bis hochbetagt, noch einige Weggefährtinnen und -gefährten Frischs, deren persönlichen Erinnerungen und Dokumente sehr wertvoll sind. Für die frühen Jahre sind dies vor allem Frau Käte Rubensohn, seine erste große Liebe, Frau Trudy Frisch-von Meyenburg, die erste Gattin, und Hannes Trösch, der langjährige Mitarbeiter im Architekturbüro. Sie werden im Jahr 2011, wenn Frischs versiegelte Privata eröffnet werden, ihre kritischen Stimmen vermutlich nicht mehr erheben können.

Drittens war Frisch zwar berühmt, beliebt war er in weiten Kreisen – auch in linken – nicht. Sein politisches Engagement eckte an. Mit dem Zusammenbruch der sozialistischen Staaten und dem Tod Frischs wünschten manche ihn endgültig auf den Müll der Geschichte. Ihrem Wunsch soll mit diesem Buch widersprochen werden.

Das Buch hat viele »Mütter« und »Väter«. Besonders gedankt sei: Frau Käte Rubensohn-Schnyder. Ihr verdanke ich die wichtigsten Informationen zum jungen Frisch; ihrem Mann Dr. Fortunatus Schnyder für die Überprüfung des Textes, Frau Trudy Frisch-von Meyenburg und Hannes Trösch für die Gespräche, Kathrin Straub für die Mitarbeit an der Entstehung des Buchs und dem Max-Frisch-Archiv in Zürich. Gedankt sei auch dem Kuratorium für die Förderung des kulturellen Lebens des Kantons Aargau für die finanzielle Unterstützung.

Ronchamp, im Frühjahr 1997

»Vom langsamen Wachsen eines Zorns«

Ein Prolog zur Erinnerung

Am 4. April 1991, einen guten Monat vor seinem achtzigsten Geburtstag, starb Max Frisch. Er hatte den Ablauf der Totenfeier in der Kirche St. Peter in Zürich bis ins Detail geregelt. Kein Vertreter der »Religion« und keiner der »Macht« sollte das Wort ergreifen. Freunde sprachen Abschiedsworte. Da Frisch weder an ein Weiterleben der Seele noch an die Auferstehung glaubte, da ihm auch der Gedanke an eine Gedenkstätte zuwider war, ordnete er an, seine Leiche zu verbrennen und die Asche der Luft und der Erde zu übergeben.

Wenige Monate zuvor war Dürrenmatt gestorben – mit Max Frischs Tod ging eine Epoche der Schweizer Literatur zu Ende. Die Nachrufe waren zahlreich und kontrovers. Doch bald schon wurde es still um Frisch. Die Taschenbuchausgabe seiner *Gesammelten Werke* verschwand aus dem Handel, seine politischen Mahnungen gerieten in Vergessenheit. Max Frisch ein Unzeitgemäßer?

Jonas und sein Veteran

Als Dramaturg der Uraufführung von Frischs letztem Theaterstück *Jonas und sein Veteran* am 19. Oktober 1989 am Schauspielhaus Zürich und am Théâtre Vidy, Lausanne (Regie Benno Besson), führte ich ab Sommer 1989 zahlreiche Gespräche mit Max Frisch: Gespräche über das Stück und seine Themen, das heißt über den moralischen Zustand der Schweiz, über Sinn und Unsinn ihrer Armee, über die Zukunft des Landes. Diese Gespräche fanden eine zwanglose Fortsetzung bis wenige Tage vor seinem Tod. Vom Sterben sprach er selten, obschon er wußte, daß es kurz bevorstand. Und wenn, dann nur in Randbemerkungen: »Man bekommt ein ganz anderes Verhältnis zur Zeit«, oder: »Ich warte jeden Tag auf die Schmerzen, dann kommt das Morphium und dann ...« Statt des Wortes die italienische Geste für *va via*. Aber auch gallenbittere Sätze haften in der Erinnerung: »Heute ist dieses Land zum Davonlaufen. Ich möchte eine Million abheben und verschwinden. Es liegt nicht an der Million, aber ich kann nicht mehr laufen.«[1]

Im Mai 1990 schenkte Frisch mir sein Buch *Schweiz als Heimat* mit der Widmung: »Vom langsamen Wachsen eines Zorns«. Als ich mich bedankte, ergänzte er: »Der Zorn ist schon fast ein Haß geworden.«

Als Achim Benning als neuer Schauspielhausdirektor im Sommer 1989 von Wien nach Zürich kam, war es für ihn selbstverständlich, Frischs *Jonas und sein Veteran* auf den Spielplan zu setzen. Ein neues Stück mit einem aktuellen Thema, geschrieben von einem weltberühmten Schweizer Autor mit einer besonderen Beziehung zum Schauspielhaus, inszeniert von einem der größten Schweizer Regisseure – solche Sternstunden sind am Theater selten. Benning war daher vom Widerstand überrascht, auf den sein Plan im Verwaltungsrat des Schauspielhauses stieß. Eine Gruppe konservativer Verwaltungsräte um die Herren Gilgen, Meng und Bieri versuchte das Stück, vor allem aber den geplanten Zeitpunkt seiner Uraufführung zu verhindern. Der Grund: Die Gruppe für eine Schweiz ohne Armee (GSoA) hatte eine Volksinitiative zur Armeeabschaffung lanciert, die wenige Wochen nach der *Jonas*-Premiere zur Abstimmung gelangen sollte. *Jonas und sein Veteran,* so das Argument der Gegner, sei eine unstatthafte politische Einmischung des Theaters in die Abstimmungskampagne. Frisch hat sich über solche Pressionen nicht gewundert, er kannte seine Landsleute, doch Wut sprach auch aus seinen Worten: »Da lernen Sie, wie die Freiheit der Kunst bei uns funktioniert. Wir *brauchen* keine Zensur.« Und er reagierte auf seine Weise, indem er größten Wert auf erstklassige *künstlerische* Arbeit legte. Jede Form politischer Polemik lehnte er ab, auch im Programmheft: »Das ist die Ebene unserer Gegner und auf diese Ebene lassen wir uns nicht hinab. Bedenken Sie, auch wir sind die Schweiz, und unsere Schweiz ist nicht repressiv, nicht aggressiv, nicht polemisch. Und das zeigen wir vor.«

Politische Kultur

Im Anschluß an einige *Jonas*-Vorstellungen fanden kontroverse Diskussionen zum Thema »Schweizer Armee – wozu?« statt. Ich telefonierte, schrieb Briefe und erhielt bemerkenswerte Absagen von prominenten Kaderleuten der Schweizer Armee. »Ich lasse mich für Schaukämpfe im Theater nicht mißbrauchen«, schrieb der ehemalige Brigadegeneral Gustav Däniker. Politiker sprangen in die Bresche. Vor vollem Theater zog der ehemalige Justizminister, Altbundesrat Rudolf Friedrich, vom Leder: »Jonas und sein Veteran«, verkündete er, »ist ein wortreiches, aber es ist ein ebenso seichtes Geplauder. Es ist Polemik, Verdächtigung, Gerücht, Lächerlichmachung, Sarkasmus bis zur banalen Primitivität. Da erscheint ein alter, ein verbrauchter, müder und resignierter Max Frisch, der sich vor einen fremden Karren hat spannen lassen. Aus einem ehemals großen Geist

ist ein kleiner geworden. Sein geistiger Niedergang wird vordemonstriert. Max Frisch ist nicht faktisch, aber er ist geistig erledigt.«[2] Später berichtete Frisch von infamen Telefonanrufen, zeigte mir anonyme Schmähbriefe. Die Feigheit solcher Attacken hat ihn immer von neuem empört.

Schließlich kam die Initiative »Schweiz ohne Armee« zur Abstimmung. Das Resultat – ein Drittel der Schweizer votierte für die Abschaffung – war auch für Frisch eine Riesenüberraschung. Anfänglich hatte er nämlich die Initiative abgelehnt, denn er prognostizierte eine Ablehnung durch das Volk, die so wuchtig ausfallen werde, daß auf Jahre hinaus jede Kritik an der Armee unmöglich würde. Erst allmählich ließ er sich von den GSoA-Initianten überzeugen und stieg schließlich mit dem Text *Schweiz ohne Armee? Ein Palaver* und einem selbst finanzierten Plakat aktiv in den Abstimmungskampf ein. Der Wille zum und die Lust am politischen Kampf hatten noch einmal über Skepsis, Alter und Krankheit gesiegt.

Fichenskandal und Kulturboykott

Wenige Tage nach dieser Abstimmung fiel in Berlin die Mauer, der kalte Krieg ging zu Ende. »Wir haben recht gehabt und wir haben es erlebt, daß wir recht hatten.« Frisch erhoffte sich nun auch für die Schweiz eine größere politische Toleranz. Doch schon im Frühjahr 1990 schickte er mir die Kopie eines Gutachtens vom »Stab der Gruppe Generalstabsdienste«, worin Strategien diskutiert wurden, den populären Schriftsteller in der Öffentlichkeit zu bekämpfen. Frischs Kommentar: »Das Gutachten kommt ins Archiv. Die Nachwelt soll auch was zum Lachen haben.« Zur selben Zeit zeigten sich die ersten Finanzengpässe im

Budget des Schauspielhauses. Auf der Suche nach Sponsorengeldern gab es neue Erfahrungen mit der Kunstfreiheit. Niemand war gegen diese Freiheit, aber da und dort pochte man auf die Freiheit, gewisse sogenannte künstlerische Unternehmungen nicht unterstützen zu müssen ... *Jonas und seine Folgen.*

Im Laufe des Jahres 1990 wurde auch das Ausmaß des sogenannten »Fichenskandals« offenkundig. An die 900 000 Bewohnerinnen und Bewohner der Schweiz waren in der Nachkriegszeit vom Verfassungsschutz wider Recht und Gesetz bespitzelt und auf Karteikarten – Fichen – erfaßt worden. Tausende von Schweizerinnen und Schweizern hatten Denunziantendienste geleistet. Der Schock und die Empörung erschütterte das politische Gefüge des Landes. Der Umfang des Denunziantensystems und das Fehlen jedes Unrechtsbewußtseins empörten Frisch: »Auf diesem Sumpfboden wächst jede Gemeinheit.« Zusammen mit zahlreichen anderen Kulturschaffenden unterzeichnete er den »Kulturboykott«, das heißt er verpflichtete sich, nicht an der 700-Jahr-Feier der Schweiz mitzuwirken, die für 1991 vorbereitet wurde. »Mit der Jubelfeier dieser Leute habe ich nichts zu tun. Ihre Schweiz ist nicht meine.« Er unterstützte die Einberufung eines gesamtschweizerischen Kultursymposiums, welches unter dem Titel *Welche Schweiz braucht die Kultur?* am 3. und 4. November 1990 im Schauspielhaus und in der Roten Fabrik Zürich stattfand. Nur sein schlechter Gesundheitszustand verhinderte eine persönliche Teilnahme.

Frisch war sich über den baldigen tödlichen Ausgang seiner Erkrankung im klaren. Er setzte alle Hebel in Bewegung, um Einsicht in seine Fiche zu bekommen. »Ich habe meinen Anwalt beauftragt, daß meine Akte nicht vernichtet wird, falls ich sie nicht rechtzeitig zu sehen bekomme. Ich betrachte es als Beweis für die politische und moralische Integrität, in der Fichenkartei registriert zu sein.« Als ihm schließlich die Unterlagen ausgehändigt wurden, staunte er über die zahlreich darin enthaltenen dilettantischen Fehler ebenso wie über den wiederholten Verfassungsbruch. Sein Kommentar: »Die Fichenaffäre zeigt immer deutlicher, daß der Bundesrat sich über Jahrzehnte hinweg nicht nur als Verfassungsbrecher, sondern geradezu als Verfassungsverbrecher betätigt hat.« Er versuchte einen Kommentar zu seiner Fiche zu verfassen, doch er fand den richtigen Ton nicht: »Erst habe ich mit Wut geschrieben, doch da kam ich mir so lächerlich vor, dann habe ich es mit Ironie versucht, doch indem ich die anderen lächerlich machte, fühlte ich mich auch nicht besser.«

Bitterkeit

Die Zürcher Stadtratswahlen vom Frühjahr 1990 beendeten eine vierzigjährige bürgerliche Vorherrschaft und brachten eine rot-grüne Koalition an die Regierung. Ein junger Sozialdemokrat wurde Stadtpräsident. Frisch setzte große Hoffnungen in diesen Wechsel. Doch die neue Regierung fand einen Schuldenberg vor und verkündete als erstes einen rigorosen Sparkurs – auch in der Kultur. Frisch hielt dies für kurzsichtig. Die Linken, meinte er, litten unter dem unsinnigen Zwang, den Bürgerlichen beweisen zu wollen, wie sparsam sie mit Geld umgehen könnten. Zwar gewänne man in diesem Land mit Kulturpolitik leider keine Wahlen, doch sei eine Politik ohne Kultur auf die Dauer nichts wert. Frisch signalisierte den neuen Machtverwaltern seine Bereitschaft zu Rat und Gespräch. Seine Signale wurden monatelang ignoriert. »Keine Reaktion ist auch eine Reaktion. Man erfährt so den Stellenwert der

Kultur in der neuen Politik. Im Ausland schätzt man mein Wort, hier gelte ich wohl schon als alter Schwätzer.«

Frisch konnte sarkastisch sein, doch er war nie ein ›Extremist‹. Sein ganzes Denken, auch da, wo es der Sozialdemokratie nahestand, wurzelte tief in der europäischen Aufklärung, in den Wertvorstellungen eines liberalen, kulturverständigen Bürgertums. »Als es in die Geschichte eingetreten war, unser Bürgertum, und das war ja keine Geldwäscher-Connection, das weißt du hoffentlich, das waren Männer freien Sinns, Jonas, und die meinten ja tatsächlich Demokratie«, räsonniert der Großvater in *Jonas und sein Veteran*. Frischs Zorn, sein Fast-Haß, seine Bitterkeit, das waren nicht Folgen des Alters, der Krankheit und der Enttäuschung, sie waren Folgen zunehmender Einsicht in die Tatsache, daß die heutigen Nachfahren jenes gelobten Bürgertums ihre eigenen moralischen, politischen und kulturellen Werte verlassen, ja verraten und die Schweiz zu einem »internationalen Finanzplatz, der langsam zum Himmel stinkt« verödet hatten. Frischs Zorn und Bitterkeit waren die Kehrseite seiner politischen und künstlerischen Integrität.

Diese Integrität hat ihm, über sein schriftstellerisches Können hinaus, Respekt bei seinen Gegnern, Zuneigung und Vertrauen bei seinen Anhängern verschafft. Frisch war eine Instanz. Als wir im Oktober 1990 mit der Vorbereitung seines achtzigsten Geburtstags am 15. Mai 1991 begannen, dachten wir erst nur an eine Veranstaltung im Schauspielhaus. Gespräche mit Freunden in anderen Kulturorganisationen ergaben überall die spontane Bereitschaft, diesen Geburtstag gemeinsam zu gestalten. So entstand die Idee eines Max-Frisch-Tags in Zürich. Die ganze Stadt sollte ihren größten Dichter seit Gottfried Keller feiern. Frisch, der sich jede offizielle Feier verbat, freute sich über diese Pläne und arbeitete am Programm mit. Gefreut hat ihn auch, daß Achim Benning ihn am Geburtstag zum Ehrenmitglied des Schauspielhauses ernennen wollte, und er versprach lachend, sich Mühe zu geben, so lange zu leben. »Und wenn ich es nicht schaffe, feiert trotzdem.«

Frisch starb am 4. April 1991.

»Einer davon bin ich«

Erinnerungen an Kindheit und Jugend
(1911–1932)

Familienchronik

Max Rudolf Frisch wurde am 15. Mai 1911 in Zürich geboren. »Unser Name ist nicht schweizerischen Ursprungs. Ein Großvater [Franz Frisch, 1838–1892], der als junger Sattler einwanderte, brachte ihn aus der österreichischen Nachbarschaft; in Zürich, wo es ihm anscheinend gefiel, heiratete er [1871] eine Hiesige, Naegeli mit Namen, Tochter einfacher Leute [Maria Luise Naegeli, 1850–1899, Glätterin aus Kilchberg]. Auch der mütterliche Stamm ist vermischt; dort war es ein Urgroßvater, der von Württemberg kam, namens [Gottlieb] Wildermuth [1836 in Zürich eingebürgert, Bäcker], und schon mit seinem Sohn, meinem Großvater also, fing es an: er nannte sich Maler, trug eine erhebliche Krawatte, weit kühner als seine Zeichnungen und Gemälde[1]; er heiratete dann eine Baslerin namens Schulthess, die nie ganz hat vergessen können, daß ihre Familie einmal eine eigene Droschke besessen hat, und leitete die Kunstgewerbeschule unserer Stadt. ... Meine Mutter [Carolina Betty Wildermuth, 1875–1966], um einmal ins Weite zu kommen, arbeitete als Kinderfräulein im zaristischen Rußland, wovon sie uns öfter erzählt hat, und mein Vater [Franz Bruno, 1871–1932] war Architekt. Als Sattlerssohn hatte er sich keine Fachschule leisten können; die Kinder sollten es einmal besser haben.«[2]

Max hatte zwei Geschwister: die zwölf Jahre ältere Halb-schwester Emma Elisabeth aus des Vaters erster Ehe und den acht Jahre älteren Bruder Franz Bruno. Die Beziehung zu den beiden war unterschiedlich. 1975 vermerkte Frisch verwundert: »Im vergangenen Jahr ist meine Schwester gestorben. Ich bin betroffen gewesen, wie viel ich von ihr weiß; nichts davon habe ich geschrieben.«[3] Der Bruder, promovierter Chemiker, wird im Werk des öftern als Beispiel des aufrechten Schweizers geschildert und war für den kleinen Max eine wichtige Bezugsperson: »Er wußte immer mehr, war immer diesen Sprung voraus, der stimu-lierend ist. Große Spannungen, glaube ich, gab es nicht … Er hat ein bißchen den Vater ersetzt.«[4] – »Und Franz hatte für unsere Mutter zu sorgen.«[5]

Die Familie lebte in bescheidenen Verhältnissen. Frisch überlieferte manchen Notstand: Es fehlt der »Groschen« fürs Gas – »Der grüne Gas-Automat hat mich gelehrt: Was wir uns nicht leisten können, das kommt uns auch nicht zu.«[6] Man sammelte Fallobst und Bucheckern, um Kaffee zu brauen. »Der Vater, als Architekt arbeitslos, versuchte sich als kleiner Makler. Wir hatten Kartoffeln im Keller. Auch die braunen Briketts, die ich aus dem Keller holte, reichten vorerst, wenn man nur die Wohnstube heizte. Meine Mutter, die sich dabei entsetzlich schämte als Tochter einer Familie Schulthess von Basel, stand Schmiere, wenn ich über die Zäune kletterte, um Fallobst zu sammeln. Eicheln zu sammeln im Wald machte mir mehr Spaß als der Eichel-Kaffee.« Der Vater »versteht sich nicht aufs Sparen – so müssen wir es lernen«. Als er starb, hinterließ er Schulden. Der Bruder stotterte sie ab, »um der Mutter die Schande zu ersparen«.[7]

Viele Schweizer Familien waren damals arm. Das war nichts Besonderes. Daß Armut als »Schande« empfunden wurde, verweist auf das geistige Klima in der Familie. Politisch dachte man konservativ. Der Vater hatte im Ersten Weltkrieg sein Auskommen als Architekt verloren und sah sich vom sozialen Abstieg bedroht. Im Generalstreik 1918 wetterte er »gegen den roten Mob, der damals auf die Straße ging, ja, sogar auf den Paradeplatz in Zürich: unbewaffnet«.[8] Je drohender der eigene Abstieg, desto rigider die Abgrenzung nach unten. In Kreisen der Schweizer Baumeister galten Streiks als Aktionen von »ein paar brutalen, gewissenlosen, allen Verantwortlichkeitsgefühls barer Individuen«. Zum Generalstreik 1918 schrieb zum Beispiel die *Schweizerische Arbeitgeber Zeitung,* »daß wir in Zürich einen ausgewachsenen Großstadtpöbel besitzen, der nur durch Maschinengewehre und Handgranaten im Zaume zu halten ist«[9]. Die Mutter, aus besserem Haus, vermittelte dem Sohn ein idealisiertes Bild des vorrevolutionären Rußland. »Rußland war für mich immer das Märchenland. Wie sie von den Wölfen erzählt hat! Wenn man krank war, durfte man das russische Album anschauen. So war Rußland: Mütterchen Rußland!«[10]

Die Beziehung des jungen Max zu den Eltern war ungleich. »Zum Vater eine schwache, eigentlich eine Nicht-Beziehung. Ich rede auch nie von meinem Vater. Dabei ist nicht etwa irgend etwas Fürchterliches zu überdecken. Es ist von meiner Seite eine Gefühlslücke.«[11] Der Vater hatte sich wenig um den jüngsten Sohn gekümmert und war ihm auch keine Vorbildfigur.[12] Stärker war die Bindung an die Mutter. Frisch hat bis zu seinem dreißigsten Lebensjahr bei ihr gewohnt und für ihren Lebensunterhalt mitgesorgt. »Die Mutter war zentral. Aber ich glaube nicht, daß es eine Ödipus-Situation war.«[13] – »Das Bild, das ich von meiner Mutter habe, ist eine Art Ikone«.[14] Wie eine Ikone behandelte Frisch denn auch sein Leben lang ein

oval gerahmtes Jugendfoto der Mutter. Er trug es von Wohnung zu Wohnung und hängte es jeweils an einen Ehrenplatz. In späteren Jahren war Caroline Frisch »eine sehr schwerfällige, dicke Frau, eine sehr gute Hausfrau, die wunderbar kochen konnte und backen, aber ein sehr einfaches Gemüt, sensibel und sehr ehrlich und konnte fabelhaft stricken.« Sie hatte offene Beine, die bestrahlt werden mußten, was teuer war und Frisch, der sie jeweils zur Therapie begleitete, viel Geld und Zeit kostete.[15]

Soweit die Familienchronik, wie Frisch sie überliefert hat. In seinem Bewußtsein sah Frisch sich als Sproß typisch kleinbürgerlicher Verhältnisse, Verhältnisse, an denen er litt und die ihm zugleich Fundus waren für seine Literatur.

Kleinbürgerliche Verhältnisse

Frischs Vorfahren waren als Handwerker Kleinbürger im soziologischen Sinn. Nach dem Scheitern der Revolution von 1848 emigrierten viele davon in die Schweiz, wo, im Unterschied zu Deutschland und Österreich, das liberalfortschrittliche Bürgertum gesiegt und sich eine demokratisch-föderalistische Verfassung gegeben hatte. Die Einwanderer integrierten sich in das einheimische Kleinbürgertum und strebten nach oben. Gleichzeitig waren sie besonders abstieggefährdet, denn sie besaßen weder den Sippenrückhalt der Alteingesessenen noch die ökonomische Basis des Bürgertums. Ihre Kinder erlebten stürmische Zeiten. Die Kindheit der Eltern Frischs fällt in den Wirtschaftsboom der Gründerjahre. Der rasche Aufschwung von Industrie, Handel und Banken mit den damit verbundenen Krisen und konjunkturellen Einbrüchen erschütterte das traditionell bäuerliche Sozialgefüge der Schweiz bis in die Fundamente.

Rechts vom freisinnig-liberalen Bürgertum, das in langen Jahren der Macht korrupt geworden war, wuchs eine breit gefächerte konservative Opposition. Links vom Freisinn entstand mit der Industrialisierung die sozialdemokratische Bewegung. 1890 stellte die Sozialdemokratie ihren ersten Nationalrat. Auch diese politische Polarisierung destabilisierte die Schweiz. Zu Beginn des Ersten Weltkrieges drohte das Land entlang der Sprachgrenzen auseinanderzubrechen: die deutsche Schweiz stand zum Deutschen Reich, die französische zu Frankreich.

Zu den innenpolitischen Spannungen traten außenpolitische. Seit der deutschen Reichsgründung war die Schweiz ein strategisch sensibel gelegener Kleinstaat, der wirtschaftlich von den umliegenden Großmächten abhing. Sie lavierte zwischen den aggressiven Blöcken, wobei die politische Moral des öftern auf der Strecke blieb.

Umbruchzeiten sind Zeiten der Angst. Besonders für kleinbürgerliche Schichten wird die Gefahr des Absturzes ins Proletariat zum Trauma. Fleiß und Leistungswille einerseits, Existenzangst und Versagensangst anderseits, Minderwertigkeitsgefühle nach oben, auf Distanz erpichter Blick nach unten, Autoritätshörigkeit und autoritäres Gehabe, all die typischen Merkmale des gespaltenen kleinbürgerlichen Sozialcharakters werden manifest. Frisch hat sie in seiner Jugend stark empfunden und später immer wieder exemplarisch beschrieben. Er fühlte sich selber davon tief geprägt. Seine lebenslangen Existenzängste, philosophisch mit Kierkegaard und Heidegger gedeutet, dürften ebenso im Grundstrom kleinbürgerlichen Denkens und Fühlens wurzeln wie seine Körperscham, seine Sexualnot, seine »Versagensängste«, seine »Hysterie«, seine »Unsicherheit, die aggressiv macht«, sein Bedürfnis nach »Selbstbezichtigungen«, seine »krankhafte Empfindlichkeit als Kehrseite der

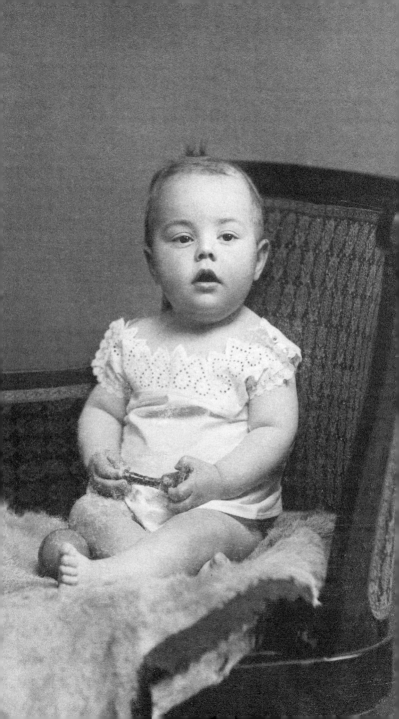

Selbstbezichtigung, die eine Kehrseite der Selbstherrlichkeit ist«. Die Liste dieser negativen Werte, die Frisch sich in der späten Erzählung *Montauk* zuschrieb, ließe sich beliebig verlängern. Und wenn auch *Montauk* ein Kunstwerk und kein Protokoll ist, so ist diese Selbstcharakterisierung, wie Zeitzeugen bestätigen, zugleich weitgehend authentisch.[16]

Kindheit und Jugend

Als Max zur Welt kam, wohnte die Familie an der Helios-straße 31 in Zürich-Hottingen, einem von kleinen Leuten bewohnten Quartier am Fuß des großbürgerlichen Zürichbergs. Max fing beim Metzger Fliegen für den Laubfrosch, bestand Mutproben in der Kanalisation, um zur Bubenbande zu gehören,[17] und spielte mit den Kriegskindern aus Wien, was nicht gerne gesehen wurde.[18] Er sei, berichtete Frisch, kein großer Stubenhocker und Bücherwurm gewesen. Außer *Onkel Toms Hütte* und *Don Quichote* habe er damals kaum etwas gelesen. Er träumte von einer großen Karriere; allerdings nicht als Schriftsteller, sondern als Torwart. »Was mich unersättlicher begeisterte, war Fußball.«[19] Diese Körperbetonung ist mit Vorbehalt zu lesen. Frisch war klein gewachsen, rundlich, und seine schlechteste Maturanote erhielt er im Turnen. »Sobald ihm sein Körper bewußt wurde, wurde er zum Clown«, erinnerte sich Peter Bichsel.[20]

Auf die Fußballbegeisterung folgte diejenige für das Theater. Der Besuch einer *Räuber*-Aufführung habe sie ausgelöst: »Sie wirkte so, daß ich nicht begriff, wieso Menschen, Erwachsene, die genug Taschengeld haben und keine Schulaufgaben, nicht jeden Abend im Theater verbringen … Eine ziemliche Verwirrung verursachte das erste Stück, wo ich Leute in unseren alltäglichen Kleidern auf der Bühne sah; das hieß ja nicht mehr und nicht weniger, als daß man auch heutzutage Stücke schreiben könnte.«[21]

Dieser Text, geschrieben 1948, mag eine Selbststilisierung des inzwischen erfolgreichen Bühnenautors sein. Aber er hatte, wenn die Erinnerung stimmt, ein reales Fundament. Frisch berichtete, er habe in der Pubertät einige (verlorengegangene) Stücke geschrieben. Unter anderem eine Ehekomödie – »Ich hatte noch nie ein Mädchen geküßt!« –, eine »Farce über die Eroberung des Mondes« und ein Stück mit dem Titel *Stahl*. »Es spielte, nur soviel weiß ich noch, auf dem nächtlichen Dach eines Hochhauses, am Ende raucht es aus allen Fenstern der Großstadt, ein gelblicher Rauch wie aus Retorten, und der Held, nobel wie er war, hatte keinen anderen Ausweg als den Sprung in die Tiefe.«[22]

Der sechzehnjährige Frisch schrieb das Stück auf einer »gemieteten Maschine droben im Estrich« und schickte es an Max Reinhard nach Berlin. Sieben Wochen später erhielt er einen »ausführlichen Bericht, den ich nicht begriff«, mitsamt »der Einladung, weitere Texte einzuschikken«.[23] Als der Vater allerdings Wind von diesen literarischen Ambitionen bekam, mißbilligte er sie entschieden.[24] Man darf diese Episode trotz der Empörung des jungen Max nicht zu schwer gewichten; welcher pubertierende Sohn fühlt sich nicht gekränkt, wenn der Vater die Bedeutung erster poetischer Ergüsse verkennt. Die Geschichte verweist jedoch auf Grundsätzliches. Im puritanisch-zwinglianischen Zürich hatte die Verachtung der Künste, insbesondere des Theaters, eine alte Tradition. Dem Ideal des strebsamen, frommen Bürgers, auf dessen Erfolg Gottes Segen ruhte, widersprach das anrüchige Tun der Komödianten. Bürgertugend und Theater schlossen sich aus. Frisch brauchte Jahrzehnte, um sich aus dieser Prägung zu lösen.

Zerrissen zwischen Künstlerehrgeiz und Bürgersehnsucht und immer wieder heimgesucht von der Verzweiflung, sowohl als Künstler wie als Bürger zu versagen, fand er erst als reifer Mann ein selbstsicheres Verhältnis zu beiden Polen seiner Existenz. Wir werden seine Biographie bis in die Mitte der fünfziger Jahre immer wieder unter diesem Aspekt zu betrachten haben.

Drei Jahre vor dieser *Stahl*-Episode war Max ins kantonale Realgymnasium am Zürichberg eingetreten. Hier lernte er Werner Coninx, seinen wichtigsten Jugendfreund, kennen. Coninx war der Sohn einer sehr wohlhabenden Bürgerfamilie, die u.a. einen großen Verlag und die Zeitung *Tages-Anzeiger* besitzt. Werner und Max wanderten gemeinsam durchs Engadin, spielten Tennis, fuhren Ski – beides Upperclass-Sportarten zu jener Zeit. Werner öffnete Max auch geistige Welten; er kannte sich in Musik, Philosophie und Literatur aus. Doch nicht die künstlerische und geistige Avantgarde faszinierte ihn, Links-Hegelianer, Phänomenologen, Neutöner oder Surrealisten standen ihm fern. Coninx befaßte sich mit den Geistern, die im kultivierten Bürgertum damals bereits anerkannt waren, mit Spengler, Nietzsche, Schopenhauer, Bruckner, Mozart, Bach, mit Caspar David Friedrich, Corot, später mit Picasso und mit Hans Carossa, Gide, Strindberg.

Jahrzehnte später erlosch die Freundschaft ohne eigentlichen Bruch. Frischs Literatur verstörte und verärgerte Coninx. In *Montauk* erinnerte sich Frisch des Jugendfreunds über volle vierzehn Seiten: »Seine breiten Schultern; er ist sehr groß ... In der Klasse war er immer der erste; kein Streber, er war intelligenter als die andern ... Nach der Schule begleitete ich ihn nach Hause ... Seine Eltern waren sehr reich. Das schien ihm aber unwichtig, kein Grund für Selbstbewußtsein ... alles Oberflächliche

war ihm zuwider. Er war ein philosophisches Temperament; ich staunte, was sein Hirn alles denken kann. Auch war er sehr musikalisch, was ich nicht bin … Ich schrieb für Zeitungen und war stolz, wenn die kleinen Sachen gedruckt wurden; mein Geltungsdrang, glaube ich, war das erste, was ihn an mir enttäuschte. Ich mußte Geld verdienen, das verstand er, doch was ich schrieb, das war ihm peinlich … Auch sein Urteil über bildende Kunst war ungewöhnlich, nicht bloß angelesen, es entsprang seiner eigenen Sensibilität. Ich träumte von W. Wenn ich ihn besuchte, kam das Dienstmädchen an die Türe, ließ mich höflich in der Halle warten, bis sie oben gefragt hatte, und dann hatte ich natürlich den Eindruck, daß ich störe, auch wenn W. mich nicht abwies … Er war ein herzlicher Freund, mein einziger Freund damals … Es gab nur eine Sache, für die ich nie dankbar war: seine Anzüge, die für mich eine Nummer zu groß waren. Meine Mutter konnte zwar die Ärmel kürzen, die Hosen auch, trotzdem paßten sie mir nicht. Ich trug sie halt, um W. nicht zu kränken … Es verdroß mich nicht, wenn er plötzlich mitten in einem Gespräch, seine Jacke wiedererkannte und feststellte, daß die englischen Stoffe sich eben tadellos halten … Ich litt nicht unter seiner Überlegenheit, solange wir unter vier Augen waren; sie war selbstverständlich … Was ohne W. aus mir geworden wäre, das ist schwer zu sagen. Vielleicht hätte ich mir mehr zugetraut, vermutlich zuviel … Ich begriff, daß W. meine Bücher nicht lesen konnte. Er hatte ein anderes Maß, dem ich nicht gewachsen sein konnte.«[25] Abschließend urteilte Frisch: »Ich meine, daß die Freundschaft mit W. für mich ein fundamentales Unheil gewesen ist und daß W. nichts dafür kann. Hätte ich mich ihm weniger unterworfen, es wäre ergiebiger gewesen, auch für ihn«.[26]

Frisch schrieb diese Erinnerung als fünfundsechzigjähriger Mann, der inzwischen weltberühmt und ebenfalls wohlhabend geworden war. Dennoch spricht aus dem Text, durch alle ironischen Brechungen hindurch, noch immer die Faszination des sozialen Aufsteigers. Nicht nur die Anzüge, der ganze gesellschaftliche Habitus waren dem Kleinbürgersproß um Nummern zu groß. Die Perspektive – steil von unten nach oben – besagt mehr als die einzelne Aussage.[27] Sie ist, bis weit in die vierziger Jahre hinein, Frischs Optik auf die bürgerliche Gesellschaft.

Ein einziger Satz verweist auf die politische Gesinnung des Freundes: »Er war gegen Hitler, aber auch skeptisch gegenüber einer Demokratie, wo jede Stimme gleich viel wiege.«[28] Der Satz ist diskret, aber vielsagend, liest man ihn vor dem Hintergrund der antidemokratischen Bewegung, welche die bürgerlich-intellektuelle Schweiz der zwanziger und dreißiger Jahre erfaßt hatte. Einer der Großen in Sachen Elitedenken, Korporationsgeist und Wiederbelebung des Ancien régime, der Freiburger Publizist und Militärberater Gonzague de Reynold, formulierte bereits 1905 in der *Neuen Zürcher Zeitung* (NZZ), dem späteren Hausblatt Frischs, das politische Credo der bürgerlichen Rechten, zu der auch Coninx zählte: »Die Demokratie hat ihre Versprechen nicht gehalten, ja sie konnte sie nicht halten. Sie ist in ihrem Ursprung selber, in der Französischen Revolution, ein Mißwuchs. Die künstliche Gleichheit, im Widerspruch zu den Erfordernissen und Regeln des Lebens selbst, mußte notwendigerweise zur Tyrannei der Zahl, zur Herrschaft der Mittelmäßigen, zur brutalen Zentralisation und zum Etatismus führen. Da die Demokratie aus Prinzip keine Superiorität anerkennen kann, ist sie allein dadurch die Gegnerin jeder Elite: sowohl der intellektuellen wie der moralischen Elite ...«[29]

Student und Dichter

1930 beendete Frisch das Gymnasium mit der Matura. »Es ist der Ehrgeiz von Vater und Mutter, daß wir Akademiker werden, Studium nach eigener Wahl. So werde ich Student der Germanistik.«[30] Im Wintersemester 1931/32 immatrikulierte er sich an der Universität Zürich. Er fand dort bemerkenswerte Lehrer. Unter anderem hörte er Psychologie bei Carl Gustav Jung, Kunstgeschichte bei Heinrich Wölfflin, deutsche Literatur bei Emil Ermatinger und Robert Faesi. Jung war der nationalsozialistischen Ideologie und dem antidemokratischen Elitedenken der Zeit in manchen Überzeugungen nicht abgeneigt, Wölfflin, der Schüler und Nachfolger des konservativen Jakob Burckhardt, galt als einer der besten und anregendsten Kulturdenker der Zeit – auch er war kein Demokrat. Ermatinger vertrat ständestaatliche Ideen und war Mitunterzeichner eines Huldigungstelegramms an Adolf Hitler anläßlich der Jubiläumsfeier der Goethe-Gesellschaft 1935. Frisch mochte ihn nicht sehr. Dafür schätzte er Robert Faesi, den »liebenswürdigen Professor«[31] mit den weitreichenden Beziehungen zu den literarischen Größen der Zeit. Dieser elegante Professor war zugleich ein anerkannter Schriftsteller. Seine Novelle *Füsilier Wipf* wurde kurz vor dem Zweiten Weltkrieg als großes Epos der geistigen Landesverteidigung verfilmt. Faesi war Frischs besonderer Förderer. Politisch stand er der antidemokratischen Rechten um Otto von Greyerz, Philippe Godet und Gonzague de Reynold nahe. Letzterer war nicht nur sein geistiger Anreger, sondern auch sein militärischer Vorgesetzter. Faesi empfahl den jungen Frisch an die Deutsche Verlags-Anstalt und an Eduard Korrodi, den Feuilletonchef der liberal-konservativen NZZ. Dieser wurde für Jahrzehnte Frischs literarischer Mentor.

Korrodi galt in der Zwischenkriegszeit als Zürcher Literaturpapst. Im Feuilleton der NZZ erließ er seine Enzykliken. Er förderte ebenso großzügig junge Talente, wie er nach eigener Laune und Gutdünken in deren Texte eingriff. »Ein ebenso kluger wie launenhafter Mensch«, urteilte Frisch. Politische Dichtung war ihm nicht anders als den meisten seiner Universitätskollegen ein Greuel. Dichtung hatte sich am Schönen, Erhabenen und Idealen zu orientieren. Die aus politischen oder »rassischen« Gründen emigrierten Literaten waren ihm suspekt. Ende Januar 1936 schoß er eine Breitseite gegen diese »Linksemigranten und Juden« in der Schweiz. Am 2. Februar antwortete ihm Thomas Mann in einem offenen Brief, worauf Korrodi eine waschechte Intrige gegen den in Zürich im Exil lebenden Schriftsteller anzettelte.[32]

An der Zürcher Universität freundete sich Frisch mit dem drei Jahre älteren Emil Staiger an. Auch Staiger, Schüler von Ermatinger, bis 1934 aktives Mitglied der profaschistischen »Nationalen Front«,[33] Antisemit und ab 1943 Professor für deutsche Sprache und Literatur, bekämpfte als konservativer Hermeneutiker jede Art politisch engagierter Literatur. Die Freundschaft mit Frisch, die zeitweilig sehr eng war, ging erst 1966, beim spektakulären Zürcher Literaturstreit, in Brüche. Ein zeitkritisches Bewußtsein dürfte hingegen in den Lehrveranstaltungen von Walter Muschg geherrscht haben. Dieser legendäre Literaturprofessor von Basel, Halbbruder des späteren Frisch-Freundes und Schriftstellerkollegen Adolf Muschg, war zu jener Zeit allerdings erst Privatdozent in Zürich. Frisch besuchte seine Veranstaltungen mit Begeisterung.

Im großen und ganzen fand er an der Universität also Lehrer von solider fachlicher Qualität und konservativer bis reaktionärer Gesinnung. Zu den linksoppositionellen

Schriftstellern um Rudolf Jakob Humm, die im »Rabenhaus« zusammenkamen und freundschaftlichen Umgang mit den Emigranten pflegten, hatte er keinen Zugang. Er begann seine literarische Karriere als überzeugter bürgerlicher und apolitischer Dichter. Und konservative Kreise förderten und bewunderten ihn.

Das Studium mißfiel Frisch. Die Welt in den Zürcher Hörsälen war ihm zu blaß, zu eng. Frisch wollte Dichter werden, nicht Schriftgelehrter. Dichten hieß für ihn: ausbrechen aus den Alltagszwängen und eintauchen in eine außergewöhnliche Welt tiefer Erlebnisse und intuitiver Selbstverwirklichung. Nicht der poeta doctus, sondern der geniale Vagant, der hinter die Horizonte blickt, war sein Vorbild (siehe *Jürg Reinhart*). Die Spannung zwischen Bürgerwelt und Künstlerwelt, zwischen bürgerlichem Normalmaß und schöpferischer Einmaligkeit wird für Jahrzehnte ein Grundzug in Frischs Schaffen. Er hat sie nicht nur in vielen Variationen beschrieben, er hat sie auch zu leben versucht.

Bevor sich Frisch jedoch als Dichter vorstellte, veröffentlichte er journalistische Texte. Der erste davon trug den Titel *Mimische Partitur* und erschien am 27. Mai 1931 in der *Neuen Zürcher Zeitung*. Frisch hatte ihn unaufgefordert eingeschickt. Sein Erscheinen überraschte ihn. »Das war tatsächlich enorm. Daß das wirklich Wort für Wort da war. Dann noch der Name gedruckt!«[34] *Mimische Partitur* rezensierte eine Theaterkunst-Ausstellung, an der eine »mimische Partitur«, das heißt eine Notation für das schauspielerische Mienenspiel vorgestellt wurde. Frisch verwarf die Idee in Bausch und Bogen. Mimik sei die natürliche Folge seelischer Erlebnisse, daher könne eine mimische Nachahmung allenfalls eine »gymnastische« Mimik sein, Gesichtsgymnastik, statt Spiegel der Seele.

Frischs Argumentation ist konventionell. Auffällig ist nur die Arroganz, mit welcher der Zwanzigjährige ein Urteil über einen Vorgang fällte, den er damals überhaupt noch nicht kannte: über den unendlich komplexen Prozeß der Entstehung von künstlerischem Ausdruck auf Theaterproben.[35] Volker Hage attestierte dem jungen Frisch »Mut zur eigenen Meinung«. Frisch selbst sah seine Anfänge kritischer. »Rezensionen, die ich als Student geschrieben habe, kann ich heute nicht ansehen, ohne zu erröten. Wobei es weniger Unkenntnis ist, was beschämt, sondern der Ton ganz allgemein, der sich für witzig hält, eine Mischung aus Dreistheit und Herablassung, und dabei, weiß ich, war ich voll von Minderwertigkeitsangst.«[36] Als Grundfehler seiner frühen journalistischen Texte diagnostizierte er, »daß ich den Journalismus nicht als Journalismus betrieben habe, sondern als schlechte Literatur, was ja nicht Journalismus ist«.[37]

Wenn auch manche der frühen Texte Frischs heute schwer genießbar sind, so enthalten sie doch eine Fülle von Denkmustern, Bildern, Figuren, Motiven und Schreibhaltungen, die vorausweisen auf die späteren literarischen Texte. Vor allem aber zeigen sie, in welcher konservativen, jedem Experiment abholden Tradition Frisch zu schreiben begann; und wie groß daher der geistige Weg ist, den er im Lauf seines Lebens von dem einen Rand der Gesellschaft zum anderen zurückgelegt hat. Wer nur die literarische Qualität im Auge hat, mag die frühen Texte Frischs als Vorstufen abhaken. Wer aber die Entwicklung seines Bewußtseins verfolgen will, wird bei ihnen länger verweilen müssen.[38]

»Was bin ich?«

Der Schriftsteller als Antibürger
(1932–1936)

Im März 1932 starb der Vater. Die Familie mußte sich einschränken. Man zog in eine bescheidene Wohnung in einem schlechteren Quartier. Max ging auf Arbeitssuche. Er sprach bei Eduard Korrodi (NZZ) vor: »Vergangene Woche ist mir der Vater gestorben. Ich habe Journalistik und Literatur studiert. Mein Studium muß ich unverzüglich abbrechen, um mich aus eigener Kraft durchzubringen.«[1]

Soweit Frischs Legende. Die Tatsachen waren weniger dramatisch. Faesi bot seinem Studenten ein, wenn auch bescheidenes, Stipendium an. Doch dieser zog es vor, seinen Lebensunterhalt selbst zu verdienen und sein Studium auf jene Lehrveranstaltungen zu reduzieren, die ihn besonders interessierten: Faesi, Staiger, Muschg waren die Favoriten. Hotzenköcherles Linguistik ließ er bleiben. Das ergab zwar kein ordentliches Studium mit akademischem Abschluß, aber Frisch erhielt sich die Privilegien des Studentenlebens und gewann Zeit fürs Schreiben. Selbst nach der Exmatrikulation Ende 1934 besuchte er noch ausgewählte Lehrveranstaltungen.[2] »Geldmangel *und* Abenteuerlust«, so gestand er später, hätten seinen damaligen Entschluß bestimmt.[3]

Frühe Positionen

Von 1932 bis 1936 verfaßte Frisch als freier Journalist für die NZZ und andere Zeitungen[4] über hundert Beiträge zu unterschiedlichen Themen. Nur zwanzig dieser Texte hat er 1976 in die *Gesammelten Werke* (GW) aufgenommen. Hans Mayer, der Freund und Herausgeber, betonte, Frisch habe »in keinem Fall aus inhaltlicher Erwägung: weil er etwa mit damaligen Aussagen nicht mehr übereinstimmte« einen Text abgelehnt, sondern nur »wenn es sich um schwächere Wiederholungen von Texten handelte, die ihrerseits in der Ausgabe erscheinen sollten«.[5] Abgesehen von der Erzählung *Antwort aus der Stille* und einigen Artikeln aus den Jahren 1935/36 trifft dieses Auswahlprinzip einigermaßen zu.[6] Ich werde mich daher vor allem an die in den *Gesammelten Werken* publizierten Texte halten, da diese allgemein zugänglich sind.[7]

Bei den frühen Texten handelt es sich vor allem um Rezensionen, Reiseberichte, Sportberichte (v.a. Eishockey), Reflexionen, Lokalreportagen und Kurzgeschichten. Sie sind interessant, weil sie einen weitgehend unbekannten Frisch dokumentieren, einen jungen Schriftsteller, der sich inhaltlich und stilistisch noch kaum von der damals gängigen Blut- und Bodenliteratur abgrenzte. Da ist zum Beispiel die Rede davon, wie man eine Straße »in den harten Berg zwingt«, wie »eine Wunde, so eine junge frischerdige Straße«, und mit dem Arbeitsschweiß schüttelt der Intellektuelle auch seine Selbstzweifel von der Stirn: »Schluß mit der Selbstzerlegung, die endlos und kernlos ist; wie eine Zwiebelschälerei.«[8] Zugleich aber weiß Frisch auch, daß körperliche Arbeit letztlich nur »innerliche Öde« erzeugt und wahres und geistvolles Leben nur in der Stadt möglich sei. Aber geistvolles Leben ist selbstquälerisch, also schwärmt der Stadtmensch von der Ursprungsgewalt des ungebrochenen Landmenschen: »Etwas Unerwartetes in einer Welt der überfeinerten, bis zur Erdfremdheit vergeistelten, unvitalen Stadtseele: Dieser Bauerndichter, der ein Riese ist aus Frische und Erdhaftigkeit. Etwas Ursprungsgewaltiges, vor dem wir Hofmannsthalschen Claudios klein und blaß sind«, urteilt Frisch über Richard Billingers *Pfeil im Wappen*.[9] Dichten sei »das Rauschen in der Tiefe« hörbar machen, die »Gegenstände selber zum Sprechen bringen«. Journalismus dagegen sei bloß eine »Photographie«, ein »Reiz ohne Tiefgang«.[10]

Man könnte seitenweise weiter zitieren, die kleine Auswahl mag genügen. Sie zeigt hinlänglich, wie erd- und heimatverbunden, konservativ und antiintellektuell der junge Dichter und Journalist in seinen Anfängen war; ein Adept seiner nicht minder konservativen Lehrer und Förderer Faesi, Staiger, Korrodi. Die Nähe zur faschistischen Literatur drängt sich auf, doch es wäre falsch, von dieser auf Frisch zu schließen. Auch die faschistische Literatur wurzelte im breiten konservativen Literaturverständnis der Zeit; sie hat die Blut- und Bodendichtung nicht erfunden, jedoch für ihre politischen Zwecke radikalisiert und instrumentalisiert.

Identität

Der eigentliche Schlüsseltext der frühen Zeitungsbeiträge ist ein kurzer Essay mit dem Titel: *Was bin ich?*[11] Hier entdeckt der junge Journalist sein Ich als literarisches Thema. Er stellt die Frage, an deren Beantwortung er sich die nächsten Jahrzehnte die Zähne ausbeißen wird – in der Literatur, wie im Leben –, die Frage nach der eigenen Identität und, was damit zusammenhängt, nach einem sinnvollen Leben in der bürgerlichen Gesellschaft: Was bin ich, und wie muß ich leben, um mich selbst zu gewinnen? Diese Frage drängte Frisch zum Schreiben, und schreibend versuchte er sie zu lösen. Er befand sich dabei in bester Gesellschaft: Die Identitätsfrage ist ein Zentralproblem der westlichen Literatur unseres Jahrhunderts.

Vordergründig literarisierte Frisch in *Was bin ich?* seine aktuelle Lebenssituation: Ein Student, dessen Vater gestorben ist, bricht sein Studium ab und sucht einen Broterwerb als Journalist. Der Tod hat sein soziales Sicherungsnetz zerrissen und ihn vor die Existenzfrage gestellt. Doch es geht nicht bloß um die materielle Existenz. »Geld ist zwar notwendig zum Leben, aber noch viel notwendiger ist es, zu wissen, was man denn ist und wozu man eigentlich taugt.«[12] Zwischen »lächerlicher Überheblichkeit« und »lächerlichen Minderwertigkeiten« hin und her gerissen, sucht der junge Mann nach Orientierung und Selbstbestimmung. »Zum Ersäufen bin ich innerlich zu schön«, zum bescheidenen Mittelmaß jedoch zu schade. »Größenwahn und Minderwertigkeitsängste sind immer noch interessanter als die Erkenntnis: ich bin einer vom Millionendurchschnitt.« Der Exstudent möchte Dichter werden, Romane schreiben, Novellen, Komödien – ein selbstbestimmtes, schöpferisches Leben führen. Das ist die eine Seite. Doch wovon leben? »Ich muß Brot verdienen; aber ich will mich nicht lebendig begraben lassen. Da kenne ich Leute, die leben nur, um Geld zu verdienen; und das Geld verdienen sie, um leben zu können; und leben tun sie wiederum, um Geld zu verdienen. Ein Witz. Ich will aus meinem Dasein nicht einen Witz machen. Beruf soll nicht Zwangsjacke sein, scheint mir, sondern Lebensinhalt.«[13] Ein sicheres Gespür sagt dem jungen Mann, daß entfremdete Lohnarbeit und ein kleinbürgerliches Angestelltendasein kein gangbarer

Weg für ihn sind. Ein Künstlerleben macht Sinn, doch es stellt ihn an den Rand der Gesellschaft und macht brotlos.[14] Eine Familie wäre da nicht zu gründen, denn »eine Frau … kostet Geld … eine Wohnung kostet Geld … Kinderchen kosten Geld«.[15] Und wer weiß, ob das Talent für ein Künstlerleben ausreicht.[16]

Mit *Was bin ich?* fand Frisch nicht nur ein Lebensthema, sondern auch zwei typische Stilmerkmale: Die Auseinandersetzung in der Frageform – er wird sie später zu den legendären Fragebogen weiterentwickeln. Und die Schreiblist, in einer Ich-Form zu schreiben – »Mein Name ist Frisch. Max Frisch stud. phil. I«[17] –, die sich autobiographisch ausnimmt und doch zugleich Kunstform ist. In den späten Texten *Montauk* und *Schweiz ohne Armee? Ein Palaver* wird er dieses Verwirrspiel auf die Spitze treiben.[18]

Angestellten-Dasein versus Künstler-Leben, Normalmaß versus Außerordentlichkeit, soziale Integration versus Selbstverwirklichung, Sinn versus Lohn, das war das Grunddilemma des jungen Frisch, im Leben wie in der Literatur. Es war zugleich die Klammer, die Literatur und Leben aufs engste zusammenschloß. Noch sah Frisch dieses Dilemma nicht historisch, noch fragte er nicht: Wie müßte eine menschliche Gesellschaft beschaffen sein, damit in ihr ein sinnerfülltes und zugleich sozial integriertes Leben möglich ist – diese Frage stellt erst der späte Frisch –, vorerst beschäftigten ihn nur die Auswirkungen des vorgefundenen Dilemmas auf seine individuelle Subjektivität. Doch beide Fragen, die historisch-politische wie individuell-psychologische, sind Kehrseiten derselben Münze. Dieser Zusammenhang wird wichtig, um zu begreifen, wie in späteren Jahren die zwei angeblich so verschiedenen Max Frischs zusammenhängen: der Dichter der Subjektivität und der politische Essayist und Redner.

Künstler versus Bürger. Jahrzehntelang bemühte sich Frisch um Überwindung dieser Spaltung. Er spielte, sozusagen probehandelnd, verschiedene Möglichkeiten literarisch durch und versuchte sie anschließend oft auch zu leben. Die Lösung, die er 1932 fand und die er mit großer Hartnäckigkeit und am Rande des Existenzminimums auch praktizierte, hieß: freier Journalismus. So hoffte er, Brot und Kunst, Sinn und Lohn produktiv zu koordinieren.

Die Balkanreise

Im Frühjahr 1933 fanden in Prag Eishockeyweltmeisterschaften statt. Frisch erklärte der NZZ-Redaktion, daß er ohnehin fahre, ob er berichten könne. Er konnte. »Ich war stolz darauf, wie ich das gemanagt hatte.«[19] Die Reise sollte vierzehn Tage dauern, es wurden acht Monate daraus. Von Prag fuhr Frisch nach Budapest, Belgrad, Sarajewo, ans Meer bei Dubrovnik, über Zagreb nach Istanbul, dann nach Athen, von dort zu Fuß nach Korinth und Delphi, schließlich zurück über Dubrovnik, Bari und Rom. Ende Oktober war er wieder in Zürich.[20] Reise und Unterhalt verdiente er sich, mehr schlecht als recht, mit Reiseberichten für die NZZ.

In Budapest versuchte er seinen Wintermantel zu verkaufen und machte dabei die für einen zwinglianisch erzogenen Schweizer aufregende Erfahrung, daß die Ungarn trotz aller Armut nicht verbittern, sondern »gelassen, gemütvoll lächeln: das Leben ist ein Ferienaufenthalt, wo die Figuren vor dem Letzten die Achseln zucken«.[21] Aus Sarajewo liefert er ein erstes Beispiel seines später selbstkritisch konstatierten »male chauvinism« *(Montauk):* Die Verschleierung mache die Frauen erst richtig reizvoll, »heikle Halsausschnitte und schamlose Kurzröcke« bestehlen den Mann,

»der immer ein Träumer ist, um alles Erahnen«.[22] Aus Serbien berichtete er über *Klosterbesuche* und zeigte dabei eine frühe Meisterschaft in poetischer Naturbeschreibung: »Überm Wasser kommt ein Hauch, welcher den Seespiegel fleckenweise verkräuselt und mit den Silberpappeln spielt. In langen Uferalleen beginnt jenes Flimmern, wenn die Blätter ihre helle Unterseite aufwenden, und im Schilfblaß platschen schwarze Büffel ...«[23] Leider erfahren wir wenig über die Klöster selbst, so sehr schieben sich des Autors Empfindungen vor das Objekt. Zur Balkanreise gehörte auch eine Fußwanderung von Athen nach Korinth und Delphi. Sie muß eindrücklich gewesen sein. In verschiedenen Artikeln und im *Homo faber* berichtete er davon. Dem jungen Wanderer gefielen die Ruinen und die Gastfreundschaft der einfachen Leute, »die zufrieden sind«.[24] Wir Westeuropäer, sinnierte er, »können die Handlungen eines Mitmenschen niemals hinnehmen, ohne nach einem heimlichen Zweck zu suchen, weil wir den Glauben verloren haben, daß es bisweilen Dinge gibt, welche kein Geschäft sein sollen und keinen Zweck haben, sondern bloß einen Sinn, welchen wir nun Liebe oder Gastfreundlichkeit nennen mögen«.[25]

Einfache Leute sind menschlich und zufrieden. Dem konventionellen Menschenbild entsprach ein konventionelles Kunstverständnis. In jedem Marmorbruchstück ahnte der Wanderer die »Vollendung« des Ganzen, er »spürt eine Geschlossenheit, welche die Welt umspannt«, und ein »beglückendes Wohlmaß«.[26] Pointiert formuliert: Frisch fiel in Griechenland auf, was Winckelmann hundertfünfzig Jahre zuvor auffällig gemacht hatte. Seine Balkanreise hat er als große Befreiung empfunden. Ich war »ledig jeder Pflicht, frei, bereit für jede Gegenwart; das ist denn auch meine eigentliche Erinnerung an die Jugend ...«[27]

Jürg Reinhart

Der eigentliche Zweck der Reise war nicht journalistischer Natur. Frisch schrieb auf dem Balkan seinen ersten Roman. In ihn gingen manche Beiträge, die er der NZZ schickte, als Episoden ein.[28] Der Text ist eine ›Zwischengattung‹: Er reproduziert, in der Tradition des ›sentimental journey‹ wie des Erziehungsromans, die große Balkanreise zwischen Realität und Fiktion. Nach Zürich zurückgekehrt, stellte er den Text im Winter 1933/34 fertig. Unter dem Titel *Jürg Reinhart, eine sommerliche Schicksalsfahrt,* erschien der Roman im Herbst 1934 in der Deutschen Verlags-Anstalt Stuttgart (DVA). Robert Faesi hatte ihn an den renommierten Verlag vermittelt, und Frisch blieb der DVA bis zu deren Fusion mit dem nationalsozialistischen Erler Verlag im Jahre 1938 treu.[29]

Jürg, der Titelheld des Romans, ist in jeder Hinsicht der Doppelgänger des jungen Max. Frisch hat den Text später einen »sehr jugendlichen Roman« genannt, »der ganz im Autobiographischen stecken bleibt«, und »als Autobiographie einfach nicht ehrlich genug, also von daher nicht interessant« ist. Der Held sei eine »romantische« Figur und das Ganze ein »Versteckspiel und eine Beschäftigung mit den ersten jugendlichen Nöten«.[30] Das harsche Urteil ist verständlich – als biographisches Dokument hat der Roman allerdings einen wichtigen Stellenwert: Mit ihm beginnt die lange Reihe der mehr oder minder fiktiven Ich-Geschichten Frischs.

Die Story arbeitet mit Mustern aus der Trivialliteratur. Ort der Handlung ist ein »dreihundertjähriger Herrensitz« mit der melancholischen Bezeichnung »Solitudo« in einem dalmatinischen Badeort mit dem klangvollen Namen Ragusa (heute Dubrovnik). Eine gebildete deutsche Baronin vorgerückten Alters voll »natürlicher Herrschaftlichkeit«[31] bewirtschaftet, zusammen mit ihrem blonden und an frühem Leid kränkelnden Freifräulein Tochter das Gut als Fremdenherberge. Unverschuldete Not zwingt sie zu dieser unstandesgemäßen Tätigkeit.

Auf Solitudo trifft sich eine handverlesene Gesellschaft. Da ist einmal der junge Dichter als gesellschaftlicher Außenseiter, ein Schweizer Parzival, der nicht nur seine Landesfarben – weiße Hose, roter Pullover –, sondern auch den vielsagenden Namen Reinhart trägt. Rein, weil er sich ›noch mit keinem Weib beschmutzt‹ hat, hart, weil er trotz gewaltigen Triebstaus und einer Auswahl bereitwilliger Damen hartnäckig seine ›Reinheit bewahrt‹. Diese Damen sind meistens in weiße Seide gekleidet und der Reihe nach: die holländische Baronin Marga, den lüsternen Leib im besten Alter, vernachlässigt von einem viel zu alten Ehemann; das ›süße Maderl‹ Hilde – siebzehn Jahr, blondes Haar –, Hausmädchen und anfänglich noch Jungfrau; und schließlich das genannte Freifräulein Inge. Zu Besuch weilt überdies eine österreichische Freundin, natürlich auch sie Baronin, verwitwet, reich und großherzig, begleitet von ihrem Sohn, dem jungen Herrn Studenten. Am Rande kommen ein helläugiger Arzt nordischer Rasse mit Gewissensbissen und einige Einheimische vor: »dunkle«, »verschlagene«, »faule«, »ungezogene«, »geizige«, »animalische«, »fetthändige« Slawen, die auf dem Istanbuler Abstecher durch ein »schmieriges Jüdlein mit Dreckhals« und einen abgefeimten, seine eigene Tochter prostituierenden Bazartürken ergänzt werden. Je schmuddliger der slawisch-türkische Background, um so reiner hebt sich das arische Heldenpersonal ab: Rassismus als wirkungsvolles Mittel für eine literarische chiar'-oscuro-Technik.

Die Geschichte ist schnell erzählt: Jürg sucht die entscheidende Tat, die ihn zum Mann macht. Wie das Mädchen durch den Mann ent-jungfert und damit zur Frau gemacht wird, soll ihn ein Geschlechtsakt mit einer Frau ent-knaben, also zum Mann machen.

Drei Frauen stehen zur Auswahl. Marga, die holländische Baronin, scheidet aus, sie liebt Jürg nicht, sie begehrt den hübschen Jungen bloß sexuell. Beim Hausmädchen Hilde ist es umgekehrt: Jürg liebt sie nicht, begehrt sie bloß. Sex ohne Liebe gilt ihm als Schmutz. Nur mit Inge, die den jungen Poeten entsagend liebt und ihn vor einem Affekt-selbstmord bewahrt, zeichnet sich die Möglichkeit einer echten Liebesbeziehung ab. Sie hilft Jürg, die quälenden Minderwertigkeits- und Versagensängste zu überwinden und zu sich selbst zu finden. Aber auch Inge kann Jürgs dräuende Frage nach der Bedeutung des Geschlechtsaktes nicht beantworten, ihr fehlt die Erfahrung. Jürg verreist nach Istanbul, begleitet von Inges Befürchtungen, er werde sich dort bei einschlägig tätigen Damen die nötigen praktischen Auskünfte verschaffen. Doch unterwegs kommt Jürg eine befreiende Erkenntnis: »Man wird nicht Mann durch die Frau« – bestenfalls ein »Männchen« –, entscheidend ist die große, »die männliche Tat«.[32]

Und das Schicksal hält sie ihm bereit: Inge erkrankt unheilbar. Von rasenden Schmerzen gepeinigt, verlangt sie die erlösende Spritze. Eine Sterbehilfe-Debatte entbrennt, doch niemand ist »stark« genug zur »wahrhaft liebenden« Tat. Erst Jürg, von Istanbul zurückgekehrt, verhilft der Kranken zur Überdosis Morphium. Die »männliche Tat« ist vollbracht, Jürg ein Mann – ohne seine Reinheit verloren zu haben![33]

Jürg Reinhart wurde von der deutschen Tageskritik hochgelobt.[34] Auch Eduard Korrodi pries das Werk in der NZZ vom 14. Oktober 1934. Werner Coninx hingegen fand das Buch mißlungen. Frisch berichtete in einem Brief: »Er ist ein Freund: er hat mir meinen Erstling mit Liebe zerrissen, aber so treffsicher, daß ich manchmal den Eindruck hatte, ich verstünde überhaupt nichts von Dichtung … Dreiviertel des Buches verwirft er, und ich war sehr beeindruckt, mit welcher Wahrheit und zugleich Schüchternheit er meine Anlagen und Gefahren sieht. Nicht literarisch ist sein Urteil, sondern unendlich größer: er sieht den Menschen, und wenn er mir mit freundschaftlichen und bescheidenen Worten andeutet, wo ich Stärke vortäusche an Stelle einer wirklichen Schwäche, ja, wo er die menschlichen Hintergründe einer literarischen Geste erkennt, sah ich mich selber so grell beleuchtet, so klar in meiner unglaublichen Verlogenheit, in meiner Eitelkeit, in meiner gedanklichen Nichtigkeit und meinem geistigen Hochmut, so unvergeßlich klar. Es ist schwer, einen echten Freund zu haben, wenn man klein ist und seiner bedarf; wenn man klein ist und ihm nicht gewachsen.«[35]

Für die Fachliteratur ist *Jürg Reinhart* in erster Linie ein frühes Dokument, in dem sich »Bilder und Denkmuster nachweisen lassen, auf die Frisch in späteren Jahren immer wieder zurückkommt: Etwa die Spannung zwischen Autobiographie und Fiktion, die Außenseiterposition des künstlerisch veranlagten Menschen, die hoffnungslose Sehnsucht nach Glück und Liebe, das grenzüberschreitende Gespräch zwischen Lebenden und Toten, das Meer als Bild der Freiheit und Erfülllung«.[36] Biographisch interessant ist der Umstand, daß Frisch in *Jürg Reinhart* zum ersten Mal einen Lebensentwurf literarisch ausprobierte, den er in den Jahren danach auch zu realisieren versuchte: den Entwurf nämlich, sich als Künstler außerhalb der gesellschaftlichen Normen zu verwirklichen. Dieser Versuch wurde folgenreich – und er scheiterte. Im Roman konnte er glücken, weil allerlei ausgeblendet blieb, was im Leben nicht zu übergehen war. So ist der Widerspruch zwischen Selbstverwirklichung und Lohnarbeit, dem Zentralproblem in *Was bin ich?*, in *Jürg Reinhart* kaum noch ein Thema. Geldverdienen kennzeichnet allenfalls die Mentalität der einheimischen Slawen – die feineren Herrschaften haben keine Erwerbssorgen. Es herrscht die gesellschaftliche Ausnahmesituation: Man ist in den Ferien, die alltägliche Normalität ist suspendiert.

Dieses literarische Arrangement ist von Bedeutung: *Jürg Reinhart* ist ein Reise- und Künstlerroman im Gewand eines Erziehungsromans. Das Schema des Erziehungsromans heißt: Ein junger Mensch gerät in eine vorgegebene Welt und reift darin durch Konflikte, Erfahrungen und Bewährung. Am Schluß paßt er in ihre Normen, ist integriert, ist erwachsen. Aber die Welt, in die Jürg hineinwachsen soll, ist nicht die Gesellschaft von 1932/34. Es ist eine versinkende, adlig-großbürgerliche Gesellschaft. *Wilhelm Meister,* hundertfünfzig Jahre früher verfaßt, ist ihr gegenwärtiger als die autoritär bis faschistisch gewordene Gegenwart. Jürg mäandert zwischen Illusionen aus Rousseaus ›einfachem‹ Leben, romantischer Naturidyllik und Winckelmanns Griechenideal. Der Text bestätigt zwar Frischs Entschluß, ein Künstler außerhalb der Geldverdiener-Gesellschaft sein zu wollen, aber die Bestätigung gelingt nur als Flucht aus der Lebensgegenwart in eine illusionäre Vergangenheit, aus der normalen in die Ausnahmesituation, aus der aktuellen Gesellschaft in ein rückwärtsgewandtes Utopia. Diese formale Konstruktion des Romans reflektiert den Lebensweg des Autors: Frisch hatte sich durch die Flucht in eine Künstlerreise den Zwängen der Lohnarbeit entzogen, war aus der herrschenden Gesellschaft in die fremde, ferne Welt ausgestiegen. Und nur als Aussteiger konnte Jürg/Max

seinen Lebensplan als Künstler realisieren. In diesem außersozialen Rahmen ging es nur noch um die innerlich-mora-
lische Entwicklung des Individuums Jürg/Max.

Ausstieg und Flucht haben es an sich, daß sie einmal zu
Ende gehen. Die Rückkehr von der Balkanreise in die
Schweiz erlebte Frisch traumatisch. Er las, erinnerte er sich
später, den *Grünen Heinrich* von Gottfried Keller, »dem
besten Vater, den ich je hatte«, und schockartig überfiel ihn
die beängstigende »Vorstellung, daß das Leben mißlingen
kann«.[37] Zwar irrte Frisch im Datum – er hat den *Grünen
Heinrich* nachweislich erst im Frühjahr 1938 gelesen[38] –,
aber die Katerstimmung dürfte authentisch gewesen sein.
Vierzehn Jahre später fand er scharfe Worte für ein weiteres
Rückkehr-Erlebnis ins Heimatland: »Was auffällt, wenn
man draußen gewesen ist: das Verkrampfte unserer Landsleute, das Unfreie ihres Umgangs, ihre Gesichter voll Fleiß
und Unlust.«[39] Jürgs romantische ›Lösung‹ des Lebenspro-
blems erwies sich angesichts der Schweizer Realität als
unzulänglich, und Frisch zweifelte zunehmend, ob der freie
Journalismus für ihn richtig sei. Dennoch hielt er weitere
zwei Jahre an dem einmal gefundenen Weg fest und lehnte
eine ihm angebotene feste Redaktorenstelle bei einer Frau-
enfelder Zeitung auf den Einspruch Kätes hin ab. Er besuchte, wenn auch selektiv, die Universität, schrieb am
zweiten großen Prosatext[40] und veröffentlichte ein bis zwei
journalistische Beiträge im Monat.

Politisches Bewußtsein

Diese Beiträge werfen Schlaglichter auf Frischs damaliges
politisches Bewußtsein. Die radikalen Umwälzungen nach
Hitlers Machteinsetzung Anfang 1933 waren für ihn ebensowenig Thema wie die Schweizer Nationalsozialisten, die

mit Bomben, Straßenschlachten und Großkundgebungen auf sich aufmerksam machten. Ihn beschäftigten Fragen wie Zuckmayers Meisterschaft, *Eine Liebesgeschichte* zu schreiben (NZZ vom 11. November 1934), oder er experimentierte mit der Figur des Rip van Winkle, auf die er 1932 zum ersten Mal gestoßen war,[41] oder er entwickelte im Unbelesenen *Bücherfreund,* hinter dem sich Freund Coninx verbarg,[42] Gedanken zu einer ganz und gar zeitenthobenen Poetologie. Wenn Zeitbezüge einflossen, dann in recht unkritischer Weise. Der Romanheld sei ein »deutscher Sucher seiner Selbstverwirklichung«[43], lesen wir zum Beispiel in einer Rezension von Max René Hesses Roman *Morath verwirklicht einen Traum,* eine »männlich ringende Seele«, die sich aus den »schlangenglatten Armen« eines verführerischen weiblichen »Mischbluts« freikämpft, um seinen »großen Erde- und Männertraum«, seine »zur Verantwortung rufenden Träume des Blutes in die Wirklichkeit zu gebären«.[44]

Wie viele Intellektuelle erkannte Frisch die Tragweite der faschistischen Wende nicht; man lebte im »Dunkel des gelebten Augenblicks« (Ernst Bloch). Dabei erlebte er den Ungeist der Zeit seit 1933 aus nächster Nähe. An der Zürcher Universität entstand 1933 der *Kampfbund Neue und Nationale Front,* dem auch Freund Emil Staiger zeitweilig angehörte. Der nazifreundliche Studentenclub unterhielt enge Beziehungen zum rechtsbürgerlichen Honoratiorenclub *Volksbund für die Unabhängigkeit der Schweiz.* Der größte Erfolg der »Fronten«, so der Sammelname für die Faschisten in der Schweiz, war die Listenverbindung und der gemeinsame Wahlkampf mit dem Bürgerblock anläßlich der Gemeinde- und Stadtratswahlen von 1933. Auch die NZZ war mit im Bund. 1934 ergriff der Bundesrat, der zunehmend autoritär mit Dringlichkeitsbeschlüssen regierte, erste Zensurmaßnahmen gegen Zeitungen, die kritisch über Deutschland berichteten. Im gleichen Jahr versuchten die Frontisten unter der Führung des schwerreichen James Schwarzenbach – später berüchtigt für seine ausländerfeindlichen Initiativen –, die »jüdisch-bolschewistische Brut« in Erika Manns *Pfeffermühle* und am Schauspielhaus mit Gewalt aus der Stadt zu vertreiben. Und 1935 wurde ein faschistisch inspirierter Verfassungsputsch gerade noch rechtzeitig vereitelt.

Daß die meisten Schweizerinnen und Schweizer die faschistische Bedrohung damals noch nicht als gefährlich empfanden, hat verschiedene Gründe. Entscheidend dürfte gewesen sein, daß manche Ideen der neuen Bewegung nicht einfach als ausländisches »Zeugs«, sondern durchaus als gut vaterländisches und auf dem eigenen Mist gewachsenes Gedankengut empfunden wurden. Mitte der dreißiger Jahre erreichten nämlich einige Entwicklungen ihren Höhepunkt, deren Wurzeln fünfzehn und mehr Jahre in die Schweizer Geschichte zurückreichten. Ökonomische und soziale Umbrüche im Gefolge des Ersten Weltkrieges führten nach 1918 auch in der Schweiz zu schweren Spannungen. Im Generalstreik von 1918 und in den folgenden Landesstreiks – sie wurden durch Armee und militante Bürgerwehren niedergeschlagen – wehrten sich die unteren Schichten gegen ihre zunehmende Verarmung. Die Nachkriegskrise 1921/22 mit einem Rekord von über zehn Prozent Arbeitslosen verunsicherte die Bevölkerung tief. Durch den Übergang vom Majorz- zum Proporzwahlrecht im Jahr 1919 konnten die zentrifugalen Kräfte politisch zunächst aufgefangen werden. Der Freisinn, der seine absolute Mehrheit verloren hatte, schuf Bündnisse mit den Katholisch-Konservativen und den konservativen Kräften der neuen Bauern-, Gewerbe- und Bürgerpartei (BGB, heute SVP). Ideen des Ständestaats, des Nationalismus, völkisches und patriarchalisches Autoritätsdenken bis hin zur Führerideologie, Ausländerfeindlichkeit, vor allem ein militanter Antisozialismus und Antikommunismus hielten das Bündnis zusammen und schufen geistige Brücken zu den faschistischen Kräften im In- und Ausland.

Dieses Gedankengut fand auch seine Vertreter in der Bundesregierung. Der katholisch-konservative Giuseppe Motta, Bundesrat von 1911 bis 1940, eine politische Schlüsselfigur der dreißiger Jahre, hegte offene Sympathien für Mussolini und Franco. Sein Amtsnachfolger, der Waadtländer Radikale (Rechtsliberale) Marcel Pilet-Golaz (Bundesrat von 1929 bis 1944), rief 1940, nach dem Fall Frankreichs, öffentlich zum Arrangement mit Hitlerdeutschland auf. Der katholisch-konservative Jean-Marie Musy betätigte sich nach seinem Rücktritt als Bundesrat (Ende 1934) offen in der faschistischen Bewegung.

Auf der Linken erstarkten die Gewerkschaften und die sozialdemokratische Partei. Obschon diese sich mehrheitlich von der kommunistischen Internationale abgrenzte und die Klassenkampftheorie ablehnte, verteufelte der Bürgerblock die Sozialdemokraten bis in die Mitte der dreißiger Jahre als staatsgefährdende Partei. Dennoch errang die SPS 1924 und 1925 mit der Ablehnung der 54-Stunden-Woche und der Annahme des Alters-und-Hinterlassenen-Versicherungs-Artikels in die Bundesverfassung zwei wichtige politische Siege. Aber erst 1943, nach Stalingrad, zog erstmals ein Sozialdemokrat in die Bundesregierung ein.

Die Spannungen nach dem Ersten Weltkrieg begründeten nicht nur die linken wie die bürgerlichen Parteiungen, sie waren auch der Humus, woraus ein artenreiches schweizerisch-faschistisches Kraut schoß. Die Bürgerwehren gegen die streikenden Arbeiter, nicht selten von Militärs munitioniert, die Masse der sozial verunsicherten Bauern rechts von der BGB, elitär-antidemokratische, vor allem aber antisozialistische Intellektuelle und Studenten, sie bildeten heterogene Quellen, aus denen das braune Wasser sprang, das Anfang der dreißiger Jahre zur Frontenbewegung zusammenfloß. Die Bewegung war uneinheitlich, »die politisch-programmatischen Grundzüge sind meist kaum vergleichbar«.[45] Gemeinsam war ihnen die Kritik am bestehenden Parlamentarismus und am liberalen Wirtschaftssystem, die Betonung korporativer Ideen, Blut-und-Boden-Vorstellungen in Teilen der Bauernschaft, die Sympathie für autoritäre Führerprinzipien und die Betonung nostalgischer, mythisch und völkisch verklärter Tugenden der alten Eidgenossen.

So stellt sich der Schweizer Faschismus nicht einfach als ein Auslandsimport dar, sondern auch in manchem als eine urschweizerische Ideologie. Nur so ist die gedankliche und sprachliche Nähe so vieler führender Schweizer Industrieller, Militärs, Intellektueller und Dichter zu dieser Bewegung verständlich. Sie waren nicht einfach Söldner des Reichs, sie empfanden sich selbst als in der Wolle gefärbte Schweizer[46].

Dennoch: Blind war nur, wer blind sein wollte. Minister Carl Jacob Burckhardts Bericht aus den deutschen Konzentrationslagern sprach eine deutliche Sprache. Der autobiographische Bericht aus dem Konzentrationslager, *Die Moorsoldaten*, verfaßt vom berühmten Schauspielhaus-Schauspieler Wolfgang Langhoff, erschien 1935 und löste heftige Debatten in der Öffentlichkeit aus. Die zahlreichen Emigranten in der Schweiz legten beredtes Zeugnis ab, die Zeitungen litten noch kaum unter dem Zensurdruck. Wer um 1935 in der Schweiz über das Geschehen in Deutschland im Bild sein wollte, hatte ausreichend Informationen zur Hand.

Frisch war nicht unwissend, doch in jenen Jahren an Politik schlicht nicht interessiert. Er sei mit sich und seiner Schriftstellerei so beschäftigt gewesen, erzählte seine damalige Freundin, daß er die Weltgeschichte um sich herum kaum wahrgenommen habe. »Er schrieb damals (1934) an einem Roman, einer Doppelgängergeschichte von einem, der sich in der Limmat scheinbar ertränkt hat – weil man seine Kleider fand –, der aber doch weiterlebte als sein Doppelgänger, also eine *Stiller*-Geschichte. Das hat ihn damals interessiert.« Politik sei ihm erst ein Thema geworden, als er 1939 in den Militärdienst mußte. »Sein Interesse damals galt den rein menschlichen Problemen und der Natur. Einmal hat er mich gefragt, warum ich denn in Zürich studiere, wo ich doch in Berlin gewohnt habe. Ich sei als Jüdin emigriert. Darauf hat er gar nichts geantwortet. Später war er sehr überrascht und es hat ihn beschäftigt, daß er mir damals nichts geantwortet hatte.«[47] Politik, das waren ihm allenfalls »die aufgeregten Streiche benachbarter Führer«, Poesie aber »jenes Beruhigendere, daß Sommer glühen und Herbste glimmen …«.[48]

Der junge Dichter

Käte Rubensohn, so der Name jener Freundin, wurde 1914 in Hildesheim geboren. Sie entstammte einer bürgerlich-intellektuellen Familie jüdischer Abstammung, die bis zuletzt nicht wahrhaben wollte, daß man sie eines Tages nicht mehr als Deutsche akzeptieren würde. Der Vater war Altphilologe und Archäologe, grub in Paros und auf Elephantine und leitete bis 1915 das Roemer- und Pelizaeus-Museum in Hildesheim. Danach unterrichtete er als Gymnasialprofessor in Berlin. Geheimrat war er nicht, wie Frisch in *Montauk* schrieb, das war Onkel Ludwig Borchardt, der in Tell el Amarna die berühmte Nofretete-Büste ausgegraben hatte. Käte, der als Jüdin die deutschen Universitäten versperrt blieben, konnte dank diesem Onkel in Zürich Germanistik studieren. Sie war während vier Jahren Frischs Lebensgefährtin. Da sie oft in Berlin weilte – die Eltern emigrierten erst 1939 –, entstand ein umfangreicher Briefwechsel, der, abgesehen von Frischs eigenen Texten, die wichtigste Quelle für die Kenntnis des jungen Max Frisch darstellt.[49]

Käte Rubensohns Erinnerungen vermitteln darüber hinaus ein anschauliches Bild des jungen Dichter-Journalisten. Die erste Begegnung fand auf der Universität statt. »Es war im Proseminar von Professor Faesi. Ich war frisch von der Schule mit dem Abitur im Sack nach Zürich gekommen, denn in Deutschland konnte ich ja nicht mehr studieren. Das war 1934, da bin ich zum ersten Mal hingegangen, und Professor Faesi legte uns, ohne den Autor zu nennen, ein Gedicht vor, genannt *Der Blumenelf*. Faesi guckte sich um, hat mich als Neuling entdeckt und gefragt, scherzeshalber, ob das Gedicht wohl von einer eben aus der Schule Entlassenen sei. Er schaute mich an, worauf ich heftig mit dem Kopf schüttelte. Da begann ein junger Mann neben mir, ohne aufgerufen zu sein, zu sprechen: ›Um das Gespräch auf eine ernstere Basis zurückzuführen ...‹ Ich riß die Augen auf ob soviel Dreistigkeit, jener aber fuhr fort: ›Einem bereits poetischen Gegenstand, der Blume, wird ein weiterer, der Elf, aufgepfropft. Das ist in meinen Augen Kitsch.‹ Das leuchtete mir ganz enorm ein und Professor Faesi auch, der sich ohne weiteres die kleine Dreistigkeit gefallen ließ. Es stellte sich zum Schluß heraus, daß das Gedicht von Gottfried Keller war ... Der kecke junge Mann hatte einen runden dicken Kopf, ein gleichfalls rundliches Gesicht, die Augenlider konnte er nicht ganz gut öffnen, er trug einen hellgrauen Flanellanzug, keine Krawatte, weiße Schuhe und hieß Max Frisch.«[50]

»Wie ich ihn 1934 kennengelernt habe«, so erinnerte sie sich weiter, »war er ein armer Schlucker und hat Mühe gehabt, das Nötigste zusammenzukriegen ... Einmal hatte er nur noch sieben Franken, sonst nichts.« 1936 sprach die städtische Kulturkommission dem »in großer Notlage« befindlichen, jungen Dichter eine »Aufmunterungsgabe« in der Höhe von 1000 Franken zu. Der chronische Geldmangel habe ihn gezwungen, immer wieder Teile aus dem dichterischen Werk herauszubrechen und journalistisch zu verwerten.[51] Ansonsten habe ihn die Armut kaum bedrückt. Frisch sei kein Bücherwurm gewesen, sondern ein lebenslustiger, junger Mann voll sprühenden Humors. Tage- und nächtelang habe man Mensch-ärgere-dich-nicht, Halma oder Schach gespielt, letzteres sogar brieflich. Auch Sport habe er oft und gern getrieben. Er lief Schlittschuh, Ski, fuhr Rad, spielte Tennis und – mit Ehrgeiz bis ins hohe Alter – Tischtennis. Mit vierundzwanzig Jahren habe er noch schwimmen gelernt.[52] Diese Lebenslust habe allerdings ihre Kehrseiten gehabt: Max sei aus Unsicherheit oft aggressiv und auftrumpfend gewesen und dauernd auf Selbstverteidigung aus. Er habe rigoros und unnachsichtig über Menschen geurteilt und sei häufig von Depressionen, von Lebensekel und schweren Selbstzweifeln heimgesucht worden, die sich bis zur psychischen Selbstzerfleischung steigern konnten, wenn ihm gerade wieder einmal die Schreibeinfälle ausgingen. Gegen Depressionen hätten vor allem Wanderungen geholfen. »Es wird immer zweifelloser, daß ich ein glückliches Aufrichten nicht aus mir beziehen kann«, schrieb er an Käte, »auch selten aus andern Menschen, eher schon aus großer Kunst, aus einer Musik etwa, am meisten aber aus solchen Anblicken der Landschaft, der äußern Welt, wenn sie uns wie ein Wunder begegnet und wenn es vollauf genug ist, zu leben, damit man sie anschauen darf.« Aus diesem Grund sei man sehr viel gewandert.[53]

In inspirierten Zeiten dagegen habe Frisch Tag und Nacht am Schreibtisch verbracht. »Ich bin nun ein wenig abgespannt«, schrieb er an seine Freundin, »da ich einen wunderlichen Lebenswandel führte; es kam vor, daß ich ohne Frühstück anfing und dann gegen drei Uhr eine Suppe machte, manchmal eine Bummelstunde im Freien, und dann ging es weiter in die Nacht hinein. Die Zeit war zu knapp; es war eine wilde Hetzerei, zumal schon das Schreiben immer viel Mühe macht, wenn man nochmals eine Stelle ändern mußte. Das Verrückteste aber war, daß ich gerade in diesen letzten acht Tagen, wo ich noch den letzten Akt entwerfen und die andern ergänzen mußte, eine neue Idee hatte, die mich nicht in Ruhe ließ; nachts um zwei Uhr zog ich die Hosen an und setzte mich ins Wohnzimmer und schrieb bis vier Uhr. Es ist ein Lustspiel märchenhafter Art, manche lustige und reizvolle Scene ist mir gelungen, immer nebenbei, während ich kochte oder aß oder ausging, um über meine andere Arbeit nachzudenken. Es machte mir ungeheuren Spaß, allerdings immer mit dem schlechten Gewissen, daß ich ja eigentlich arbeiten sollte. Nun ist ein Drittel dieser Komödie da, dazu allerlei Splitter, aber ich habe keine Ahnung, wie das Ganze weitergeht, und vorallem, ob dieses leichte und geradezu unwillkürliche Hinschreiben weiteranhält. Ich glaube es nicht … Aber Freude hat es mir gemacht.«[54]

Erste Deutschlandreise

Im März 1935, inmitten der heftigsten politischen Unruhen, reiste Frisch zum ersten Mal ins nationalsozialistische Deutschland. Er berichtete der Freundin: »korrodi hat mir die versprochnen 120 franken gegeben, voraussichtlich liefere ich ein tagebuch meiner reise, friedliche impressionen ... natürlich nichts scharfes. jedenfalls schreibe ich es erst nach meiner rückkehr, wenn ich den ganzen überblick über den stoff habe.«[55] »Friedliche Impressionen« und »nichts Scharfes«; der an Politik nicht interessierte Schriftsteller wußte sehr wohl, was sein Blatt von ihm erwartete.

Frisch deklarierte seine Reise als »Probe für unsere eigene geistige Haltung ... denn kein Deutschschweizer ... wird leichten Herzens das nachbarliche Deutschland aufgeben dürfen ... und unsere kulturelle Zusammengehörigkeit kündigen können«.[56] Frischs Frage im Reisegepäck hieß: Ist »Deutschland, dessen klassische Sprache uns künstlerisches Vorbild ist« noch das Deutschland der »Dichter« und der »Stillen«, »etwa eines Carossa«, oder nur noch eines der »brüllenden Massen« und der »Volksredner«?[57]

Dieser Frage lag eine Einschätzung zugrunde, die damals unter Schweizer Intellektuellen weit verbreitet war. Sie lautete: Das wahre Deutschland ist das der Dichter und Denker: Als eine Art Störung hat sich der Nationalsozialismus der brüllenden Massen, eine geistlose, proletische Bewegung, vorübergehend darin breit gemacht. Säuberlich getrennt handelte Frisch denn auch seine Reisebeobachtungen ab, die er in vier Folgen in der NZZ ausbreitete.[58]

In Stuttgart begeistert sich der künftige Architekt für den Bahnhof: »das Schönste und Höchste, was unsere Zeit schafft«. Paul Bonatz hatte ihn zwischen 1911 und 1926 als kühne Kombination von modernster Stahlkonstruktion und urtümlichem Quaderbau aus Muschelkalkblöcken errichtet. Der Bau erregte internationales Aufsehen. In seinem Turm »hauste«, so weiß der Journalist zu berichten, während der Revolution im zweiten Reich die Stadtregierung.[59] Drei blanke Dolche in der Parteibuchhandlung offenbaren dem Chronisten die eine, das Gespräch mit einem Verlagsleiter die andere Seite Deutschlands: Hier erfuhr er, daß die »Blut- und Schollen«-Literatur mit dem »Mistgeruch« in Deutschland »kaum mehr gekauft« würde, auch in der Schweiz »stoße man auf ein zähes Mißtrauen, fast auf einen Boykott«. Zwar fände die NSDAP-Literatur schon großen Absatz, doch das seien Pflicht-, nicht Neigungskäufe.

Es wäre falsch, dem jungen Frisch besondere Realitätsblindheit vorzuhalten. Beinahe alle deutschen Intellektuellen hielten noch Mitte der dreißiger Jahre die Naziliteratur für zu dumm, um ernsthaft Schaden anrichten zu können. Auch in Berlin war es ein Buchhändler, der über Deutschlands Geisteszustand Beruhigendes zu berichten wußte. Das »stille Buch« sei wieder gefragt, man suche wieder »die Gedanken eines umfassenderen, höheren und ewigeren Geistes«.[60] (Der Komparativ ›ewiger‹ ist wohl eine unbeabsichtigte Ironie.) Als leuchtendes Beispiel für dieses »stille« Buch pries Frisch Hans Carossas Kriegstagebuch aus dem Ersten Weltkrieg, das *Rumänische Tagebuch:* »Da ist diese menschliche Größe, die sich in einer flammenden und blutigen Welt, wo alles aus den Fugen fällt, zum Glauben an den Sinn durchringt; da ist diese weite Kraft, daß einer neben dem Einschlag der Geschosse noch die blühende Blume sieht; da ist die erlösende Geduld, die nicht ins Fuchteln und ins Verzweifeln stürzt, sondern das gottgesetzte Schicksal still und männlich-demütig erfüllt; da ist ein dichterischer Kristall, wie er nur werden konnte unter dem ungeheuren Druck eines Weltschicksals.«[61] Gottgesetztes Schicksal und männlich-demütige Erfüllung, Geschoß und Blume, Weltenschicksal und dichterischer Kristall – Frisch geriet hier sprachlich in gefährliches Fahrwasser.

Aufschlußreich für sein Verständnis des Nationalsozialismus ist der Bericht, den er von der Berliner Ausstellung »Wunder des Lebens«, die »unleugbar eine Prachtleistung ist«, erstattete.[62] Entzückt vom »glücklichen Mittelweg ... zwischen allzu populärer Vereinfachung und allzu ausschweifender Gründlichkeit«,[63] mit welcher hier ein »Hauptpfeiler nationalsozialistischer Ideen«, »nämlich die Naturwissenschaft«, veranschaulicht wird, bemerkte er nicht, wie sehr er mit diesem Entzücken den Nazis bereits auf den Leim gekrochen war. Indem er die ideologische Verzerrung von Naturwissenschaft, wie sie den Nazis eignete, umstandslos für Naturwissenschaft an sich hielt. Nur einen Punkt gab es, wo diese Verzerrung auch Frisch über die Hutschnur ging; immerhin liebte er zu dieser Zeit eine Jüdin. »Empörend ist dieser Selbstruhm, der seine eigene Rasse erhöht, indem er alles andere in den Schmutz stößt. Was die Ausstellung über die Juden bringt ... läßt es uns äußerst schwer werden, über diesem dritten Reich das ewige Deutschland nicht zu vergessen.«[64] Doch als sei diese Formulierung schon des Scharfen zuviel, nahm er sie im Nebensatz wieder ein Stück zurück. Er gestand den Nazis zwar ein »notwendiges Zurückdämmen« der Juden zu, bat sie aber auch, »die Rassenfrage nicht länger auf die Spitze« zu treiben.[65]

Man darf solche peinlichen Äußerungen nicht überbewerten. Frischs Ablehnung des Nazismus ist unbestritten. Doch sie war schmal begründet. Zum einen im Geschmack: Der bürgerliche Individualist und Traditionalist scheute die laute Massenbewegung der Gleichgeschalteten. Denn der »Weg zur wahren Gemeinschaft« verlaufe nicht über den Massenmenschen, sondern »über das erfüllte und selbstreife Individuum«.[66] Zum anderen moralisch: Die Rassendiskriminierung ging ihm – über das »notwendige Zurückdämmen« hinaus – zu weit. Zum dritten verachtete er die politische Vereinnahmung der Kunst durch die Nazipolitik. Sie widersprach diametral seinem eigenen, unpolitischen Verständnis von Kunst. Und schließlich imprägnierte er sich mit einer schweizerischen National-ideologie, der sogenannten »Geistigen Landesverteidigung«, gegen die Anfechtungen von außen. Diese Ideologie – im nächsten Kapitel wird davon ausführlich die Rede sein – war ein recht eigenartiges geistig-politisches Konglomerat, welches nicht nur die unterschiedlichsten Richtungen im Lande auf eine ideologische Linie brachte, sondern zugleich einen Riegel gegen die Versuchungen von jenseits der Grenzen schob, indem es zahlreiche Gedanken der dortigen Staatsideologie in abgewandelter Form integrierte. Frisch wurde ein glühender Vertreter dieses nationalschweizeri-schen Denkgebäudes.

Hier wird in »leichtfertiger Deutschfeindlichkeit gemacht«

Ein früher Text, der diese Gesinnung bereits in manchen Zügen zum Ausdruck bringt, ist der Brief, den er am 26. August 1934 an Käte Rubensohn schrieb: »Bald be-ginnt unser Schauspielhaus, das wieder ganz gute Kräfte besitzt, während der Spielplan einiges zu wünschen übrig läßt; besonders was die Uraufführungen anbelangt, scheint mir eine große Gefahr darin zu liegen, wenn sich ein hiesiges Theater, indem es unsere schweizerische Welt-offenheit übertreibt oder einseitig mißbraucht, zum Ableger verbotener Autoren macht, zum Emigrantentheater. Du wirst mich verstehen: die Beweggründe sind zu geschäftlich, man will die Gelegenheit benützen, ehemalige Berliner Berühmtheiten, die sich ohne den Umsturz zeitlebens einen Teufel um unser Schweizerländchen gekümmert hätten, bei uns aufzutrumpfen, ja, gewisse Stars sind nun billig und sogar für Zürich erschwinglich geworden, und es ist nicht der große Gedanke an Weltliteratur im Goethischen Sinne und die ernste Auffassung, daß diesen Verbotenen, wo sie wirklich etwas bedeuten, geholfen werden muß und daß es die Pflicht der Neutralen ist, dies zu unternehmen, nein, diese Geschäftsmanöver sind so ohne alle Gesinnung, und das Unglückliche daran ist es, daß sie trotzdem auf die Gesinnung wirken, d. h. daß hier in jener leichtfertigen Deutschfeindlichkeit gemacht wird, bloß weil es rentabel ist. Vielleicht sehe ich nun etwas zu dunkel, aber es scheint mir bekämpfenswert, wenn sich die Schweizer als Steigbügel hergeben, und gleich sündhaft, ob sich gewisse Kreise als hitlerische Provinz dünken möchten oder ob andere Leute, indem sie sich gegen das Dritte Reich propagieren lassen, sich zu einer Provinz des weimarischen Deutschland machen lassen. Wir sind Schweizer und müssen es heute leidenschaftlicher sein als je; unsere geistige Freiheit, die wir hochhalten werden zwischen drei Diktaturen, erfordert die völlige Unbefangenheit, scheint mir, und dürfte nicht auf diese Art mißbraucht werden. Das ist es: wir haben weder für noch gegen Deutschland zu sein, und daß gerade dies der durchschnittliche Deutsche in seinem Wahn, daß Deutschland die Welt bedeute, niemals begreift, bringt uns den irrtümlichen Vorwurf einer Deutschfeindlichkeit. Wäre eine wahrhaftige Deutschfeindlichkeit in uns, so wären wir gerade dadurch nicht mehr frei und von Deutschland nicht mehr unabhängig, wie wir es um jeden Preis sein müssen und sein wollen.«

Die Kritik an der Geschäftstüchtigkeit des damaligen Schauspieldirektors Ferdinand Rieser ist nicht aus der Luft gegriffen. Rieser war ein autoritärer Patriarch, geschäftstüchtig bis zur Gerissenheit, gefürchtet von seinen Angestellten wie von seinen Geschäftspartnern. Aber das war nur die eine Seite. Die andere war beachtlich. Nicht nur hatte er seit 1926 die Pfauenbühne mit Erfolg als Privattheater ohne städtische Subvention betrieben, sondern sie auch zu einer Bühne mit hohem künstlerischem und politischem Niveau aufgebaut. Gegen massive Widerstände aus Stadt- und Bundesregierung, von den Berufsverbänden und den Schriftstellervereinigungen engagierte er, und nicht erst sein berühmter Nachfolger Oskar Wälterlin, das legendäre Emigrantenensemble nach Zürich und rettete damit zahlreichen Spitzenkräften vermutlich auch das Leben.[67]

Interessant ist der Zusammenhang, in dem Frischs Brief steht. Wenige Monate zuvor hatten die Uraufführungen von Ferdinand Bruckners *Die Rassen* und von Friedrich Wolfs *Professor Mamlock* zu heftigen Krawallen der Frontisten gegen das Schauspielhaus geführt. Worauf Korrodi sich in der NZZ das »taktlose Hervortreten politischer Emigranten in unserem Land« energisch verbat – er meinte damit allerdings nicht die krawallierenden Frontisten, sondern die Theaterleute vom Schauspielhaus! Vom Theater verlangte er Kunst, das hieß für ihn Gesinnungsneutralität. Frischs Brief bläst in dasselbe Horn. Aufschlußreich ist auch Frischs politische Argumentation: Ob Weimarer Republik, ob Nazideutschland, ob Faschist oder Antifaschist, beides gilt ihm gleich, nämlich gleich falsch. Das einzig Richtige ist, proschweizerisch und weder für noch gegen Deutschland zu sein, auch wenn dieses Deutschland zum Terrorregime verkommen ist. Der echte Schweizer ist gesinnungsneutral.

Genau diese Gesinnungsneutralität in den Medien hatten die Nazis seit ihrem Machtantritt von der Schweizer Regierung immer wieder gefordert. Aber der Bundesrat lehnte jede diesbezügliche Zensur mit dem Hinweis ab, die politische Neutralität der Schweiz beinhalte nicht die Eliminierung der Meinungsfreiheit. Indem Frisch sich in dieser Situation zum Anwalt der Gesinnungsneutralität machte, spielte er unfreiwillig den Nazis in die Hände.[68]

Alle restlichen Beiträge des Jahres 1935 sowie sämtliche Beiträge von 1936 hat Frisch aus den *Gesammelten Werken* verbannt. Der offizielle Grund: Ab der Mitte der dreißiger Jahre begann er nach einer anderen Lebensform zu suchen. Er empfand den freien Journalismus, diesen Kompromiß zwischen Bürger- und Künstler-Leben, zunehmend als Sackgasse. Der Zwang, auch dann »in die Öffentlichkeit« zu schreiben, wenn man gerade »nichts zu sagen hat«,[69] habe ihn zu gedanklichen Wiederholungen, zu wortreichem Leerlauf, zu eitler Oberflächlichkeit verleitet. Soweit Frischs Selbsteinschätzung. In den rund dreißig Texten jener Zeit, die nicht in die *Gesammelten Werke* eingingen, finden sich in der Tat manche Gedanken, die er anderswo schon besser formuliert hatte. Aber nicht nur. Frisch schattete mit seinen Aussparungen auch die Tatsache ab, daß er seit 1935/36 ein überzeugter Vertreter der »Geistigen Landesverteidigung« war. Das nächste Kapitel wird sich damit eingehend befassen.

Antwort aus der Stille

Mitte der dreißiger Jahre stand Frisch erneut vor einer Wegscheide. Wollte er die journalistische Brotschreiberei aufgeben, so standen ihm prinzipiell zwei Wege offen: Entweder er setzte alles auf die Karte der Kunst und versuchte, sich als Berufsschriftsteller durchzusetzen. Oder er erwarb einen bürgerlichen Beruf zur Sicherung des Lebensunterhalts und betrieb die Schriftstellerei nebenbei.

Bevor er diese Entscheidung traf, spielte er sie auch dieses Mal in einem großen Text, der »Erzählung aus den Bergen« mit dem Titel *Antwort aus der Stille,* literarisch durch.[70] In *Jürg Reinhart* hatte er die Möglichkeit der Selbstverwirklichung als Künstler beschrieben und sie dann zu leben versucht. Im neuen Text erkundete er den Weg zur künftigen Existenz als Bürger. Der Protagonist Dr. Leuthold (den Leuten hold) ist die Gegenfigur zum reinen, harten Reinhart. Er ist dreißig, promovierter Lehrer (der typische Karriereberuf des Schweizer Intellektuellen aus kleinen Verhältnissen) und natürlich Leutnant der schweizerischen Milizarmee. Er ist verlobt und steht kurz vor der Hochzeit. Die Auspizien für eine gutbürgerliche Existenz stehen gut. Doch Leutholds Selbstempfinden widerspricht dieser Lebensperspektive. Er giert nach dem Besonderen, dem Höheren, dem Unkonventionellen. Vierzehn Tage vor der Hochzeit – sozusagen in Torschlußpanik – wagt er den letzten, verzweifelten Versuch, der scheinbar unentrinnbaren bürgerlichen Konvention zu entkommen. »Es ist sein letzter Versuch, wozu er aufgebrochen ist … Einmal muß man sein jugendliches Hoffen einlösen, wenn es nicht lächerlich werden soll, einlösen durch die männliche Tat …«[71] Die männliche Tat um »Sein oder Nichtsein« besteht diesmal weder im Geschlechtsakt noch im Akt der Sterbehilfe, sondern in einer lebensgefährlichen Besteigung des noch unbezwungenen »Nordgrats«. Nordwand-Erstbesteigungen waren, dank neuer Klettertechniken, zwischen 1931 und 1938 in Mode: 1931 wurde erstmals die Nordwand des Matterhorns bezwungen, 1935 die Grandes Jorasses, 1938 schließlich die Eigernordwand, die lange als unpassierbar gegolten hatte. Frischs thematischer Hintergrund lag also ganz im Trend der Zeit.

Wer die gesellschaftliche Dimension menschlicher Selbstverwirklichung im Auge hat, mag in einer Bergkraxelei kaum eine Schicksalstat erkennen. Doch genau diese gesellschaftliche Dimension blendete Frisch, wie schon im *Jürg Reinhart,* auch diesmal aus: Nicht durch Bewährung im sozialen Leben, sondern im Einzelkampf mit sich und der Natur besteht die Herausforderung des »Schicksals«; nur in der außersozialen Ausnahmesituation reift der Mann.[72]

Der Plot ist auch diesmal einfach gebaut. Im Berggasthaus lernt Leuthold Irene kennen, eine junge Dänin. Ihr vertraut er seinen Plan an. Sie übernimmt an Leuthold eine ähnliche Funktion wie Inge an Reinhart. Sie lehrt ihn in langen Gesprächen, seine bürgerliche Existenz, aber auch seine Sehnsucht nach dem Außergewöhnlichen, mithin die Gespaltenheit seines Ichs, zu akzeptieren. Er träumt sich mit Irene in ein Land »ohne Alltag« und flieht auf den Flügeln der neuen Liebe in die Wunschgefilde eines außer-gewöhnlichen, eines erfüllten Lebens. Aber der Traum bricht vor der körperlichen Besiegelung jäh zusammen: Irene gesteht, mit einem kranken Mann verheiratet zu sein. Die bürgerliche Normalität hat den Ausreißer wieder eingeholt, die Flucht auf die romantische Insel ist gescheitert, die Konvention triumphiert. Also bleibt nur die Nordgratbesteigung, um der »Lächerlichkeit« und »Gewöhnlichkeit« zu entkommen.[73] Leuthold überlebt das Bergabenteuer. Aber er kehrt nicht als Held, sondern als ein Geläuterter zurück, der angesichts des Todes erfahren hat, »daß es kein gewöhnliches Leben gibt, kein verächtliches Leben, das einfach wegzuwerfen wäre, und daß wohl alles genug ist, was wir wirklich erfüllen«.[74]

Die quälend empfundenen Zwänge eines normalen bürgerlichen Lebens verschwinden vollständig hinter der Dankbarkeit, überhaupt zu leben. Wenn es um »Sein oder Nichtsein« geht, wird die Frage nach dem »Wie-Sein« belanglos. Das große Problem der Integration in eine als lebenstötend empfundene Gesellschaft reduziert sich unter diesem Blickwinkel auf den persönlichen Reifeprozeß, auf die Bescheidung in den Alltag, auf die Annahme des ›Schicksals‹. Damit sind die normsprengenden Lebensansprüche aus *Was bin ich?* und aus *Jürg Reinhart* aufgegeben. Frisch selbst hat sich in einer literarischen Entlastungshandlung seinen Einstieg in die bürgerliche Gesellschaft freigeschrieben.

Die Wege ins bürgerliche Leben: Schreibverbot und Architekturstudium

Die Entscheidung gegen die Kunst und für die Bürgerlichkeit fiel 1936, als Frisch an der Eidgenössischen Technischen Hochschule in Zürich (ETH) das Studium der Architektur aufnahm. Sie wurde mit einer Manuskriptverbrennung besiegelt. Im Herbst 1937 »wurde alles Geschriebene zusammengeschnürt, inbegriffen die Tagebücher, und alles dem Feuer übergeben. Ich mußte zweimal in den Wald hinaufgehen, so viele Bündel gab es, und es war, ich erinnere mich, ein regnerischer Tag, wo das Feuer immer wieder in der Nässe erstickte, ich brauchte eine ganze Schachtel Streichhölzer, bis ich mit dem Gefühl der Erleichterung, auch der Leere weitergehen konnte.« – »Das heimliche Gelübde, nicht mehr zu schreiben, wurde zwei Jahre lang nicht ernstlich verletzt.«[75]

Die Gründe für diesen Entschluß waren vielfältig. Die ablehnenden Reaktionen Hermann Hesses, Werner Coninx' und anderer auf die »Bergerzählung« – die deutsche Tageskritik hatte sie überwiegend gelobt – bestärkten Frisch in der Furcht, als Schriftsteller nicht zu genügen. Später sprach er von einem eigentlichen »Zusammenbruch«,[76] der ihn veranlaßt habe, die Schriftstellerei aufzugeben und, fünfundzwanzigjährig, ein Architekturstudium zu beginnen. Werner Coninx, der reiche Schulfreund, setzte ihm ein Stipendium aus: 16 000 Franken verteilt auf vier Jahre – eine ansehnliche Studentenbörse, die ungefähr dem späteren Anfangsgehalt des dipl. Arch. Max Frisch entsprach. Auch außerliterarische Ereignisse spielten wohl eine Rolle: 1936 wollte Frisch Käte Rubensohn heiraten. (Auf dem Zürcher Standesamt wurde ihm unaufgefordert ein Arierausweis ausgehändigt!) Käte lehnte den Heiratsantrag schließlich ab. Einmal, weil sie argwöhnte: »Du bist bereit, mich zu heiraten, nur weil ich Jüdin bin, nicht aus Liebe.« *(Montauk)* Zum andern habe sie ihn darauf hingewiesen, daß er »nichts erlernt hätte, was man einen Beruf nennen könnte«.[77]

Soweit die Geschichte, wie Frisch sie überliefert hat. Sie enthält manche Selbststilisierung. Zum Beispiel: Frisch hatte sein Architekturstudium damals keineswegs als Gegensatz zur Schriftstellerei konzipiert. Käte Rubensohn brachte ihn auf die Idee, zur Überbrückung literarisch nicht inspirierter Zeiten ein anderes Arbeitsfeld anstelle des zunehmend lästigen Journalismus zu suchen, ein Feld, das ebenfalls kreativ, aber nicht literarisch besetzt war. Auf Vermittlung ihres einflußreichen Onkels Ludwig Borchardt kam ein Beratungsgespräch mit Peter Meyer, dem Zürcher Professor für Architektur und Städtebau, im Café Select zustande. Frisch berichtete Käte davon in einem Brief vom 24. März 1936. Er bestätigt darin nicht nur ausdrücklich, daß er die Idee zum Architekturstudium von Käte erhalten habe, er hebt auch explizit den komplementären Nutzen von Architektur und Schriftstellerei hervor: Er denke, »daß es für mein Schreiben, also für das eigene, sehr förderlich sein könnte, wenn ich in einem völlig anderen, völlig literaturfernen Bezirk künstlerischen Wirkens mich betätigen dürfte, vorallem natürlich, weil die Architektur in hohem und glücklichem Maß mit dem Stoff, mit dem Material verbunden bleibt. Gerade dieses An-die-Dinge-heran ist ja meine Sehnsucht, dieser Wunsch auch nach Substanz im äußerlichen Sinn. Substanz im innerlichen Sinn, auch darin dürfte sich eine Bereicherung erhoffen lassen, nicht nur weil man mit Menschen völlig andren Geistes zusammenstößt und zum Beispiel auch volkswirtschaftlich manchen Einblick gewinnt, weil man diese praktischen Zeiten auf dem Bau mitmacht, was übrigens für mich ein prächtiger Fund sein dürfte – sondern vorallem weil man dem Wesen der Kunst vielleicht näher kommt, wenn man sie in zwei Ausstrahlungen nicht nur kennt, sogar auch ausübt. Ich glaube nicht, daß dann nichts mehr übrig bliebe auf beiden Seiten, im Gegenteil, vielleicht würde sich mein Schreiben von manchem reinigen, was nicht in diesen Bezirk gehört, und da die Architektur jedenfalls, ob ich sie so oder so ausüben würde, in engster Verbindung mit dem Leben, mit dem Wohnen, mit der sozialen Struktur einer Zeit steht, würde sie gewiß gerade für mein Schreiben, das ich auf keinen Fall preisgeben wollte, eine Bereicherung bedeuten.«[78] Der Brief belegt, daß Frisch nicht, wie er später behauptete, das Schreiben zugunsten der Architektur aufgeben wollte; im Gegenteil, er reflektierte mit großer Sorgfalt die sinnvolle Kombination beider Tätigkeiten.

In den Herbst 1937 fiel auch die Trennung von Käte. Sie berichtete von einer schweren Krise: »Es war eine sehr sehr traurige Erfahrung, die wir beide machen mußten, daß die Liebe erloschen war, auf jeden Fall nicht mehr die alte war. Das Auseinandergehen fiel uns beiden unendlich schwer. Es gab Augenblicke, in denen ich ganz verzweifelt war, und ich habe mich nur aufgefangen, indem ich den Entschluß faßte (im Frühjahr 1938), nach Basel überzusiedeln, um die Trennung von Max zu überwinden.«[79] Eine Schaffenskrise, Hesses negatives Urteil zur *Antwort aus der Stille,* die Trennung von Käte – es gab verschiedene Gründe für einen affektiven Zusammenbruch des jungen Manns.

Erst Jahrzehnte später hat Frisch die damalige Krise mit ihrer Manuskriptverbrennung und dem ›Schreibverbot‹ zu einer planvollen Handlung uminterpretiert.[80]

Zu berichtigen ist auch die Legende, Käte habe seinen Heiratsantrag 1936 abgelehnt, weil er »nichts erlernt hätte, was man einen Beruf nennen könnte«. Käte Schnyder-Rubensohn erinnert sich einer früheren Liebe Frischs namens Fanny – im *Jürg Reinhart* taucht sie als Erzählepisode auf –, die ihn mit diesem Argument abgewiesen habe. »Das war eine ganz zentrale Erfahrung für ihn«, die noch bei der späteren Hochzeit mit der Constance von Meyenburg eine Rolle gespielt hat.[81] Zutreffend ist, daß Käte nicht aus Mitleid geheiratet sein wollte. Mit gutem Grund. Bereits am 29. August 1934 hatte ihr Max unmißverständlich erklärt, daß er für die Ehe nicht geschaffen sei: »Ich glaube an das Mysterium des Lebens, ich glaube an die Gewalt der Liebe und der Untreue, ich glaube an das schmerzlich Unberechenbare unseres Tuns ... ich glaube an den Sinn, den wir nicht sehen können und den wir als Rätsel austragen müssen. Darum dünkt mich der größte Witz, den sich die Menschen erlauben: die bürgerliche Heirat, die wohl als Organisation der Masse, die ohne Eigenhaltung ist, ihre Notwendigkeit hat, aber die eine Überheblichkeit ohne Grenzen darstellt, indem die Unterzeichnenden die

Welt und ihr unsagbares Vorhaben, das wir Schicksal heißen, einfach durchstreichen wollen ...«[82] Um so verwunderter – und verletzt – war Käte, als Frisch ihr acht Jahre später kommentarlos eine Heiratsanzeige schickte, auf der in gutbürgerlicher Manier die Eltern der Braut auf der einen, die Mutter des Bräutigams auf der anderen Seite sich beehrten, die Hochzeit ihrer Kinder anzuzeigen: die Hochzeit zwischen Max Frisch und Gertrude Constance von Meyenburg.

Mit der Manuskriptverbrennung schließt eine erste Arbeitsphase (1932 bis 1937). Aus den Briefen an Käte Rubensohn geht hervor, daß unter den verbrannten Manuskripten zwei weitgediehene Stückentwürfe waren, ferner ein Doppelgängerroman mit dem Titel *Der Häßliche und der Heilige,* ein fast fertiger Roman mit dem Titel *Stern des Friedens* (der möglicherweise identisch ist mit dem 1937 veröffentlichten Text *Antwort aus der Stille)* und eine fertige Erzählung *Der Erneuerer.* Wie muß dem jungen Mann zumute gewesen sein, als er, kurz nach der Absage an die Schriftstellerei, seinen ersten literarischen Preis erhielt: den mit 3000 Franken sehr gut dotierten Conrad-Ferdinand-Meyer-Preis der Stadt Zürich?[83]

Fragen wir abschließend nach den Autoren, die Frisch in diesen frühen Jahren gelesen und für wichtig befunden hat, so verwundert es nicht, daß sein literarischer Geschmack durchaus seiner politischen Haltung entsprach. Exzentrische, experimentelle oder oppositionelle Literatur war ihm fremd. Seine Präferenzen galten konventionellen, bürgerlichen Schriftstellern. Abgesehen von den zahlreichen Neuerscheinungen, die er für die NZZ rezensierte – es handelte sich meist um zweitrangige Literatur –, las und schätzte er vor allen Albin Zollinger, Hermann Hesse, Max Mell, Heinrich Wackerl und Hans Carossa, dessen *Kriegs-*

tagebuch sowie *Führung und Geleit* er mehrfach genau studierte. Von Wiechert schätzte er *Die Majorin,* Pagnols Komödien begeisterten ihn, doch seine »Bibel«, wie er es nannte, war Rilkes *Malte Laurids Brigge.* Von den älteren Autoren schätzte er besonders Gottfried Keller sowie den *Don Quichote* und Goethes *Gespräche mit Eckermann.* »Er las wenig, doch manche Bücher mehrfach, um deren Machart genau zu ergründen«, erinnerte sich Käte Rubensohn.[84]

Der Neubeginn des Schreibens

Als Frisch im Herbst/Winter 1939 wieder intensiv zu schreiben begann, hatte sich seine Situation gründlich verändert. »Das heimliche Gelübde, nicht mehr zu schreiben, wurde zwei Jahre lang nicht ernstlich verletzt; erst am Tag der Mobilmachung, da ich als Kanonier einrückte, überzeugt, daß uns der Krieg nicht erspart würde und daß wir kaum zurückkehren würden, wurde nochmals ein Tagebuch begonnen.«[85]

Angesichts der Todesgefahr bricht der Architekt sein Gelübde, um das Ende seiner Tage schreibend aufzubewahren. Auch diese Geschichte ist ein Stück weit Legende. Abgesehen davon, daß Frisch nach dem Gelübde mindestens vier weitere Zeitungsartikel mit durchaus literarischem Anspruch, darunter die fünfzehnseitige Jugenderinnerung *Der erste Kuß,* geschrieben hat, ersuchte er vermutlich im Herbst 1938, auf jeden Fall zu einer Zeit, als die Kriegsereignisse noch keinen Anlaß zum Bruch des »Gelübdes« boten, den eidgenössischen Fonds »zur Unterstützung arbeitsloser Künstler und Intellektueller« um Hilfe und bot dafür eine *Novellensammlung* an. Am 16. Januar 1939 wurde die Unterstützung gewährt, fünfhundert Franken sofort, weitere fünfhundert nach Ablieferung der druckfertigen

Novellensammlung. Am 25. November 1939 bedankte sich Frisch für die ersten fünfhundert Franken und bedauerte, er könne die versprochenen Novellen nicht schicken. An ihrer Stelle kündigte er eine »neue und eben geschriebene Arbeit an: Es ist das *Tagebuch eines Soldaten,* eine Arbeit aus dem Grenzdienst ... Ich danke ... hoffe, daß Sie mir die zweite Hälfte möglichst bald zuweisen können, da ich sehr dringend darauf angewiesen bin«.[86] Trotz »Gelübde« und »Schreibverbot« beschäftigte sich Frisch also weiterhin mit Schreiben – allerdings ohne den Druck des Broterwerbs und nur soweit das Architekturstudium ihm die Muße ließ.[87] Aber mit der Wende 1936 hatte er sich, trotz gelegentlicher Inkonsequenzen, gegen ein Außenseiterdasein als Künstler entschieden. Es war daher nur folgerichtig, wenn er sich im nächsten Lebensabschnitt als guter Bürger unter Gutbürgerlichen etablierte.

»Wir sind Schweizer, leidenschaftlicher als je«

Stud. arch. Max Frisch als geistiger
und militärischer Landesverteidiger
(1936–1942)

In den Jahren von 1936 bis zum Kriegsausbruch am
1. September 1939 veränderte sich die politische Situation
in Europa grundlegend: Von Estland bis nach Italien, von
Spanien und Portugal bis nach Österreich, Polen und
Rumänien etablierten sich autoritäre und faschistische
Regime, deren Rückgrat die Achse zwischen Deutschland
und Italien bildete. Der Abessinienkrieg, die Annexion
Österreichs, der Einmarsch der Reichswehr im Rheinland,
im Sudetenland, in Böhmen, Schlesien und Mähren – und
im Fernen Osten der Einfall Japans in China –, überall
wurde der aggressive und imperialistische Zug der neuen
Politik offenkundig. Auch der Stalin-Hitler-Pakt – formell
ein Nichtangriffspakt – entpuppte sich bald als ein Instru-
ment für weitere Aggressionen.

Die Schweiz rüstet zum Krieg

Die Schweizer Regierung, der Bundesrat, steuerte das
offiziell neutrale Schiff mit deutschfreundlicher Schlagseite
durch die Turbulenzen der Zeit. Um nur zwei Beispiele
aus diesen Jahren zu nennen: Während die Landesregierung
durch Bundesrat Motta dem deutschen Gesandten zur
»Rückholung« Österreichs gratulierte, verbot sie mit massiven Strafen selbst einfache Geldsammlungen zugunsten der

spanischen Republikaner. Auch in der Judenfrage waren die Präferenzen des Bundesrats eindeutig: Obschon er über die Judenverfolgungen in Deutschland informiert war, anerkannte er Juden nicht als asylberechtigte Flüchtlinge. Auf Schweizer Vorschlag erhielten deutsche und österreichische Juden ein »J« in den Paß gestempelt, um sie an der Grenze erkennen und zurückweisen zu können.

Politisch, wirtschaftlich, militärisch und geistig rüstete die Bundesregierung das Land seit 1936 zum absehbaren Krieg. Innenpolitisch betrieb sie eine Integration nach rechts. Seit 1929 war die konservative *Bauern-, Gewerbe- und Bürgerpartei* (BGB) Mitglied der Regierungskoalition. Die Sozialdemokratie rückte von ihren Klassenkampfpositionen ab und sprach sich 1937 für die militärische Landesverteidigung aus. Im selben Jahr schloß der Schweizer Gewerkschaftsbund mit dem Unternehmerverband ein Stillhalteabkommen, den »Burgfrieden«. Gleichzeitig traten Repressionen gegen links und rechts in Kraft: 1937 wurden alle kommunistischen Organisationen verboten, 1938 die Fronten. Durch die Rechtsintegration hatten die letzteren ihre Bedeutung ohnehin weitgehend verloren[1]. Die Mehrheit der Bevölkerung folgte diesem Kurs. 1936 wurde eine Rüstungsanleihe mehrfach überzeichnet. Auch Frisch beteiligte sich daran.

Die Außenpolitik der Schweiz paßte sich zunehmend dem Druck der faschistischen Nachbarn an[2]. Ein Netz von Handels- und Finanzabkommen mit den Achsenmächten sollte die künftige ökonomische Stellung der Schweiz absichern. 1939 ließ sich die Schweiz mit der Begründung, die »integrale Neutralität« wieder herzustellen, von ihrer Verpflichtung, die Boykottmaßnahmen des Völkerbunds gegen die faschistischen Aggressoren mitzutragen, entbinden.

Es wäre allerdings falsch, Annäherung und Rechtsintegration als eine schleichende Angliederung der Schweiz ans Deutsche Reich zu interpretieren. Im Gegenteil: Die Anpassung sollte ihre Unabhängigkeit erhalten und die Isolierung und Einverleibung verhindern. Eine geradezu mystisch verstandene Unabhängigkeitsmaxime leitete diese Politik. Dabei entstand ein klassisches Paradox: Um die freiheitliche Demokratie vor dem faschistischen Totalitarismus zu schützen, deformierte sich die Schweiz zunehmend selbst zu einem Regime mit totalitären Zügen. Um fremde faschistische Strukturen abzuwehren, schuf sie eigene autoritäre Formen.

»Geistige Landesverteidigung«

Dieses Paradox prägte auch das Kulturkonzept, welches unter dem Titel »Geistige Landesverteidigung« in die Geschichte eingegangen ist. Die Wurzeln dieser Ideologie reichen bis in die Kulturkrise nach dem Ersten Weltkrieg zurück. Die Gesellschaft, so vernahm man damals allenthalben, sei von »entwurzelten Großstadtmenschen« und »materialistischem Denken« »durchseucht«. Ein »heimatloses Literatengeschlecht« treibe sein Unwesen, »unter denen es dem ewigen Literaturjuden besonders wohl ist«, wetterte der konservative Volkskulturpapst Otto von Greyerz[3]. Die Angst vor dem Neuen war panisch. Weder in der Architektur, noch in der bildenden Kunst, der Literatur oder der Musik hatte die kulturelle Avantgarde in der Schweiz ein Zuhause. Es herrschte der Geist eines »verkrampft politischen Kleinbürgertums«, das in seiner »Ungleichzeitigkeit« mit der technischen und ökonomischen Entwicklung für den Faschismus und Nationalsozialismus besonders anfällig war[4]. Führende Intellektuelle der Zeit wie Schaffner, Oltramare, de Reynold sympathisierten offen mit diesen Ideologien.

Die kulturellen Axiome des Nationalsozialismus konnten allerdings nur beschränkt übernommen werden. Die Idee einer Überlegenheit der germanischen Rasse und Kultur über die französische war z.B. für den Erhalt einer mehrsprachigen Schweiz unbrauchbar. Völkische und sprachkulturelle Distinktionen zementierten in Deutschland den nationalen Zusammenhalt. In der multikulturellen Schweiz wären sie Sprengstoff gewesen. Hier mußte eine eigene kulturelle Identität geschaffen werden. Diese Aufgabe übernahm die »Geistige Landesverteidigung«.

Bereits 1934 erschienen erste Schriften, die unter diesem Schlagwort eine national-schweizerische Identität einforderten. Frischs Kritik am Zürcher »Emigrantentheater« mit seiner »leichtfertigen Deutschfeindlichkeit« gehört in diesen Zusammenhang. 1935 debattieren die eidgenössischen Räte das Thema mit dem Ziel eines gesamtschweizerischen Kulturkonsenses. Vom bislang üblichen Kulturföderalismus – jeder sollte in seiner Façon selig sein – ging man über zur offensiven Propagierung einer gesamtschweizerischen Volks- und Bodenideologie, unter deren Dunstglocke sich konservativ-heimattümelnde Kulturkritiker zusammenfinden konnten mit traditionalistischen, aber staatsverdrossenen Intellektuellen sowie mit sozial engagierten, national orientierten Fortschrittlern. 1938 erließ der katholisch-konservative Bundesrat Philipp Etter eine einflußreiche Kulturbotschaft, worin er in beschwörendem Gestus die Prinzipien der »Geistigen Landesverteidigung« postulierte: Wir gehören zwar ebenso zur französischen, deutschen und lateinischen Kultur, wir sind aber in der spezifisch schweizerischen Zusammenfassung dieser Kulturkreise ebenso etwas Neues, Ureigenes, eben etwas Schweizerisches.

Nicht Antifaschismus war der gemeinsame Nenner, auf dem sich die unterschiedlichen kulturellen Kräfte der Schweiz zusammenfinden sollten – ein solches Konzept hätte eine große Toleranz beinhaltet –, sondern die gesamte Kultur wurde eingeschworen auf einen zugleich diffusen wie engen Begriff des »Schweizerischen«. Gleichzeitig faßte Etter den Begriff der Kultur extrem konservativ: Für Geist und Kultur genüge, so der Bundesrat, der Name Jeremias Gotthelf.

An der »Landi 39« – der Landesausstellung in Zürich – erhielt das Konzept seine mythischen Weihen: Die Fahnen aller Schweizer Gemeinden formten vor der erhabenen Kulisse der Mythen – so heißen zwei Alpengipfel im Kanton Schwyz, die bei klarem Wetter von Zürich aus zu sehen sind – ein symbolisches und jedermann verständliches Dach über alle Schweizer. Wer sich diesem Dach entziehen wollte, geriet in den Ruch, ein unzuverlässiger Bürger zu sein. Kritik an der »Geistigen Landesverteidigung« grenzte an geistigen Landesverrat. So hatte die Schweiz in der Abgrenzung von ausländischen totalitären Ideologien ihre eigene entwickelt: auch sie intolerant, aggressiv und totalitär in vielen Zügen[5].

Max Frisch stand bei dieser Entwicklung nicht abseits. Hatte er in *Jürg Reinhart* noch ganz im Trend der zwanziger Jahre den einzelgängerischen, in der Fremde irrenden Selbstsucher thematisiert, so näherte er sich in *Antwort aus der Stille* dem Gedankengut der »Geistigen Landesverteidigung«. Inmitten des grandiosen einheimischen Alpenpanoramas fand Dr. Leuthold, der ehrgeizige Einzelgänger, dem die Niederungen der Normalität sterbenszuwider sind, zurück zur Gemeinschaft der Biederen und entdeckte die Würde der tätigen Eingliederung in und Unterordnung unter die Gemeinschaft.

Dabei war Frisch nicht einfach ein unpolitischer Mitschwimmer im nationalistischen Mainstream der Zeit, sondern ein engagierter Mitdenker, der, wie der folgende Brief zeigt, recht militant und unzimperlich auftreten konnte.

»Ihre satirischen Zeichnungen erreichen mehr als ein frontistischer Fackelzug«

Am 4. August 1938 schrieb Frisch an Gregor Rabinovitch, der als russischer Jude im Ersten Weltkrieg in die Schweiz emigriert und hier ein prominenter Karikaturist am *Nebelspalter* geworden war. Während etwa Bosco oder Bütsch, um zwei andere Karikaturisten der Zeitschrift zu nennen, stark von graphisch formalen Ideen ausgingen, orientierte sich Rabinovitch am satirischen und sozialethischen Realismus eines George Grosz und einer Käthe Kollwitz. Seine zeichnerisch bemerkenswerten Blätter, in denen er sowohl außenpolitische wie innerschweizerische Probleme aufs Korn nahm, überschritten oft das Genre der Karikatur in Richtung einer sozial engagierten Kunst. Frischs Brief an Rabinovitch lautet:

»Sehr geehrter Herr Rabinowitch!

Seit Jahren genieße ich den Nebelspalter, weil er mir, alles in allem genommen, in bestem Sinne schweizerisch erscheint, und kenne infolgedessen auch Ihre zeichnerische Mitarbeit[6], die in der Satire gewiß zum Schärfsten gehört, wobei ich nur immer wieder bedaure, daß ihr doch ganz wesentlich der Humor fehlt, jenes innerliche und freie Darüberstehen, das dem Künstler, ob er mit dem Stift oder mit der Feder arbeitet, doch allein das Recht gibt, über die Schwächen der andern zu lächeln.[7] Glauben Sie nicht auch, daß Sie sich mit gewissen Zeichnungen, denen man eben nicht jenen Humor, sondern die Rache anspürt, nur ins

Nebelspalter

Zeichenunterricht

„Bitte noch ein klein wenig liebenswürdiger!"

Rabinovitch

eigene Fleisch schneiden und zwar mit der ganzen Schärfe, die Ihnen eignet? Ich verstehe nun dieses Ressentiment, das mir die Quelle fast all Ihrer satirischen Einfälle scheint, menschlich sehr gut, vielleicht sogar besser als Sie es mir nach diesem Brief zutrauen werden, der Sie beim ersten Lesen sicherlich verstimmen mag, aber es tat mir schon seit Jahren immer wieder leid, wenn ich sehe, wie manche Zeichnungen, wo sich das ganze Talent nur noch vom Hasse führen läßt, durchaus nicht jene treffen, die wahrlich auch nicht unsere Lieblinge sind, sondern vor allem den Mann, der jenen andern im Hasse nichts nachsteht und sich dennoch, ohne in seinem Zeichnen eine höhere Gesinnung zu verraten, zum Richter aufschwingt. Man hat dann stets das peinliche Gefühl, der Verspottete und der Spötter seien sich gleichwertig, und beide Teile sind nicht das, was unser schweizerisches Wollen ist.

Ich würde Ihnen, sehr geehrter Herr Rabinowitch, nicht schreiben, wenn ich mich nicht von persönlichen Vorurteilen frei wüßte; es geht mir um die Sache, die wir geistige Landesverteidigung nennen und der Sie, auch wenn Sie mit gutem Grund sicherlich das Gegenteil wollen, einen schlechten Dienst erweisen. Auch einfachere Leser spüren sicher, daß es Ihnen ja nicht für das Schweizerische, sondern gegen das Deutsche geht, das heutige Deutschland, das auch unsere Gefahr ist, wenn wir nicht wirklich etwas Eigenes sind; das aber heißt: schweizerisch ist nicht das Anti-Deutsche, womit wir uns ausliefern, sondern das Außer-Deutsche. Ich kann es Ihnen kaum klarer sagen. Aber ich spüre, Sie ahnen noch nicht, wie sehr Sie gerade ihrem Feind in den Sattel helfen! Ich möchte Sie bitten, daß Sie mir das glauben. Darum schreibe ich Ihnen, nur darum; Ihre satirischen Zeichnungen erreichen mehr als ein frontistischer Fackelzug …

Unser Volk hat zur Zeit wieder ein sehr waches Empfinden; man spürt sehr bald, ob ein Mann für uns kämpft oder uns nur benützt, um gegen andere zu kämpfen. Ob jemand in unserer geistigen Landesverteidigung mitzuwirken berufen ist oder nicht, würde nicht davon abhängen, wie lange er schon im Lande ist; ich glaube, Sie sind schon lange hier, trotzdem ist Ihnen das Schweizerische sekundär, was ich spürte, bevor ich wußte, daß Sie, als Künstler einer sozusagen offiziellen Zürcherbildermappe, und vor allem auch Ihre Frau unserer schweizerischen Landessprache nicht nur fremd, sondern vollkommen gleichgültig gegenüberstehen, – und dies nicht als ein gewöhnlicher Herr, sondern als ein durchaus nicht unauffälliger Streiter im schweizerischen Nebelspalter.

Dies alles auf die Gefahr hin, daß Sie mich völlig mißdeuten, aber jedenfalls mit den besten Grüßen:

Max Frisch [Unterschrift] Sempacherstraße 71«[8]

Zu mißdeuten gibt es hier nicht viel. Wiederum verfocht Frisch eine strikte Gesinnungsneutralität in einer Zeit, wo der verbrecherische Charakter des Nationalsozialismus bereits offenkundig war. Und man muß den Brief zweimal lesen, um auch die argumentatio ad personam nachzuvollziehen. Da streitet ein selbsternannter Sprecher des Mehrheitsschweizertums («wir«, »man«) einem engagierten und persönlich betroffenen antifaschistischen Künstler als erstes seine Künstlerschaft ab, weil ihm der »Humor« des unbeteiligten Darüberstehens fehlt. Als ob es den »echten« Künstler kennzeichne, angesichts der Greuel der Zeit humorvoll darüber zu stehen.[9] Als nächstes setzt Frisch seinen Gegner moralisch auf dieselbe Stufe mit den karikierten Nazis und spricht ihm das echt »Schweizerische« ab. Und schließlich erklärt er ihn noch zu einer Landesgefahr, die schlimmer sei als ein frontistischer Fackelzug, zu einem Menschen, der die Schweiz nur mißbrauche, um seine Ressentiments auszuleben. Beweis: Der Herr, der doch dankbar sein müßte, eine offizielle Zürichmappe anfertigen gedurft zu haben, und vor allem seine Frau Gemahlin, sie sprechen nicht einmal Schweizerdeutsch![10]

Frisch schrieb diesen Brief als siebenundzwanzigjähriger Mann und als Bürger einer Stadt, die zum Exilzentrum des antinazistischen, deutschsprachigen Geistes geworden war. Als Jugendtorheit ist er nicht abzutun. Er lag im Geist der Zeit, und der Schweizerische Schriftstellerverband, der Schweizer Pen-Club, Faesi, Korrodi, Staiger u.a.m. vertraten dieselben fragwürdigen Positionen.[11]

Rabinovitch reagierte auf Frischs Anwürfe übrigens souverän. Im *Nebelspalter* Nr. 46 von 1938 veröffentlichte er eine Karikatur gegen jede Form der Zensur. Ein kleiner Hofnarr mit den Zügen Rabinovitchs kopiert ein grimmiges Hitlerporträt. Die Kopie zeigt einen lächelnden Hitler. Bundesrat Motta, der Außenminister, blickt dem Narren über die Schulter und mahnt: »Bitte noch ein klein wenig liebenswürdiger«.

Kultur und Politik

Der wichtigste der vier Texte, die Frisch vom Herbst 1937 bis zum Herbst 1939 veröffentlichte, ist der Aufsatz *Ist Kultur eine Privatsache? Grundsätzliches zur Schauspielhausfrage (Zürcher Student,* Juni 1938). Er ist allerdings nur im historischen Kontext verständlich. Nach dem »Anschluß« Österreichs rechneten viele Schweizer ebenfalls mit dem Einmarsch der Deutschen. Im Juni 1938 gab Ferdinand Rieser, der Besitzer der Pfauenbühne, sein Theater auf, um nach Paris, später in die USA zu emigrieren. Man hatte ihm, dem Antifaschisten, Juden und Ehemann der Schwester Franz

Werfels, zu verstehen gegeben, daß er bei einem Einmarsch vor den Nazis nicht zu schützen sein werde. Rieser hatte, wie erwähnt, das Schauspielhaus seit 1926 als Privatunternehmen geführt und seit 1933 zum Zentrum des deutschsprachigen Exiltheaters ausgebaut. Er, und nicht erst sein legendärer Nachfolger Oskar Wälterlin, engagierte erstklassige Kräfte wie Therese Giehse, Wolfgang Langhoff, Maria Becker, Wolfgang Heinz, Teo Otto, Kurt Horwitz, Karl Paryla, Emil Stöhr, Ernst Ginsberg, Mathilde Danegger, Kurt Hirschfeld und viele andere mehr. Dieses Ensemble, auf welches Zürich heute noch stolz ist, wurde damals allerdings als »jüdisch-bolschewikisches Emigrantentheater« nicht nur von den Frontisten heftig angefeindet. Anstoß erregte auch Riesers Spielplan. Zwar brachte er viel Boulevardtheater, doch da jede Woche (!), später alle zehn Tage ein neues Stück Premiere hatte, kam zwischen 1933 und 1938 so ziemlich das gesamte europäische Theaterrepertoire zur Aufführung – darunter manche Stücke, die in Deutschland und seit dem »Anschluß« auch in Österreich verboten waren. Rieser, ein tüchtiger Geschäftsmann, bewies großen politischen Mut und antifaschistische Standfestigkeit gegen massive in- und ausländische Pressionen, als er seine Bühne vielen emigrierten antifaschistischen Dramatikern öffnete, z.B. Bruckner, Kaiser, Toller, Wolf, Broch, Lasker-Schüler, Horvath und Čapek. In den fünf Jahren von 1933 bis 1938 spielte er 19 Stücke von Exilautoren, darunter viele Uraufführungen[12]. Riesers Weggang stellte die Existenz des Schauspielhauses ernsthaft in Frage. Die Stadt zeigte wenig Interesse, das Haus zu übernehmen. Das Parlament verwarf einen Antrag auf 150 000 Franken Unterstützung, nachdem es drei Tage zuvor 340 000 Franken für die Errichtung einer öffentlichen Bedürfnisanstalt bewilligt hatte. Mancher Patriot empfand ein stärkeres Bedürfnis nach Hygiene als nach einem unbequemen Theater. Monatelang stand das einmalige Ensemble vor dem Nichts und rüstete sich auf eine weitere Flucht vor der drohenden »Ausschaffung« ins Reich.

Da ergriff der Buchhändler und Verleger Emil Oprecht zusammen mit dem Dramaturgen und Lektor Kurt Hirschfeld die Initiative. Nach einer längeren öffentlichen Debatte und mit aktiver Hilfe des sozialdemokratischen Stadtpräsidenten Ernst Klöti gründeten sie am 27. Juli 1938 die Neue Schauspiel AG. Diese leitet das Haus noch heute. Neuer Direktor des Theaters wurde der Basler Regisseur Oskar Wälterlin.

Frisch hat zwischen 1933 und 1938 das Schauspielhaus häufig besucht; Käte besorgte die Studenten-Karten. Nähere Beziehungen zu den Mitgliedern des Hauses pflegte er nicht.[13] Die Emigrantenszene war ihm fremd. Die zahlreichen in Zürich weilenden Exilautoren rezensierte er, bis auf eine Ausnahme, nicht.[14] Das Verlagsprogramm des Oprecht Verlags mit seinen prominenten Exilautoren entging seiner Beachtung. Zu Eduard Korrodis Angriff gegen die Exilautoren schwieg er ebenso wie zu Thomas Manns mutiger Erwiderung.[15] Jetzt, wo die Existenz des Schauspielhauses und seines Emigrantenensembles auf dem Spiel stand, meldete er sich zu Wort. Er warnte zu Recht vor der Gefahr, das Schauspielhaus könnte in der Hand eines ausländischen Pächters zu einem Propagandaforum faschistischer Ideologie, zu einem »trojanischen Pferd in der Stadt« verkommen.[16] Diese Gefahr lag auf der Hand. Daß Frisch ganz im Jargon der »Geistigen Landesverteidigung« argumentierte, war damals nicht außergewöhnlich: Im »zeitgenössischen Geisteskampf«, in dieser »offenen Schlacht« sei die »Bühne ernster und schweizerischer Gesinnung« ein »Frontstück erster Ordnung« für ein »gesundes Erwachen«

vor allem der »geistigen Jugend«.[17] Kein »Festspielhaus« sei erwünscht, kein »vaterländischer Weihrauch«, »aber ebensowenig wollen wir jenen unfruchtbaren Ungeist, der sich nur an den Mängeln weidet, jene Wollust eidgenössischer Selbstzerfleischung … Wir wollen eine männlichere und fruchtbarere Haltung … die an die gesunden Kräfte rührt … an die Kräfte des Glaubens, ohne die gerade unsere Demokratie, die durch das persönliche Bekenntnis freier Herzen zusammengehalten wird, am allerwenigsten bestehen könnte.«[18] Nach diesem Introitus folgt das fragwürdige Credo: Niemand verlange zwar, daß eine »schweizerische Bühne … lauter einheimische Stücke« spiele, »bis jeder Schriftsteller seine Schublade wieder leer habe.« Aber wenn schon, was zur Aufgabe des Theaters gehöre, Neues gespielt werde, weshalb denn »vorwiegend Amerikaner, Tschechen oder Ungarn? … Oder stimmt es noch immer, daß wir auch im Geistesleben lieber Bananen kaufen, solange es noch Äpfel gibt?«[19]

Diese Argumentation zeugte nicht von Sachkenntnis. Rieser hatte nicht nur neunzehn Exilautoren aufgeführt, sondern zwischen 1930 und 1938 auch so gut wie jedes brauchbare Stück eines Deutschschweizer Dramatikers. Von Caesar von Arx, Albert Jakob Welti und Jakob Rudolf Welti, Walter Lesch, John Knittel, Arnold Kübler u.a. wurden mindestens fünfzehn Stücke gezeigt.[20] Daß Rieser als Jude und Antifaschist keine Frontisten und Antisemiten wie Schaffner oder Guggenheim aufführte, dürfte ihm Frisch kaum zum Vorwurf gemacht haben. Der Ruf: ›Spielt mehr Heimatdichter und weniger Exilautoren!‹ hatte im Jahr 1938 eine besondere Bedeutung: Seit der Annexion Österreichs gab es für antifaschistische Dramatiker kein deutschsprachiges Forum mehr – außer dem Schauspielhaus. Sie von hier zu verdrängen hieß, sie zum Schweigen zu bringen und damit den Wünschen der Nazis (unfreiwillig) gefällig zu sein. In diesem Punkt trafen sich die militanten »Geistigen Landesverteidiger« in einer unheiligen Allianz mit den Frontisten: Für diese war das Schauspielhaus ohnehin nur »ein Tummelplatz haßerfüllter Emigranten«. Jetzt, nach dem Abgang Riesers, müsse es sich, so ihre Forderung, von einem »Hort der Politik« wieder in eine »Stätte unverfälschter Kunst« – so ein Flugblatt der Frontisten – verwandeln.[21]

Die wahre Geschichte der Gründung der Neuen Schauspiel AG nach Riesers Abgang und der Einsetzung des legendären künstlerischen Direktors Oskar Wälterlin ist noch nicht geschrieben. Das akribische Quellenstudium von Ute Kröger hat aber bereits einige erstaunliche Neuigkeiten ans Licht gebracht. Das neue Schauspielhaus sollte das politisch unbequeme, weil unabhängige und in breiten Kreisen unbeliebte Theater des »Juden Rieser« nicht einfach fortführen, sondern sich zu einer nationalschweizerischen Bühne im Sinne der Geistigen Landesverteidigung umwandeln. An diesbezüglichen Erklärungen gegenüber der Rechten wie den chauvinistisch aufbegehrenden Kulturverbänden fehlte es nicht. Der ausländische Jude Hirschfeld hatte im Hintergrund zu bleiben; er wurde wieder Dramaturg, doch nicht, wie erhofft, Mitglied des Verwaltungsrats. Den vom Verwaltungsrat gewünschten deutschen Theaterdirektor und sozialdemokratischen Immigranten Carl Ebert ließ man schnell wieder fallen, als der Chef der Fremdenpolizei, Heinrich Rothmund, mit Nachdruck einen schweizerischen Freund empfahl. Dieser Freund galt zwar der Bundesanwaltschaft politisch »als ein Kind«, er hatte jedoch im In- und Ausland künstlerisches Aufsehen erregt, Leitungserfahrung gesammelt und er bot Gewähr für eine loyale Haltung gegenüber dem Verwaltungsrat. Schon einige Jahre zuvor hatte nämlich in Basel ein Theaterverwaltungsrat den dortigen Direktor Oskar Wälterlin, so der Name des Freundes, ohne Probleme zum Teufel gejagt – wegen eingestandener Homosexualität. So kam, was in der späteren Legende als Heldentat erschien, in Wirklichkeit als Kompromiß nach vielen Seiten zustande.[22]

Das Architekturstudium

Die weiteren Veröffentlichungen Frischs aus jenen Jahren sind Fingerübungen ohne großen Belang. Frischs Hauptbeschäftigung galt dem Studium der Architektur. »Wieso grad Architektur? Der Vater ist Architekt gewesen (ohne Diplom); das durchsichtige Pauspapier, die Reißschiene, die wippen kann, das Meterband als verbotenes Spielzeug. Ich zeichne exakter, als ich vorher geschrieben habe. Als Zeichner von Werkplänen komme ich mir übrigens männlicher vor.«[23] So Frisch im Alter. Auffällig ist, daß er nun den Einstieg in die bürgerliche Welt als Weg in den Fußstapfen des Vaters sah, der ihm sonst kaum Vorbild gewesen war. In der Psychologie signalisiert diese Vaternachfolge Übereinstimmung mit der herrschenden Ordnung. Wie dem auch sei, in der Tat machte sich Frisch nun mit Konsequenz daran, wenn schon kein bedeutender Dichter des Bürgertums, so doch ein angesehenes Mitglied der gutbürgerlichen Gesellschaft zu werden.

Seine wichtigsten Lehrer waren William Dunkel und Otto Rudolf Salvisberg, beide Architekturprofessoren an der ETH seit 1929. Salvisberg (1882–1940), der Sohn wohlhabender Berner Bauern, kam nach Ausbildungs- und Gesellenjahren in der Schweiz und in Deutschland 1908 nach Berlin, dem Mekka der modernen Architektur. Gropius, Wright, Behrens, Mies van der Rohe, Le Corbusier,

Taut u.a. wirkten dort. Er wurde nach dem Ersten Weltkrieg einer der meistbeschäftigten Architekten und baute allein zwischen 1918 und 1923 an die 2500 (!) Häuser. Er kannte die Moderne – er baute z.B. das erste Geschäftshaus aus Sichtbeton in Berlin –, war jedoch kein Theoretiker und Entdecker neuer Wege. In der Inflationszeit errichtete er zahlreiche Berliner Villen, u.a. das Haus Flechtheim, das sich Göring 1933 aneignete. In Bern realisierte Salvisberg das Lory-Spital. Ab 1935 wurde er gewissermaßen Hausarchitekt von Hoffmann-La Roche und schuf neben deren Hauptsitz in Basel auch zahlreiche Niederlassungen im Ausland. Vom Bauhaus und von Le Corbusier hielt er wenig. Gropius seinerseits schrieb über Salvisberg: »Ich halte ihn keineswegs für einen ersten Mann, der aus eigener schöpferischer Quelle schafft, aber er hat ein sehr gediegenes Können.«[24] Frisch beschrieb ihn als Mann, der von den Berliner Erfolgen getragen gewesen sei und der im Bewußtsein lebte, daß er seine Sache anderswo schon gemacht habe.[25] Salvisbergs Vorlesungen waren im Wortsinn: Gebäudelehre. Geistige Höhenflüge boten sie nicht.

William Dunkel, geboren 1893 in New York, später Bürger von Bubendorf, Schweiz, wurde bekannt durch »originelle, eigenwillige schöpferische Leistungen in spontanem Kontakt mit den Gegenwartsproblemen«, so das Lexikon der Schweizer Künstler. Seine Dissertation galt dem modernen amerikanischen Städtebau. In seinen Düsseldorfer Jahren (1921–1929) entwickelte er sich zu einer Kapazität auf diesem Gebiet. Im Unterschied zu dem im Wohnungsbau noch immer üblichen Flachbau propagierte er den Stahlskelett-Hochhausbau als die Wohnform der Moderne. Sein Brückenkopf-Hochhaus in Düsseldorf (1924–1929) erregte Aufsehen. 1929 kam er mit sechsunddreißig Jahren als jüngster Architekturprofessor nach Zürich. Seine Wohn-

bauten in Zürich (Engepark) und Basel (Schützenmattstra-
ße) erhielten Auszeichnungen für gutes Bauen, sein Entwurf eines riesigen, oktogonalen Stadions in Zürich wurde
zwar mit dem ersten Preis ausgezeichnet, doch im Unterschied zum Letziparkstadion, das er ebenfalls entwarf, nicht
gebaut. Auch sein Modell eines neuen Stadttheaters kam,
obschon prämiert, nicht zur Ausführung, dafür das Locher-
gut, die ersten Hochhäuser Zürichs. Auch Frisch hat eine
Weile dort gewohnt.[26] Dunkel war primär Konstrukteur,
nicht Theoretiker und Vordenker. Die Studenten hatten
zu lernen, wie ein Gebäude oder eine urbane Situation
technisch zu projektieren sei. Stilistische, künstlerische und
planungspolitische Fragen blieben, so Frisch in der Retrospektive, ebenso ausgeklammert wie »das Unpapierene,
Greifbare, Handwerkliche«, das er sich vom Architektenberuf erhofft hatte. Damit aber vermißte er genau jenen
doppelten Praxisbezug, den er sich im Studium erarbeiten
wollte: den Bezug zum Handwerk ebenso wie den Bezug
zur gesellschaftlichen und politischen Dimension der Architektur. Vor allem dieser zweite Bezug sollte den Architekten Frisch noch besonders beschäftigen. In der Stadtplanung, seinem Lieblingsthema, wird er die Besitz- und
Eigentumsverhältnisse der eigenen Gesellschaft kritisch zu
analysieren beginnen und die Architektur vom reinen Bau-
handwerk weg hin zur Konstruktion einer idealen gesellschaftlichen Lebensform weiterdenken. Damit aber wird er
den Rahmen der konventionellen Architekturlehre sprengen und kritischer Gesellschaftstheoretiker anhand der
Bautätigkeit eben dieser Gesellschaft werden. Das Studium
klammerte solche politische Dimension tunlichst aus, weshalb es Frisch zwar »mühelos und mit linker Hand« (K.
Schnyder-Rubensohn), doch ohne besonderes Engagement
absolvierte.

Von der geistigen zur militärischen Landesverteidigung

Am 1. September 1939 überfiel Deutschland Polen. Zwei Tage später traten England und Frankreich in den Krieg. Der Schweizer Bundesrat ordnete die Generalmobilmachung an. Die Vereinigte Bundesversammlung hatte bereits am 30. August den Gutsherrn und Berufsmilitär Henri Guisan zum General, dem Oberbefehlshaber der Schweizer Armee zu Kriegszeiten, gewählt.[27] Max Frisch, der gerade mit seinem ersten Bauauftrag, einem Taubenhaus und einem Kinderplanschbecken, beschäftigt war, rückte als Kanonier ins Tessin ein. Hier wurde er beim Bunkerbau eingesetzt. Vom Frieden zum Krieg, vom Taubenhaus zum Bunker – der Übergang hätte symbolischer nicht sein können.

In der Armee begann Frisch wieder intensiv zu schreiben. Er verfaßte ein Tagebuch, die *Blätter aus dem Brotsack:* »Nach den ersten [schriftstellerischen, U.B.] Anfängen, die sehr ungenügend waren ... gab ich mir das Versprechen, nie wieder zu schreiben, und dann brach der Krieg aus, und unter dieser Bedrohung, die ich damals sehr ernst nahm (ich hatte nicht gedacht, daß wir ausgelassen würden), hab ich sozusagen für die letzte Zeit, die noch blieb, nochmals für mich diese Notizen gemacht und ohne jede theoretische Überlegung, ohne jede Reflexion in dieser unpraktischen Situation des Soldatseins natürlich das Tagebuch gewählt, denn das war möglich, daß ich in einer halben Stunde Feierabend, oder zwischendurch Notizen machen konnte; und ich habe eigentlich dort ohne viel Bewußtsein eine Form für mich entdeckt, die offenbar eine der möglichen Formen für mich ist.«[28]

Die Todesahnung war nicht unberechtigt. Die Spitzen von Politik und Armee rechneten 1939/40 ernsthaft mit dem Einmarsch der Reichswehr, und sie wußten auch, daß die Schweizer Truppen diesen Angriff nicht hätten aufhalten können. In *Jonas und sein Veteran* erinnerte Frisch an die Dramatik des 14. Mai 1940, an den Tag, an dem der Einmarsch erwartet wurde.[29] Man saß hilflos und wehrlos herum und wußte, in wenigen Stunden konnte alles vorüber sein; man dachte an Selbstmord, an die unerfüllt gebliebenen Sehnsüchte, an den Tod. Der Kommandant der Einheit kommandierte »Bereitschaft zum Letzten, zum Sterben«.[30] Wohl eher ins Reich der Legende gehört die Geschichte von der zufälligen Formfindung des Tagebuchs. Immerhin hatte sich Frisch bereits 1935 in Berlin für Hans Carossas Kriegstagebuch begeistert[31] und im selben Jahr, in der NZZ vom 16. September 1935, ein eigenes *Taschenbuch eines Soldaten* in Form eines Tagebuchs publiziert. Vorbild und Erfahrung waren also vorhanden. Eine wirklich eigene Tagebuch-Form entwickelte Frisch erst im *Tagebuch 1946–1949*.

Blätter aus dem Brotsack. Tagebuch eines Kanoniers

Vom 1. September 1939 bis zum 17. Mai 1945 leistete Frisch in mehreren Etappen rund 650 Diensttage, das heißt er verbrachte ein knappes Drittel jener Jahre im Aktivdienst. Die *Blätter aus dem Brotsack* schrieb er hauptsächlich vom 1. September bis zum 18. Oktober 1939, sie erschienen im selben Jahr.[32] Der Anlaß zum Text war, so Frisch, der Auftrag seines Hauptmanns, ein »Tagebuch unseres Grenzschutzes« zu verfassen.[33]

Die *Blätter,* »ein buntes Mosaik« (Korrodi), halten ohne streng strukturierten Zusammenhang unterschiedliche Ereignisse und Themen aus der Aktivdienstzeit fest: Nicht singend und aufschneidend zieht die Armee in den Dienst, sondern ernst und männlich. Nur – wie könnte es anders sein – eine junge Frau »verliert die Nerven und schwatzt.«[34] In der Herzenstiefe des Kanoniers rumort Heldenpathos: »Was war uns der Friede, solange wir ihn hatten? Ohne die Finsternisse der Nacht, wie knieten wir vor der Sonne? Ohne das Grauen vor dem Tode, was begriffen wir jemals vom Dasein? Alles Leben wächst aus der Gefährdung.« Der Tod erscheint als die Chance zur ersehnten »Wandlung des Lebens«.[35] Der »Gewinn des Lebens aus der Gefährdung« war bereits das Leitmotiv in *Antwort aus der Stille* gewesen. In den *Blättern* übernimmt der Krieg die Funktion des Nordgrats. Auch er erscheint als schicksalhafte Naturgewalt, die zur »unumgänglichen letzten Prüfung« zwingt, nicht aber als ein politischer Willensakt, den man verändern könnte. Nach dem Künstler Reinhart und dem Bürger Leuthold erscheint nun der Soldat als ein neuer literarischer und lebenspraktischer Entwurf Frischs.

Soldatenleben wird beschrieben. Oft genau beobachtet, amüsant, zuweilen befremdlich. Da ist ein Korporal »untertänig wie ein Neger«,[36] die »Freude an der Waffe überkommt auch den lauten Kriegsverächter«,[37] der »Segen [!] einer großen bewußten Gefährdung« macht die »menschlichen Entscheidungen ... klarer, gültiger, großzügiger, mutiger«.[38] Und dergleichen mehr. Die tägliche Öde des Dienstes bietet Anlaß zu grundsätzlichen Betrachtungen. Der Herbst der Mobilmachung wird zur existentiellen Metapher: »So müßte man sein ganzes Dasein erleben können ... als ein großes, ein einziges, ein dauerndes Abschiednehmen«, um »ganz und gar die Gegenwart zu empfinden«.[39] Ein Schläfchen auf der »mittäglichen Wiese wird zum Versinken in tieferes Wachsein« und ruft »dumpfes Entsetzen« vor der »Weltnacht« hervor.[40] Zuweilen auch

falten sich die Hände wie von selbst, und es steigt ein Gefühl auf, »daß man geschlossen sei, ein Ring, ein Kreislauf
… man spürt seine eigene Gegenwart, seine Seele, die in
den Leib gekommen ist … wie man aufnimmt und sich
wandelt … – ohne daß man im Grunde sich jemals verlieren kann«.[41]

Todesschrecken und existentielle Erlebnisse wurden
bleibende Erinnerungen. Konfrontiert mit einem Krieg, der
alles zerstörte, entdeckte der Soldat überall, wie dünn und
zerbrechlich die Schicht des Lebens und wie allgegenwärtig
und unendlich das Reich des Todes ist. Diese Grenzerfah-
rung zwang Frisch zu einer besser reflektierten Sicht der
Dinge. Was ist, ist nicht fest und verläßlich, es ist nur ein
kurzes Aufleuchten des Lebendigen im ewigen Vernich-

tungsprozeß. Die Lektüre der *Ilias* von Homer inspirierte ihn zu existentialistischen Kriegsphilosophien: »Das Nichts, der große Urgrund der Langeweile«,[42] ist auch »der Urgrund alles Schöpferischen … So wie es der Urgrund der Kriege ist, der Laster, der großen Wagnisse«.[43] Aber im Unterschied zu den unsterblichen Göttern, welche die Sinnlosigkeit alles Bestehenden lächelnd ertragen, weil für sie alles, auch Schmerz und Tod, ohnehin nur ein Spiel ist, braucht der Mensch einen Sinn, zumindest einen Vorwand für sein Handeln. So ergreift er denn dankbar »alles, was ihm einen Lebenszweck vor die Füße wirft«, und sei es der »niedliche Vorwand« einer entführten Helena, um sich in den Kampf zu stürzen. Nur der wirklich »schöpferische Mensch« steht über dem Krieg.[44]

Es mag verwundern, daß ein gebildeter Kopf angesichts der Greuel des Krieges Hunderte von Seiten mit Maximen und Reflexionen füllt, ohne über den Krieg und seine Gründe politisch nachzudenken. Dieses beredte Verschweigen ist nicht einfach die apolitische Haltung im Sinne des traditionellen Literaturverständnisses. Es zeugt auch nicht bloß von Naivität.[45] Hier versucht ein junger Mann – wohl in Anlehnung an Carossas Kriegstagebuch –, angesichts des drohenden Todes bedeutsame Literatur, sozusagen einen Nachlaß an Tiefsinn zu verfassen und eine Bilanz seiner bisherigen Erfahrungen und Erkenntnisse zu ziehen. Und diese sind, zumindest in dieser ersten Folge der *Blätter aus dem Brotsack,* durch und durch konventionell und konservativ.[46]

Die sozialdemokratische *Tat* kritisierte denn auch, Frischs *Blätter* gäben letztlich nur das »Klima« wieder, »das an den Hängen des Zürichberges« – dem bürgerlichen Nobelviertel – herrsche.[47] Dagegen jubelten die rechtsbürgerlichen *Schweizer Monatshefte:* »Wenige Bücher reichen so in den Grund menschlichen Daseins hinab, wie dieses.«[48]

Frisch selber hat fünfzig Jahre später seine damalige unkritische Haltung selbstironisch kommentiert: »650 Tage ohne Arrest. Ich muss sehr gehorsam gewesen sein« – »Gehorsam aus Stumpfsinn, aber auch Gehorsam aus Glauben an eine Eidgenossenschaft … Ich wollte nicht wissen, sondern glauben«.[49]

Für die *Blätter* erhielt Frisch nicht nur die zweimal fünfhundert Franken aus dem »Eidgenössischen Fonds zur Unterstützung arbeitsloser Künstler«, bei dem Frisch 1938 um Förderung nachgesucht hatte. Auch die Schweizer Schillerstiftung, vertreten durch Robert Faesi, und die Literaturkommission der Stadt Zürich honorierten Frischs Tagebuch aus dem Aktivdienst 1940 mit je fünfhundert Franken. Das waren für damalige Zeiten beachtliche Preisgelder.[50]

Ebenfalls Jahrzehnte später beschrieb Frisch den Nutzen, den er als einfacher Soldat aus seinen Diensttagen gezogen habe: »Leute meiner Schulbildung (Gymnasium, Universität, Eidgenössische Technische Hochschule) werden sonst kaum genötigt, unsere Gesellschaft einmal nicht von oben nach unten zu sehen.«[51] Der Blick von unten ist ein kritischer Blick. Die genaue Lektüre der *Blätter* zeigt denn auch erste Ansätze zu einem Perspektivwechsel in Frischs Weltanschauung. So machte er etwa die Erfahrung, daß Vertreter proletarischer Kreise uneigennütziger zu ihrem Land und den Widrigkeiten des Dienstes stehen als Vertreter des Bürgertums,[52] und er lernte den exorbitanten Reichtum wie die Not mancher Schweizer kennen.[53] Erstmals stellte er die Frage, die ihn nun nicht mehr losließ: »Wo gehöre ich hin?«[54]

Ende 1940 erschien eine zweite Folge der *Blätter* in sechs NZZ-Beiträgen.[55] Sie enthielt kritische Gedanken zum Krieg, zur sozialen Ungleichheit, zum Mißbrauch der kommunistischen Ideologie als Schreckenspopanz. Und sie

kritisierte erstmals offen das borniertе, enge und am Bestehenden ängstlich festklammernde Bewußtsein vieler
Schweizer, die den »Ruhestand des Geistes ... gelegentlich
schon mit Gesinnung« verwechselten.[56] Das waren auffällig
dissonante Klänge in der bisherigen Heimatharmonik, die
anzeigten, daß Frisch im ersten Jahr des Aktivdienstes sein
Schweizbild einer Revision zu unterziehen begann.

»Europa kippt, ich glaube nicht, daß man es noch aufhalten wird«

Wenn auch Frisch jede Politik aus der Literatur fernhielt,
so beschäftigten ihn doch die höchst dramatischen Zeit-
ereignisse. Im Frühjahr 1940 überrannte die deutsche
Wehrmacht Dänemark, Holland, Norwegen, im Juni kapi-
tulierte Frankreich. Die Schweiz war nun ganz von faschistisch beherrschten Ländern umgeben, und Frisch rechnete,
wie so viele andere auch, mit dem Sieg des Faschismus in
ganz Europa. Am 17. Juni schrieb er unter dem Eindruck
der französischen Kapitulation an Käte: »Europa kippt, ich
glaube nicht, daß man es noch aufhalten wird. Das Denken
an Frankreich, so unbekannt es mir ja ist, erfüllt mich mit
Schmerz. England – England ist märchenhaft. Jetzt, wo
man weiß, wie sie diesen Krieg in Sachen Mannschaft u.
Ausrüstung begonnen haben, ist das deutsche Vorrücken
kein Wunder; es ist, um sportlich zu reden, verdient. Warum hat man den Deutschen nicht geglaubt? Weil es unbe-
quem war; weil es Geld gekostet hätte. England – England,
das Reich des Geldes! Jetzt ist es zu spät, und es ist um ein
solches Land nicht schade – im Gegensatz zu Frankreich
– Wie aber wird das deutsche Europa aussehen? Ich ver-
brauche ganze Morgen, ganze Abende, um zu denken und
nichts zu sehen. Wir, noch immer unheimlich verschont

– von Italiens Gnade und Bedürfnis lebend – hängen nun überhaupt in der Luft. Wir werden, das ist das Bitterste, überhaupt nicht mehr zum Kampf kommen; unser Schicksal, so oder so, vollzieht sich über uns hinweg –«.[57]

Der deutsche Sieg ist »verdient«, um England ist es »nicht schade«, und »unser Schicksal vollzieht sich über uns hinweg«. Frisch war weder deutschfreundlich noch defätistisch; er sprach in diesem Brief bloß aus, was viele dachten: Der Einmarsch der Deutschen kommt bestimmt, und damit wird die Frage nach »Anpassung oder Widerstand« zur Existenzfrage. Die Landesregierung zwang die Presse zu höchster Zurückhaltung, um jeden Konflikt – und damit jeden Vorwand zum Einmarsch – zu vermeiden.[58] Grenzübertritte und der Aufenthalt von Flüchtlingen in der Schweiz – ein Dauerstreit mit dem deutschen Reich – wurden weiter erschwert. Staatssekretär von Weizsäcker, Vater des nachmaligen deutschen Bundespräsidenten, forderte unverblümt, die Schweiz möge sich verhalten wie das Edelweiß am Felsen, »das in die Welt hinausstrahlt, ohne andere zu behelligen«.[59]

Anpasserisch bis zur Subordination reagierte auch die politische Führung. Drei Tage nach Frankreichs Kapitulation hielt Bundespräsident Marcel Pilet-Golaz seine berüchtigte Radioansprache, in der er sich zur faschistischen Neuordnung Europas bekannte. Für die bisherige Politik der Neutralität gegenüber allen kriegführenden Staaten gebe es jetzt keinen Grund mehr. »Der Zeitpunkt der inneren Wiedergeburt ist gekommen.«[60] Im September empfing er eine Delegation wichtiger Schweizer Faschisten, im November erfolgte die berüchtigte »Eingabe der Zweihundert«: Zweihundert führende Schweizer aus Wirtschaft, Bildung und Politik verlangten offen eine Angleichung an die Achsenmächte. Die Armeeführung war bis in die Spitze gespalten. Deutschfreundliche Generalstabsoffiziere versuchten den antideutsch eingestellten General Guisan zu entmachten und die Schweizer Armee zu demobilisieren. Guisan konterte mit einer neuen Verteidigungsstrategie, dem Réduit[61], und dem legendären Rütlirapport. Gleichzeitig verstärkte man die wirtschaftliche Zusammenarbeit mit den Achsenmächten. De facto war die Schweiz ab Ende 1940 ein Teil des deutschen Wirtschaftsraums. Sie wurde der wichtigste Umschlagplatz des Reichs für Devisen und Gold – auch von Raubgold.[62] »Sechs Tage in der Woche arbeiten die Schweizer für Hitler, und am Sonntag beten sie für seinen Untergang«, hieß der Witz der Zeit.

Der Anpassungsdruck erzeugte allerdings auch Gegendruck. Humanitäre Organisationen und Gewerkschaften mobilisierten zum Widerstand und gründeten antifaschistische Bewegungen. Zahlreiche Flüchtlingsorganisationen traten in Erscheinung. »Der große Teil der Bevölkerung, auch der Politiker, war in jener Zeit eindeutig antifaschistisch eingestellt. Zweifelhaft war die Haltung verschiedener Herren in den Chefetagen der Industrie, der Banken, der Politik und auch der Armeeführung«, so Hans Mayer, der in jener Zeit als Flüchtling in der Schweiz lebte.[63]

»Ich habe versucht, an die Bürgerlichkeit zu glauben und eifrig zu sein als Bürger«

Im Sommer 1940 erwarb Frisch während eines Diensturlaubs sein Diplom als Architekt. Das erste Ziel, der bürgerliche Beruf, war erreicht. In einem Architekturbüro in Baden, später bei seinem Lehrer William Dunkel, fand er erste Anstellungen. Mit dreißig Jahren verließ er 1941 erstmals den mütterlichen Herd und bezog eine eigene Wohnung. »Ich bin dreißig und habe endlich einen Brotberuf, ein Diplom, ich bin dankbar, daß ich eine Stelle habe: acht bis zwölf und eins bis fünf. Ich kann heiraten ... Ich bin nicht mehr Student und nicht mehr Schriftsteller, ich gehöre zur Mehrheit.«[64]

Die Frau, die Frisch 1942 heiratete, war »eine junge Architektin, die mir am Reißbrett half und das Mittagessen richtete«,[65] so Frischs recht nüchterne Beschreibung seiner Frau sechs Jahre nach der Hochzeit. Sie hieß Gertrude Anna Constance von Meyenburg, genannt Trudy, und war eine erstklassige Partie für den sozialen Aufsteiger. Die von Meyenburgs, ein reiches und adliges Schaffhauser Geschlecht mit weitverzweigten verwandtschaftlichen Verbindungen zum Berner und Zürcher Patriziat, seit 1706 Reichsritter des Heiligen Römischen Reichs Deutscher Nation, besaßen außer Fabrikbeteiligungen, Immobilien und Bauland unter anderem das Gut »Schipfe« in Herrliberg mit eigenem Clevner Weinbau. Goethe hatte im September 1797 dort ebenso zu Gast geweilt wie Winston Churchill nach seiner berühmten Zürcher Universitätsrede im Jahr 1946. Während des Krieges dirigierten, musizierten und sangen internationale Berühmtheiten im großen Festsaal.[66] Man hatte Geld *und* Kultur. Constances Großvater, Victor von Meyenburg, war als Bildhauer selber künstlerisch tätig gewesen. Sein Minnesänger Hadlaub ziert noch heute den Zürcher Platzspitz. Das jüngste seiner elf Kinder, Hanns von Meyenburg, der Vater der Braut, hatte als Pathologe Karriere gemacht, wurde Professor und Institutsdirektor an der Universität Zürich und amtete dort zwei Jahre lang als Rektor. Das neue pathologische Institutsgebäude ist im wesentlichen sein Werk. Seine Zugehörigkeit zum *Corps Tigurinia* und zur Münchner *Franconia* trug ihm die Standeszierde eines backenbreiten Schmisses ein. Er hatte eine Frau aus der Textilindustriellenfamilie Weber geheiratet und während des Kriegs billiges Gutsland erworben, welches, in Bauland umgewandelt, ihm beim Verkauf ein Vermögen abwarf. Die Legende, er habe sich von seinen Kindern siezen lassen, ist, so Trudy von Meyenburg, erfunden.[67]

Am 30. Juli 1942 heirateten Max und Gertrude Anna Constance. Die Hochzeit war aristokratisch mit Frack, Schleppe und weißen Handschuhen. Die Zürcher Gesellschaft gab sich die Ehre. Werner Coninx und Rolf Hässig, ein Architekturkollege, waren die Trauzeugen. Das junge Paar bezog an der Zollikerstraße 265, in einem guten Quartier am unteren Zürichberg, eine bescheidene, doch standesgemäße Wohnung. »Ich habe damals versucht, an die Bürgerlichkeit zu glauben und eifrig zu sein als Bürger«, erinnerte sich Frisch Jahrzehnte später.[68]

Frisch hat sich vehement gegen den Vorwurf gewehrt, er habe seine Frau aus Berechnung, nicht aus Liebe geheiratet.[69] Aber er gestand auch einem Freund und Kollegen: »Beim ersten Kuß wußte ich, daß das nicht die richtige Frau für mich war. Aber ich habe sie geheiratet. Drei Kinder haben wir gemacht und zwanzig Jahre zusammengelebt.«[70] Liebe und Berechnung sind zwar unterschiedliche, nicht aber notwendigerweise gegensätzliche Empfindungen. Hannes Trösch, Frischs engster Mitarbeiter von 1947 bis 1955, und auch Käte Rubensohn beurteilten die Ehe übereinstimmend als eine große Liebe von seiten der Frau, weniger von seiten des Mannes.[71] Frisch hatte während der Ehe zahlreiche Freundinnen. »Er hat es in der Ehe und der Bürgerlichkeit anders gar nicht ausgehalten«, so Hannes Trösch. An diesem Verhalten sei schließlich die Ehe gescheitert.[72] Trudy Frisch-von Meyenburg hingegen vermutete eine Charakterprägung: Die prickelnde Lust, unbelastet von Vergangenheit und Folgen neue Frauen

kennenzulernen, habe ihn immer wieder zu neuen Lieb-
schaften getrieben, eine Lust, die ja auch in *Santa Cruz* und
in *Bin* beschrieben sei. Er habe es genossen und gebraucht,
daß ihm ungeteilte Aufmerksamkeit zuteil wurde, sie als
Mutter habe sich um die Kinder kümmern müssen und
daher nicht unbeschränkt für ihn da sein können.[73] Entgegen seinen Selbstaussagen sei Frisch nicht wirklich bemüht gewesen, als Bürger »eifrig« zu sein, sondern habe –
innerlich voll Skepsis und Fluchtbereitschaft – mit der
gutbürgerlichen Hochzeit eine Lebensform übernommen,
die nie wirklich die seine geworden sei. Dazu gehörte
auch, daß er sich weder in der Kleidung noch im Auftreten
um einen bürgerlichen Habitus bemühte, sondern sich
weiterhin primär als Künstler verstand, der einen Großteil
seiner Zeit mit Schreiben verbrachte. Trösch berichtete,
Frisch habe in seiner Architektenzeit mehr mit Schreiben
als mit Bauen verdient; was nicht bedeute, daß die Schriftstellerei ihm viel eingebracht habe, eher: die Architektur
sehr wenig. »Wir hatten damals alle kein Geld, auch Frisch
nicht.«[74]

Die literarische Produktion der Jahre 1941 und 1942 ist
nicht umfangreich: Frisch leistete Aktivdienst und baute
zusammen mit Trudy ein Einfamilienhaus für seinen Bruder
Franz Bruno in Arlesheim (siehe S. 214). Nebenbei verfaßte
er weiterhin Zeitungsbeiträge und schrieb an einem neuen
Roman.

Zwei Rezensionen sind besonders interessant, denn sie
zeigen den Beginn einer poetischen Umorientierung. Im
ersten Text begreift Frisch Dichtung noch ganz traditionell
als Selbstevokation der Dinge durch Sprache: »Echt dichte-
risch« sei es, die Dinge nicht zu schildern, sondern selber
zum Sprechen zu bringen: »Worte wölken sich auf, schwe-

bende Gebirge«, man spüre die »Wäßrigkeit des Wassers« usw. Im zweiten Text hingegen wurde der Ansatz differenziert und leicht verschoben. Dichtung, so hieß es nun, sei das »Schaubarwerden des Unsäglichen«,[75] das Unsägliche aber könne nur durch Gestaltung schaubar gemacht werden.[76] Hier erschien in nuce erstmals der Gedanke, daß die Wahrheit der Dinge unsagbar sei und also durch Sprache nicht direkt evoziert werden könne. Einige Jahre später dachte Frisch diesen Gedanken zu Ende und faßte ihn in die bekannte Formel: »Man gibt Aussagen, die nie unser eigentliches Erlebnis enthalten, das unsagbar bleibt; sie können es nur umgrenzen, möglichst nahe und genau, und das Eigentliche, das Unsagbare erscheint bestenfalls als Spannung zwischen diesen Aussagen.«[77] Sprache bringt das Wesen der Dinge nicht mehr zum Klingen, sondern umstellt es, bis es als Aussparung spürbar wird.[78]

Im Oktober 1941 wanderten Frisch und Constance über den Pfannenstiel. Sie sollte die Landschaft Zollingers kennenlernen. In einem Wirtshaus kam es beim Sauser zufällig zu einer ersten Begegnung mit dem verehrten Dichter. »Ich zögerte lange, ihn anzusprechen, in der Angst, man hätte sich nichts zu sagen. Die Herzlichkeit seiner Begrüßung, auch seinerseits ein Gefühl von der Liebenswürdigkeit des Zufalles, daß man sich gerade hier zum ersten Mal begegnet, ergibt alles weitere.«[79] Die beiden verabredeten sich auf bald, doch kurz darauf starb Zollinger, erst 46 Jahre alt. Frisch schrieb ihm in der *Neuen Schweizer Rundschau* vom November 1941 einen Nachruf, worin er vor allem Zollingers poetische Fähigkeiten herausstrich. Interessanter als dieser Nekrolog war der Text *Albin Zollinger als Erzähler,* den Frisch zum ersten Todestag Zollingers für die *Neue Schweizer Rundschau* verfaßte.[80] Noch einmal versammelte er alle Kernsätze früherer Zollinger-Rezensionen, dann aber schlug er neue, politisch radikale Töne an: »Albin Zollinger ist ... Sohn eines Volkes, das er gefährdet sieht, in der Überschätzung seines äußeren Friedens geistig zu vergrasen«, und Zollinger sei eines der wenigen Ereignisse, die »unseren Frieden einmal im Geistigen aufzuwiegen haben, während das Abendland sich in Schlachten verblutet«.[81]

In größter Verkürzung wird hier ein Gedanke angesprochen, der zum Propagandainventar der Aggressoren gehörte: Wer das Leben im Frieden zu hoch bewertet, läuft Gefahr, geistig zu verkümmern (wie das grasende Vieh). Solche Sätze mögen als politische Geschmacklosigkeiten passieren. Wenn aber Frisch kurz *vor* der Stalingradwende – die deutschen Truppen sind noch im Vormarsch – die national-sozialistische Aggression als »Durchbruch in die Befreiung des lebendigen Triebes und der Tat«[82] beschrieb, so legt das zumindest den Verdacht der politischen Desorientiertheit eines Intellektuellen nahe, der seit der Kapitulation Frankreichs mit dem faschistischen Endsieg rechnete.

Dazu passen Desorientierungen auch auf anderen Gebieten: »Ein großer Wurf«, urteilte Frisch über A. J. Weltis Roman *Wenn Puritaner jung sind* und erzählte die Geschichte: Sie handelt von Erna, einer »Lehrerin und Suffragette, die aus Verklemmung und Dünkel ihre Jugend verpaßte, um schließlich und endlich einem Jazzsänger, einem Nigger, anheimzufallen«.[83] Im Klartext: Eine intellektuelle Frau ist verklemmt, das heißt sie klemmt die Beine zusammen, wenn ein Mann sie ›entklemmen‹ will, bis sie schließlich verblüht ist und zur Strafe von einem Night-Club-Nigger aufs Kreuz gelegt wird. Ein »einfallsreiches Buch«, befand Frisch.[84]

Frischs Erinnerung an Zollinger erschien, wie erwähnt, in der *Neuen Schweizer Rundschau*. In der NZZ wäre der

Text mit dieser offen prodeutschen Äußerung in dieser Zeit kaum mehr angenommen worden. Korrodi legte Wert auf Dezenz, und Bretscher wie Müller, der Chefredaktor wie der Leiter »Ausland« hatten ein genaues Auge auf die politische Tendenz der Texte. Alfred Cattani berichtete, Albert Müller habe ab und zu Sätze aus Frisch-Beiträgen gestrichen, weil sie ihm zu deutschfreundlich waren.[85]

Glänzende Zukunftsaussichten

Die Hauptarbeit der Jahre 1941 und 1942 galt dem neuen Roman mit dem Titel: *J'adore ce qui me brûle oder Die Schwierigen*. Er erschien 1943 im renommierten Atlantis Verlag des aus Berlin in die Schweiz zurückgekehrten Verlegers Martin Hürlimann. Im selben Jahr gewann Frisch unter 82 Konkurrenten den ersten Preis im Architekturwettbewerb um das städtische Freibad Letzigraben. Mit dem Preis erhielt er auch den Bauauftrag. Damit konnte er sich selbständig machen. Im Haus der Tante seiner Frau an der Selnaustraße 16 bezog er mietfrei zwei Räume und richtete sein Architekturbüro ein (siehe S. 211f.).

Auch auf literarischem Gebiet gab es erfreuliche Neuigkeiten: Kurt Hirschfeld, der Dramaturg des Schauspielhauses, ermunterte ihn, Theaterstücke zu schreiben. Ein erstes verfaßte Frisch in fünf, ein zweites in drei Wochen – und das Schauspielhaus nahm sie zur Aufführung an. Schließlich kam 1943 das erste Kind, die Tochter Ursula, zur Welt.

Die Bilanz konnte sich sehen lassen: Aus dem Außenseiter und Journalisten von 1936 war in sechs Jahren ein angesehener Architekt, ein Mitglied der besten Gesellschaft, ein Familienvater, ein prominent verlegter Prosa-Autor und ein angehender Dramatiker am ersten Theater des Landes geworden. Frisch hatte den richtigen Beruf, die richtige

Adresse, die richtige Frau, den richtigen Verleger und die richtige, nämlich eine bürgerlich-konservative, Gesinnung. Trotz finsterer Zeiten lag eine glänzende Zukunft vor dem erst einunddreißigjährigen Mann.

Bin

oder Der Architekt als Freizeitschriftsteller
(1942–1945)

Er habe die Architektur damals als sein Lebensziel begriffen
und hauptberuflich als Architekt gearbeitet, berichtete
Frisch. Nur in der Freizeit sei er Schriftsteller gewesen. Für
unerwartete Einfälle habe allerdings immer ein Notizheft
bereit gelegen. Die Selbstaussage ist nicht falsch, doch sie
verschweigt, daß der Architekt Frisch oft keine Arbeit hatte
und deshalb über viel Freizeit verfügte. Zwischen 1943,
dem Jahr der Eröffnung des eigenen Büros, und 1947, dem
Baubeginn des Letzigrabenbads, hatte er keinen einzigen
Auftrag und beteiligte sich nur an zwei Wettbewerben.
Wenn er (bis 1945) nicht im Aktivdienst war, nutzte er
seine Zeit zum Schreiben. Im Frühjahr 1943 war ein neuer
Roman erschienen.

J'adore ce qui me brûle oder Die Schwierigen

Er erzählte die Geschichte Jürg Reinharts bis zu dessen
Tod weiter. Als Jugendgeschichte war dem neuen Text
eine stark gekürzte Fassung des im Buchhandel nicht mehr
erhältlichen Romanerstlings *Jürg Reinhart* vorangestellt[1].

Frisch schrieb mit dem neuen Roman also keine Fortsetzung von *Antwort aus der Stille*. Das hatte literarische
Gründe, aber nicht nur. Es zeigte auch an, daß die Bescheidung in die bürgerliche Normalexistenz, die Frisch in
der »Bergerzählung« vorgeführt hatte, für ihn nun keine

Lösung mehr darstellte. Was ihm, der als Architekt wie als Dichter begabt zu sein schien, jetzt auf den Nägeln brannte, war nicht mehr das *entweder* Dichter *oder* Bürger, sondern die mögliche Vereinigung beider Lebensweisen. Zum dritten Mal machte Frisch im neuen Text die Vorausschau der eigenen Lebenssituation zum Thema.

In drei Teilen spielte er drei mögliche Konstellationen durch. *Hinkelmann oder ein Zwischenspiel* heißt der erste Teil. Heinrich Hinkelmann − der Name erinnert an Faust und Winckelmann − ist ein erfolgreicher Archäologe in Frischs Alter aus gutbürgerlich deutschem Pastorenhaus. Als geistiger Vorfahre des Homo Faber besitzt er »eine Art von harmlos-unerschütterlichem Selbstvertrauen, eine angstlose Zuversicht, daß ihm nichts in der Welt wirklich mißlingen könnte«.[2] Er verliebt sich in Yvonne, die Tochter eines in Griechenland ansässigen, reichen Schweizers. Man heiratet und erprobt drei Jahre lang die Normalehe. Yvonne verwandelt sich innert kurzem von der Geliebten zur Mutterfigur, »deren Ziel es ist, daß ihr Mann ein möglichst großer Mann würde, und die im übrigen keine Rechte auf ihn hat«[3]. Als Yvonne ein Kind erwartet, reagiert Hinkelmann unerfreut. Ein Kind hat keinen Platz in seiner Beziehung zur Ehefrau/Mutter. Yvonne ist von dieser Reaktion enttäuscht und verläßt ihren ›unmännlichen‹ Mann. Sie kehrt in die Schweiz zurück, um das Kind abzutreiben. Ihre Begründung: »Man bekommt kein Kind von seinem Sohn.«[4]

Im Erscheinungsjahr des Romans war Frischs Tochter Ursula, ein Jahr später der Sohn Hans Peter zur Welt gekommen. Frischs rückblickender Kommentar zu den Geburten ähnelt Hinkelmanns Reaktion. Hinkelmann: Er war »bereits unterrichtet, daß ein Kind in Aussicht stand, im Grunde wenig entzückt, aber ritterlich genug, seine männliche Eigensucht zurückzustellen und ihre weibliche Freude

nach bestem männlichen Vermögen mitzumachen ...«.[5]
Frisch: »Als jüngerer Mann habe ich mir Kinder nicht
eigentlich gewünscht; die schlichte Nachricht, daß ein Kind
gezeugt worden ist, hat mich gefreut, der Frau zuliebe.«[6]

Nachdem Yvonne ihn verlassen hat, bricht für Hinkelmann die Welt zusammen. Er bringt sich um. Die bürgerliche Normalehe, so das Fazit des ersten Romanteils, bringt
keine Lebenslösung.

Im zweiten Teil, *Turandot oder Das Heimweh nach der
Gewalt,* begegnen sich Jürg Reinhart und Yvonne in der
Schweiz. Jürg ist Maler geworden und bemüht sich mit
aller Kraft um künstlerische Selbstverwirklichung. Yvonne
versucht mit Geigenunterricht und Büroarbeit ein materiell
eigenständiges Leben zu führen. Sie sieht in Jürg einen
verlockenden Ausweg aus ihrem unbefriedigenden Dasein
als alleinstehende Frau.[7] Reinharts Lebenscredo beeindruckt
sie: »Alles, was man so Erziehung nennt, ist eine Schule der
Verheimlichung, Angst ist unser Erbe, Angst, geboren aus
der Verheimlichung alles Wirklichen, alles Ungemütlichen,
alles Ungeheuren, das da ist ... Wie sollten wir dankbar
sein, daß wir leben! daß wir Wesen sind, die vergehen, die
all das Zeitlose schauen und mit Schauer begreifen, daß sie
sterben müssen, immerzu, damit sie die Schönheit begreifen
... Man müßte auch danken können für den Schmerz, für
die Angst, für den Ekel, für die Öde, für die schiere Verzweiflung, für alles, was unser Herz erlebt, alles innerlich
Wirkliche, was den Bogen unsers Lebens spannt, auch für
das Ewig-Unsichere, das unser Leben in der Schwebe hält
wie eine glühende Kugel!«[8]

Die Liebesbeziehung der beiden ist stürmisch und jenseits bürgerlicher Konventionen. Doch auf Dauer setzt sich
das »typisch Weibliche« durch: Yvonne erträgt das »Ewig-
Unsichere« nicht. Sie will ein Kind, will ein Heim, will

Sicherheit, will die Ehe mit einem Mann, der für sie sorgt. All das kann und will Jürg nicht. Darum verläßt sie ihn und heiratet Hauswirt (nomen est omen), einen »breitschultrigen, gelassenen, unerbittlichen« Industriellen, vor dem die Arbeiter dastehen wie dumme Jungs. Hauswirt ist der »echte« Mann, der nicht Rätsel löst, sondern zupackt. Hauswirt erobert Yvonne und wird unwissend zum Vater des Kindes, das diese noch von Jürg empfangen hatte. Fazit: Die zweite Variante: Bürgerin lebt in freier Liebe mit Künstler, scheitert ebenfalls.[9]

Ist aber Yvonnes Ehe mit Hauswirt die Lösung? Yvonne »ging den gleichen Weg, den sie ihrer Mutter nie hatte verzeihen wollen: sie heiratete den Mann, der sicher für sie sorgen konnte ...«, ohne ihn wirklich zu lieben.[10] Reichlich skeptisch klingt das Lob der Ehe im Roman durch den eben frisch verheirateten Roman-Autor: »Ein Wunderbares ist es um die Ehe. Sie ist möglich, sobald man nichts Unmögliches von ihr fordert, sobald man über den Wahn hinauswächst, man könne sich verstehen, müsse sich verstehen; sobald man aufhört, die Ehe anzusehen als ein Mittel wider die Einsamkeit. Dort liegt das Unmögliche! Sobald man ein Gefühl davon gewinnt, daß die Ehe einfach ein Dienst ist, ein Verfahren fürs tägliche Leben.«[11] Kant hatte Klartext gesprochen, als er die Ehe einen lebenslänglichen Vertrag zur wechselseitigen Benutzung der Geschlechtsorgane nannte. Auch die bürgerliche Ehe scheint keine befriedigende Lösung zu bieten.

Der dritte Romanteil – *J'adore ce qui me brûle oder die Entdeckung* – probiert einen vierten Weg aus: Der Künstler ist ein Angestellter geworden und will nun Hortense, eine Tochter aus dem Großbürgertum, heiraten. Der Bezug zur eigenen Situation liegt nahe. Jürg hatte, nicht anders als Frisch, nach »neun Jahren, die sich als Irrtum erwiesen«,[12] seine Bilder im Wald verbrannt und eine Anstellung als Zeichner in einem Architekturbüro angenommen. Zufällig begegnet er Hortense, die Jahre zuvor seine Malschülerin und heimliche Verehrerin gewesen war. Vergeblich versucht Jürg ihr klar zu machen, daß jene jugendbewegten Zeiten vorbei sind. »Was bin ich denn? Ein Mann von dreißig Jahren, der just sein eigenes Brot verdient. Hälfte des Lebens, Menschenskind, Hälfte des Lebens! Wann wird man denn endlich erwachen und aufstehen? ... Wann fängt es denn an, das wirkliche, das sinnvolle Leben?«[13]

Hortense will nach Paris, will mit Jürg ein freies Bohème-Leben führen. Doch Jürg denkt inzwischen bürgerlich über die Ehe: »Das größte Abenteuer ..., das es einzugehen gibt, schien ihm die Ehe, das Wagnis einer ganzen Bindung, Verpflichtung an ein Rätsel, das uns überdauert.«[14] Er macht Hortense einen Heiratsantrag, sie zögert. Ihr Vater, Armeeoberst, Gutsbesitzer, Patrizier (man ist an Constances Vater erinnert), widersetzt sich der Mésalliance, indem er rassische Bedenken vorbringt: Jeder Hundeliebhaber vermeide aus Hochschätzung vor der Rasse einen Bastard. Auch die Menschen hätten »ein eingeborenes ... Reinlichkeitsbedürfnis gegenüber eignem Wesen, umso stärker und gesünder und reiner dieses Wesen ist. Stolz ist eine Art von seelischem Geruchssinn ... Man riecht, was nicht zu uns gehört«.[15]

Bei der Unterredung mit Hortenses Vater erfährt Jürg, daß er in Wahrheit ein adoptiertes, uneheliches Kind ist. Die leibliche Mutter sei Kinderfräulein im Gut des Obersts, der Vater ein Metzgerbursche gewesen. Jürg bricht zusammen. Er erkennt: »Nicht alles Mögliche ist uns möglich, wie es der Jüngling noch meint. Schon vor der Geburt ist uns das meiste genommen, verborgen, zerbrochen, verschüttet.«[16]

Das sind deutliche Zurücknahmen der Positionen des jungen Jürg Reinhart, zugleich kritische Zugewinne an Einsicht in die Denkungsart und den sozialen »Geruchssinn« der guten Gesellschaft. Alle Varianten sind nun durchgespielt, und alle Varianten sind gescheitert – auch die, die der frischgebackene Architekt, Ehemann und Schriftsteller gerade selber zu leben versucht!

Jürg Reinhart verfällt dem Wahnsinn. Im Irrenhaus lernt er den Gärtnerberuf und arbeitet, wieder genesen, im vierten Teil des Romans unter dem Namen Anton als Gärtner. Er ist weise geworden, die Kinder lieben ihn. Er erinnert an Voltaires Altersmaxime »Il faut cultiver son jardin« aus dem *Candide*. In einer bedeutungsschwangeren Gewitternacht treffen Hortense und Anton zufällig aufeinander. Doch man findet sich nicht mehr im nächtlichen Gespräch. Anton ist verbittert: »Als bankrotter Künstler, dem eines Tages der Boden unter den Füßen versank, hatte er ein Menschtum, das sich lohnt, einmal im Bürgertum gesucht; der Bürger glaubt ja … an seine höhere Art, seine Führerschaft, solange sie ihm dient, seine behaglichen Vorrechte zu schützen; glaubt er auch da, wo er um seiner höheren Art nicht auf einem ledernen Polster, sondern auf glühenden Nägeln sitzen müßte?«[17] Anton spricht als Verdacht aus, was Frisch Jahre später als Grund für seinen Bruch mit der Bürgergesellschaft angeben wird: »Ich habe bemerkt, daß ich als Hinzugekommener die Sache viel ernster nahm, als die anderen, die gar nicht dahinter standen.«[18] Diese Koinzidenz ist interessant, zeigt sie doch, daß Frisch nicht ›naiv‹ in die gutbürgerliche Gesellschaft eingetreten und erst im nachhinein, mit zunehmender Erfahrung, kritisch geworden ist. Noch vermied er radikale Schlüsse. Noch war er Bürger und wollte Bürger bleiben. Also macht er aus Antons Kritik an der Gesellschaft eine biologistische Theorie im Trend der Zeit[19]: Es gibt »nur drei Wege für jeden Menschen«, und die sind durch Abstammung vorbestimmt. Weder gesellschaftliche noch individuelle Bedingungen können daran etwas ändern. Den ersten Weg beschreiten die »Gestalter des Lebens«. Sie sprengen alle Fesseln der Konvention und geben sich selbst ihren Lebenssinn. Der zweite Weg ist der Weg der »Erhalter des Lebens«. Sie sind »die Gesunden«, sie leben in »der bürgerlichen Ehe«. Weg drei ist der Leidensweg des genetischen Menschenschrotts, der »Halblinge«: »Man hat sein Leben so versehrt empfangen, daß man sich selber damit auszulöschen hat. Eine weitere Möglichkeit sehe ich nicht …«[20] Anton erkennt sich als »Halbling«[21] und bringt sich um. Was er nicht weiß: Yvonnes Sohn, Hanswalter, ist sein eigenes Kind, der »Halbling« hat sich entgegen seiner Bestimmung fortgepflanzt. Und eben dieser Hanswalter beginnt nun ein Verhältnis mit Hortenses Tochter. Die unglückliche Geschichte Jürg Reinharts droht sich zu wiederholen: »Es gibt keinen Anfang, kein Ende. Alles wiederholt sich, nichts kehrt uns wieder …«[22]

Der autobiographische Hintergrund von *J'adore ce qui me brûle* zeigt, mit welcher Ernsthaftigkeit der junge Autor seinen künftigen Lebens- und Schaffensweg schreibend zu erkunden versuchte, wie er Biographie und literarische Fiktion nicht als äußerliche Übereinstimmung von Fakten und Ereignissen verzahnte, sondern in der fiktionalen Durchdringung seiner jeweiligen Lebensprobleme sich Klarheit zu verschaffen versuchte. Die handwerklichen Fortschritte des neuen Romans waren beachtlich. Die »einzigartigen Lyrismen«, die Korrodi begeisterten,[23] muten heute eher fremd an, aber der souveräne Umgang mit Perspektivwechseln, Rückblenden, Wechseln der Erzählebenen, mit komplexeren Handlungsverzahnungen, mit Vorzeichen und Jahreszeitensymbolik, all das verriet handwerkliche Könnerschaft. Erstmals experimentierte Frisch im neuen Text mit einer ironisch-verknappten Beschreib-Weise. Bislang hatte er vorzugsweise »mit Herzblut« geschrieben, das heißt: ohne Distanz zu den Figuren und Gegenständen. Ironie dagegen erzeugt Distanz, schafft spielerische Infragestellung und relativiert die Aussage auf ihre Aussagebedingungen hin. Neben das Beschriebene tritt das beschreibende Bewußtsein, der Autor verliert sich nicht in seinen Figuren und Gegenständen, sondern steht neben ihnen und führt sie vor. Nicht Nachempfinden durch Identifikation ist das Wirkungsziel von Ironie, sondern Nachdenklichkeit durch Distanz.[24] Der späte Frisch war berühmt für seine reich facettierte Ironie. In *Die Schwierigen* entdeckt er für sich dieses Stil- und Erkenntnismittel.

Der neue Roman wurde in der Presse überwiegend positiv aufgenommen, und die Schweizerische Schiller-stiftung verlieh ihm eine besondere Auszeichnung, indem sie hundert signierte Exemplare übernahm und als Weihnachtsgeschenk an ihre Mitglieder verteilte.[25]

»Von der guten Laune und dem Ernst der Zeit«

Auch das neue Buch sparte, obschon es bis in die Gegenwart führte, das politische Zeitgeschehen aus. Zur Erinnerung: 1942 hatten die Deutschen mit der industriell betriebenen Menschenvernichtung in den KZs begonnen. Zur gleichen Zeit schloß die Schweizer Regierung die Grenzen für alle Flüchtlinge, und Bundesrat von Steiger prägte das schlimme Wort: »Das Boot ist voll.« An der Grenze spielen sich erschütternde Szenen ab.[26] Gegen diese Flüchtlingspolitik opponierten breite Kreise. In Zürich öffneten nicht nur linksengagierte Personen, sondern auch manche intel-

lektuelle und gutbürgerliche Häuser, also Frischs eigene
Kreise, demonstrativ ihre Häuser für die Flüchtlinge, so die
Rosenbaums, die Humms, die Fleischmanns. Wer wissen
wollte, welche Ungeheuerlichkeiten jenseits der Grenzen
geschahen, konnte es wissen. Doch Frisch blieb seinem
poetologischen Konzept treu, wonach Politik in der Literatur nichts zu suchen habe. Zur Rechtfertigung dieser Auffassung veröffentlichte er in der NZZ vom 21. November
1943 einen Aufsatz mit dem launigen Titel: *Von der guten
Laune und dem Ernst der Zeit.*

Das eine Auge auf die Zeitung gerichtet, worin die
Vernichtung Kassels berichtet wird (eine Untat der Alliierten, nicht der Nationalsozialisten), »das andere Auge auf die
Milchpfanne ... die jeden Augenblick meine Geistesgegenwart erfordert«,[27] mit diesem Bild umriß Frisch seine Situation als Dichter im Zeitgeschehen. Dichtung ist die Milchpfanne, welche die ganze Geistesgegenwart erfordert. Ein
zweites Bild – Christi Kreuzigung von Pieter Bruegel –
sollte das Verhältnis von Zeitgreuel und Dichtung präzisie-
ren. Jäger sehe man auf dem Bild, so Frisch, und Liebende
und Äcker und Bauern und Pferde, Städte, Vögel und
Kinder, »und man muß schon suchen, wo eigentlich der
Heiland mit seinem Leiden stattfindet, nicht in der Bild-
mitte, nicht größer als alle die anderen ...«[28] Zumindest
hätte Frisch auffallen müssen, daß, im Unterschied zum
eigenen Dichten, die Kreuzigung bei Bruegel immerhin
stattfand, wenn ihm schon das Auge fehlte, zu sehen, daß
Bruegel die Kreuzigung eben dort »am Rand« malte, wo
sich die wichtigen Kompositionslinien des Bildes treffen.
Will sagen: Die Kreuzigung findet nicht ›unter anderem‹
und ›neben anderem‹ statt, sondern sie ist der Focus, von
dem aus die Komposition des ganzen Lebensbildes aufgebaut ist.

Frisch kritisierte zu Recht Abstumpfung, Zynismus und gewissensentlastendes Bekennertum als falsche Haltungen gegenüber dem Zeitgeschehen, und er forderte eine pragmatische Haltung: »Es kommt wenig darauf an, was wir empfunden, oder nicht empfunden haben«, wichtig sei allein, daß die Flüchtlinge Unterkunft, Kleider und Brot hätten.[29] Offenbar hatte Frisch aber bereits gespürt, daß das Verhältnis von Politik und Kunst aufgrund der aktuellen Entwicklungen allmählich brisant wurde. 1943 war das Wendejahr des Krieges: Im Januar hatten die deutschen Armeen vor Stalingrad kapituliert, im Mai in Nordafrika, im Juli landeten die Alliierten in Sizilien, Mussolini fiel, und im November 1943 wurde auf der Teheraner Konferenz die Landung in Westeuropa vorbereitet. Der Alptraum vom faschistischen Europa verflog, Deutschlands Zusammenbruch wurde absehbar. Absehbar war somit auch die Frage nach der Mitverantwortung am Krieg, die Frage, wer dereinst zu den Schuldigen, wer zu den Schweigern, den Mitläufern, den Sympathisanten und wer zu den Siegern, auch zu den geistigen und moralischen Siegern, des Kriegs gehören würde. In dieser historischen Konstellation schrieb Frisch seinen Aufsatz über Kunst und Politik. Auch seine erste Ich-Erzählung entstand in dieser Zeit.

Bin oder Die Reise nach Peking

Diese »Träumerei in Prosa«[30], die spielerisch ein Dutzend Episoden zu einem filigranen Text aus Traum, Realität, Erinnerung und Reflexion zusammenstrickte, läßt sich biographisch leicht entziffern[31]. Wiederum geht es um die richtige Lebensform in der bestehenden Gesellschaft.

Eine Prologepisode stellt Bin als jedermanns Alter ego vor. »Bin ist unser aller Wegbereiter insofern, als er unsere unerfüllten Möglichkeiten verkörpert. Er ist die Möglichkeit, die unsere Wirklichkeit begleitet.«[32] Die Jahreszeiten-symbolik strukturiert die Erzählung. Sie beginnt im Frühling, der Zeit des Lebensaufbruchs. »Mindestens die Hälfte des Lebens ist nun vorüber, und insgeheim fangen wir an, uns vor dem Jüngling zu schämen, dessen Erwartungen sich nicht erfüllten.« So denkt der Architekt Mitte Dreißig, der mit der Planrolle in der Hand am Feierabend im Caféhaus sitzt und »Heimweh nach ersten langen Gesprächen mit einer fremden Frau« hat.[33] Doch statt nach Hause zur Frau namens Rapunzel zu gehen (das ist die Märchenschöne mit dem langen Haar, ein Salat, aber auch ein giftiges Kraut und der Spitzname für Trudy von Meyenburg), treiben ihn Frühlingsgefühle durch Gärten und Wald, »als ich unversehens vor der chinesischen Mauer stand«. Auf die Mauer gestützt raucht Bin eine Pfeife und lächelt. Gemeinsam zieht man weiter. »Ich hatte die Rolle unter dem Arm, Zeichen des Alltags«[34] und ebenso Metapher für die gesellschaftliche Rolle, die jeder mit sich trägt. Man plaudert und wandert, bis man vom Hügel herab plötzlich Peking erblickt. »Weit konnte es bis Peking nicht sein, eine Stunde vielleicht oder zwei oder drei ...«[35] In Peking will der Architekt sich endlich von seiner Rolle im wörtlichen wie im metaphorischen Sinn befreien.

Frischs Peking liegt am Meer – wie Shakespeares Böhmen im *Wintermärchen*. Es ist kein realer Ort, sondern ein Ort der Sehnsucht, der Lüste, des Traums. Im Frühjahr, beim Aufbruch war Peking noch nahe gewesen. Im Sommer, in der Zeit der Reife, trifft man einen östlichen Heiligen, der die westliche Fragerei nach dem »Was tun sie?« nicht versteht. Ihm ist das bloße Dasein Glück genug. Man lagert im Gras, erinnert glückliche Jugendzeiten und bemerkt auf einmal, wie man im Strom der Zeit von Peking abtreibt. Man macht Lebenserfahrungen, gewinnt vernünftige Einsichten, wird erwachsen: »Der Jubel ist aus den Dingen verflogen, nur die Erfahrung bleibt, nur die Asche der Erfahrung nimmt zu.«[36] Man trägt sich mit Selbstmordgedanken und vergißt Bin zuweilen jahrelang. Man altert. Bis Bin eines Morgens wieder da ist und es »ganz ernst meint mit unserer Reise nach Peking«.[37] Aber nun ist es schon Herbst, »das Leben ist kurz«,[38] und »wir haben nun endlich eine Wohnung gefunden ... Sogar Garten haben wir nun, nicht viel, Blumen, Ausblick in die Bäume der Nachbarn, in Birnen und Kirschen, die uns nicht gehören.«[39] Es ist die Wohnung an der Zollikerstraße 265, in welche die Familie Frisch 1942 gezogen ist. Und »nun haben wir auch bald ein Kind«[40] – Ende 1943 und 1944 kamen Frischs Kinder Ursula und Hans Peter zur Welt. Die Erzählung ist in des Erzählers Gegenwart angekommen. Und genau hier setzte Frisch den ironisch-schmerzlichen Schlüsselsatz: »Wir sind in einer Weise glücklich, die uns kaum noch ein Recht läßt auf Sehnsucht; das ist das einzig Schwere ...«[41] Frisch hat erreicht, was traditionellerweise zum bürgerlichen Glück gehört: Frau, Kind, Wohnung mit Garten, Beruf und Freunde. Aber diese haben alle »einen Knacks«,[42] sie kennen nämlich Bin nicht. Sie sind getrieben von Geltungsbedürfnis und Ehrgeiz, was »ja auch nur ein Geiz« ist. Daß diese Sätze genau in der Mitte des Textes stehen, ist kein Zufall. Die »Mitte des Lebens« ist erreicht, die zweite Texthälfte gibt eine Voraussicht auf die Zukunft, auf den »Herbst« und den »Winter« des Lebens.

Wie sah Frisch 1942 seine Zukunft? Wieder einmal ist die Sehnsucht mächtig, die »ersten Häuser von Peking« sind erreicht. Der Architekt will endlich seine Rolle unterstellen und betritt einen Palast. Dieser ist – Angsttraum des Architekten – ein Zerrbild jenes Gebäudes, welches auf der

Rolle entworfen ist. Der Hausherr lädt zu Gast, man vergißt wieder einmal Bin, denn die Tochter des Hauses ist süß und siebzehn. Auch sie plagt die Sehnsucht nach ihrem ›Peking‹. Mit dem Herrn des Hauses philosophiert man über die Diktatur der Zeit. Die Menschen des Abendlands sind ihre Sklaven, sie führen das Leben von »Ameisen«. »Unsere Seele gleicht einem Schneeschaufler, sie schiebt einen immer wachsenden … Haufen ungestillten Lebens vor sich her.«[43] Gesellschaftliche Erfolge stellen sich ein, der Fürst gibt einen neuen Palast in Auftrag, ein Bubentraum erfüllt sich.[44] Doch da legt der Fürst die Maske ab und zeigt sich als zotenreißender Fettsack. Die gute Gesellschaft, um derentwillen man Peking vergessen hatte, ist ein ordinäres Volk.

Man flüchtet mit der jungen Chinesin (auch sie trägt den Sehnsuchtsnamen Maja) ans »andere Ufer«. Maja jubelt ihrem Peking entgegen, denn Peking ist immer am anderen Ufer. Man landet – und das andere Ufer entpuppt sich als feines Lokal am Zürichsee. Was für Maja neu und aufregend ist, kommt dem Erzähler, der sich nun als Architekt Kilian vorstellt, öde, weil bekannt, vor: »Die Erde ist so groß nicht, wie man meint, auch sie macht es mit Wiederholungen.« Die Sehnsüchte sind aufgebraucht, und Maja verläßt den alternden Architekten mit einem jungen Mann.[45] Der Winter ist gekommen, der Tod klopft bei Kilian an: Komm mit, oder finde einen andern, der für dich geht. Kilian sucht vergeblich, schließlich stirbt sein Vater. Im selben Augenblick kommt Kilians Kind zur Welt. Die Generationenfolge ist der einzige Weg, dem Tod zu entkommen! Die Erzählung ist zu Ende und der Lebensbogen gespannt – von der Jugend, dem Frühlingsaufbruch, über den Sommer der Genüsse, den Herbst des beruflichen und gesellschaftlichen Erfolgs bis zum Winter des Sterbens und der Einordnung in die ewige Generationenfolge. Eine Schlußepisode führt zum Anfang zurück. Kilian kehrt, trotz Peking und Maja, zu Rapunzel, der Ehefrau, zurück. Er hat die Rolle nicht in Peking stehen lassen, hat keine »Grenze, die in uns liegt, übersprungen«.[46] Er nimmt sein Kind auf das Knie: »Wem es gleicht? – Am ehesten, so will mich immer wieder dünken, gleicht es Bin, der uns nach Peking führt – Peking, das sich nie erreichen läßt.«[47]

Biographisch gelesen erweist sich *Bin oder Die Reise nach Peking* als ein weiterer Versuch Frischs, die Forderungen einer bürgerlichen Existenz mit dem Künstlertraum nach dem erfüllten Leben zu vereinigen. Die Sehnsucht ist nicht zu unterdrücken; immer wieder, gesteht der Ehemann seiner Rapunzel, wird er nach Peking aufbrechen, immer wieder wird ihn eine Maja verlocken, doch stets wird er zum ehelichen Herd zurückkehren. Bürgerliche Verhältnisse vorausgesetzt, bleiben Aufbrüche in ein anderes Leben Seitensprünge, Libertinage und Träumerei. Frisch widmete *Bin oder Die Reise nach Peking* seiner Frau. Das ist nicht zufällig. Unter biographischem Aspekt ist *Bin* eine Lebensbeichte, der Versuch, sich und seine Lebensnöte der Ehefrau gleichnishaft zu erzählen.[48]

Im Unterschied zu den vorangegangenen Versuchen sah Frisch in *Bin* nicht mehr das Schicksal oder die Natur oder den einsamen Kampf mit sich selbst als Ort der Auseinandersetzung und Bewährung. Zum ersten Mal tritt die Abhängigkeit des Ichs von der Gesellschaft ins Zentrum. Das war ein folgenreicher Perspektivenwechsel. *Bin* ist allerdings, so Hans Mayer, nicht die Utopie einer Gesellschaft, von der aus die eigene kritisiert werden könnte, *Bin* sei auch keine »satirische Wiederholung der Tageswirklichkeiten im Bilde ihres Gegensatzes«. *Bin* sei »eine ›empfindsame Reise‹, elegisch, traumhaft, verspielt, zeitweise auch idyllisch … Aber solche Reisen werden nur unternommen, und Bin stellt sich nur ein, wenn es in den ›bürgerlichen Konditionen‹ nicht mehr weitergehen kann.« Weder für den Dichter namens Kilian, der den Zwang des Brotberufs ohne gelegentliche Reise nach Peking nicht erträgt, noch für den Wehrmann, »der bekanntlich noch weniger als irgendein bürgerlicher Mensch jenseits der Chinesischen Mauer herumreisen dürfte«.[49]

Und nebenbei, in einer »Pinte am Gassenrand«, entdeckt Frisch in *Bin* auch ein neues poetisches Programm. »Wenn wir nicht wissen, wie die Dinge des Lebens zusammenhängen, so sagen wir immer: zuerst, dann später. Der Ort im Kalender! Ein anderes wäre natürlich der Ort in unserem Herzen, und dort können Dinge, die Jahrtausende auseinanderliegen, zusammengehören, sich gar am nächsten sein, während vielleicht ein Gestern und Heute … einander nie begegnen … Die Zeit, die unser Erleben nach Stunden erfaßt, sie ist eine ordnende Täuschung unseres Verstandes, ein zwanghaftes Bild, dem durchaus keine seelische Wirklichkeit entspricht.« Und er folgert daraus: »Man müßte erzählen können, so wie man wirklich erlebt.« Denn wer das könnte, »hätte noch vieles zu erzählen, denke ich, fast alles«.[50]

Bin oder Die Reise nach Peking fand großen Anklang in der Presse. Emil Staiger hat mit dem Blick des Freundes und Kenners die literarischen Qualitäten der Erzählung herausgestellt. Aber Staiger betrachtete den Text nur als poetisches Gleichnis für »etwas schlechthin Gültiges«, als Werk des »wahren und imponierenden Max Frisch«.[51] Im Rückblick wird deutlich, daß Frisch in *Bin* erste Versuche zu einem gesellschaftskritischen Schreiben unternommen hatte, Versuche, die er wenig später in seinen ersten Bühnenwerken weiterführte.

»Spiel, das sich als Spiel bewußt bleibt«

Dramatische Jahre
(1945–1950)

Mit der bedingungslosen Kapitulation Deutschlands brach eine neue Zeit an. Der Schreck über die Niederlage wurde bald abgelöst durch ein Gefühl der Befreiung und des Neuanfangs. »Soviel Anfang war nie!« diagnostizierte Hermann Glaser in seinem Rückblick.[1] Doch wo anfangen, woran anknüpfen? In den zwanziger Jahren war das expressionistische Theater in Deutschland stilbildend gewesen. Die zwölfjährige Barbarei hatte diese Quelle zum Versiegen gebracht. Auch das deutsche Exildrama konnte nicht traditionsbildend werden. Die meisten der vor dem Krieg populären Dramatiker – etwa Kaiser, Toller, Unruh und Barlach – waren in Vergessenheit geraten. Zu lange hatten ihnen die Theater und das soziale Umfeld gefehlt. Nur Zuckmayer, Hochwälder und Brecht blieben international bekannt. Von den Kriegsheimkehrern gelang nur Wolfgang Borchert mit *Draußen vor der Tür* ein Durchbruch. So fehlte in Deutschland die Kontinuität, aus der sich eine Nachkriegsdramatik hätte entwickeln können.

Nachholbedarf

Nach all den Jahren der Indoktrination und Isolation war das Bedürfnis nach neuer Dramatik groß. Es mußte weitgehend aus dem Ausland gedeckt werden. Thornton Wilder, Tennessee Williams, Maxwell Anderson, William Saroyan, Eugene O'Neill, Arthur Miller, Christopher Fry, T. S. Eliot, Jean-Paul Sartre, Jean Giraudoux, Jean Anouilh, Albert Camus waren die viel gespielten Dramatiker der ersten fünf Nachkriegsjahre. Auch die Deutschschweizer Max Frisch und Friedrich Dürrenmatt feierten in dieser Zeit erste Erfolge als Nachwuchstalente. Von den deutschen Dramatikern behaupteten sich nur Zuckmayer, Hochwälder und Brecht auf den Spielplänen – und nur letzterer machte Schule. Stärker noch als der Wunsch nach neuer Dramatik war das Bedürfnis, sich die eigene Tradition frei von ideologischen Verbiegungen wieder anzueignen. Die Klassiker erlebten eine Renaissance. Die meisten der notdürftig reparierten Theater wurden programmatisch entweder mit Goethes *Iphigenie* oder mit Lessings *Nathan der Weise* wieder eröffnet.

Die Kriegsniederlage war für die meisten deutschen Theaterschaffenden und Theaterbesucher allerdings kein Grund, über das Verhältnis von Macht und Kunst neu nachzudenken. Im Gegenteil: Die Abwendung von der Politik und der Rückzug ins Private schien manchen der einzig richtige Weg zu sein. Das war verständlich. Zwölf Jahre lang hatten politische Maximen alle Bereiche, auch die privaten, strikt genormt. In der nazistischen Ideologie hatte das Volksganze weit mehr als jeder einzelne gegolten. Nun schlug das Pendel zurück: Der einzelne wurde alles. Der Existentialismus, der den Menschen als ein grundsätzlich einsames, unbehaustes, in eine sinnlose Welt geworfenes und nur sich selbst zur Rechenschaft verpflichtetes Wesen beschrieb, avancierte zur Populärphilosophie. Viele empfanden das wieder erlangte Recht auf apolitische Privatheit als Befreiung. Andere wollten nicht an das eigene politische Engagement erinnert werden. Man hatte die

Nase voll von großen Ideen und suchte sein Durchkommen im Pragmatismus. »Ich werde weitermachen aus purer Gewohnheit, aber ich halte nichts mehr davon.« Der Seufzer Sabinas in Thornton Wilders Erfolgsstück *Wir sind noch einmal davongekommen* brachte die Stimmung auf den Punkt. Die Tristesse des Trümmeralltags und die verständliche Scheu vor neuen ideologischen Verstrickungen verleiteten dazu, Kunst umstandslos als einen Wert zu begreifen, der über allen Niederungen des Alltags und der Politik schwebte. Kunst sollte innere Wandlung, Sammlung und Besinnung auf Menschenwürde, nicht aber Auseinandersetzung mit der garstigen Wirklichkeit bringen. »Die geschichtliche Orientierungslosigkeit wurde durch eine Flucht in die Innerlichkeit kompensiert«, diagnostizierte Alexander Mitscherlich.[2]

Die Alliierten hatten 1945 eine gründliche Abrechnung mit der Vergangenheit versprochen[3], doch die politische Situation führte innert weniger Jahre zu einer anderen Strategie. In dem Maße, wie sowjetische und westliche Alliierte in verfeindete Blöcke auseinanderfielen, mutierten die Deutschen in West und Ost zu militärischen und ideologischen Verbündeten im kalten Krieg. Die alten Nazifunktionäre wurden als neue »Funktionseliten« reaktiviert. Das Programm zur Entnazifizierung, ursprünglich zur Selbstbesinnung entworfen, verkam zum Aktenvorgang: Wer seinen ›Persilschein‹ hatte, war nicht nur gesellschaftlich rehabilitiert, sondern auch amtlich davon enthoben, sich um die Bewältigung seiner Vergangenheit zu kümmern. Der Wille zur Trauerarbeit blieb aus. Der Nationalsozialismus wurde von einer Massenbewegung in einen Kriminalfall uminterpretiert. Sein Titel: Die dämonische Verführung der Massen durch die Verschwörung einiger Bösewichte. Dadurch wurden aus ehemaligen Mittätern und Mitläufern Verführte und Opfer. Erst ab Ende der sechziger Jahre und auf Druck der ersten Nachkriegsgeneration – »unsere Väter sind heute nie Nazis gewesen!« – kam eine breite Debatte über die Vergangenheit in Gang.

»Die Schweiz verstand sich auch nach dem Krieg als Sonderfall. Deutschlands Kapitulation empfand man hier vor allem als Ende einer tödlichen Umzingelung. Die Kontinuität im Denken und Schreiben, die in Nachkriegsdeutschland lange Jahre geleugnet wurde, war in der Schweiz nie bestritten. Von einer Stunde Null war keine Rede, eine Vergangenheit, die zu bewältigen gewesen wäre, vermeinte man nicht zu besitzen.«[4] Man fühlte sich im Recht und auf der Seite der Sieger. Die Alliierten allerdings betrachteten das verschonte Land mit Mißtrauen. Zu eng hatte es mit Nazideutschland kollaboriert, zuviel Gewinn aus dem Krieg gezogen, den andere geführt und erlitten hatten. »Wir wurden verschont«, schrieb Friedrich Dürrenmatt. »Wir mußten unsere politische Gerissenheit mit einer moralischen Einbuße bezahlen. Wir standen in der heldischen Welt der Kriegsgewinner plötzlich als Kriegsgewinnler da, ohne Möglichkeit, uns wie die Deutschen vom Heldentum aufs Leiden umzustellen, wir hatten nicht einmal gelitten.«[5]

Frisch hatte gute Gründe, in seinen ersten Bühnenstükken die Schuldfrage vorsichtig zu stellen. Er saß im Glashaus, sowohl als Schweizer wie auch als Schriftsteller, der sein Dichterwort kaum als Waffe gegen Krieg und Faschismus geführt hatte. ›Was hast Du mit deiner Arbeit zum Sieg gegen die Barbarei beigetragen?‹ Diese Frage wurde nach dem Krieg aktuell, und Frischs Antwort aus *Von der guten Laune und dem Ernst der Zeit* konnte nach 1945 kaum mehr überzeugen.

Theateranfänge

Frisch berichtete, er sei kurz vor Kriegsende durch den Schauspielhaus-Dramaturgen Kurt Hirschfeld ans Theater geholt worden. Hirschfeld habe *Die Schwierigen* gelesen und ihn ermuntert, doch einmal ein Theaterstück zu versuchen. Er lud ihn zu Proben ein, und das Ausprobieren von Geschichten, Haltungen, Tonfällen auf der Bühne faszinierte Frisch. Hier fand ein Prozeß statt, der verwandt war mit jener Art zu schreiben, die Frisch später, im *Gantenbein,* mit dem berühmten Satz umschrieb: »Ich probiere Geschichten an wie Kleider«: »Ich war ein Mann über Dreißig, Architekt, einer der nicht seine Lust am Theater, aber die Hoffnung, die Bühne zu seinem Bauplatz machen zu können, längst begraben hatte. Was heißt Ermunterung? Ich kann einen Maler, zum Beispiel, noch so sehr ermuntern, ein Fresko zu versuchen, und es heißt gar nichts, wenn ich ihm nicht eine Wand, so groß wie meine Ermunterung, zur Verfügung stelle. Das hat das Zürcher Schauspielhaus getan, damals die einzige lebendige Bühne deutscher Sprache. Man ließ mich zu den Proben von Brecht, Sartre, García Lorca, Giraudoux, Claudel … Proben, Sie wissen es, sind unwiderstehlich. Zwei Monate später – ich hatte mein Architektur-Atelier und tagsüber keine Zeit – brachte ich mein erstes Stück fertig.«[6] Das Stück hieß *Santa Cruz.*

Die Bindung an das Schauspielhaus war eine Sternstunde für die Pfauenbühne wie für Frisch. Hier traf er die Theaterelite der antifaschistischen Emigration: Den gläubigen Katholiken Ernst Ginsberg ebenso wie die gläubigen Kommunisten Wolfgang Langhoff, Wolfgang Heinz, Karl Paryla, Emil Stöhr, Mathilde Danegger; die junge, hochbegabte Maria Becker, die geniale Therese Giehse, den Steckel, den

Gretler, den Knuth, die Fink, den Wicki usw. Durch das Schauspielhaus kam er auch in Kontakt mit dem Oprecht Verlag, dem Hausverlag vieler Emigranten, und er lernte das Neueste und Beste an moderner Dramatik kennen: Sartre, Camus, Williams, Giraudoux, Wilder, Brecht. Die beiden letzteren, die er auch persönlich kennenlernte, wurden seine wichtigsten dramatischen Lehrmeister. Das Schauspielhaus war damals nicht nur ein Zentrum für Antifaschismus und moderne Dramaturgie, hier wurde auch heftig Kritik an einem Bürgertum geübt, dem die humanistische Tradition nicht mehr Verpflichtung, sondern nur noch Fassade war, um eigennützige Interessen zu verfolgen. Hier vernahm Frisch erstmals jene Kritik an den eigenen gesellschaftlichen Kreisen, die er wenig später selber vertrat. Sie wurde von Menschen unterschiedlicher weltanschaulicher Positionen vertreten, deren Integrität, bezeugt durch Arbeit und Schicksal, außer Zweifel stand. Frisch sprach öfter von seinen engen Verbindungen zu den deutschen Emigranten und von deren Bedeutung für die eigene künstlerische Entwicklung.[7] Tatsächlich begannen die Kontakte erst 1944/45 am Schauspielhaus. Der einzige Emigrant, mit welchem Frisch schon früher verkehrt hatte, war der russische Lyriker Lazar Ajchenrand.[8]

Santa Cruz

Santa Cruz, geschrieben im August/September 1944, also parallel zu *Bin,* wurde am 7. März 1946 am Schauspielhaus Zürich uraufgeführt. Die Hauptrollen waren hoch besetzt, auch wenn die ganz großen Stars fehlten. Die Regie lag bei Heinz Hilpert in prominenten Händen. Das Bühnenbild schuf der legendäre Teo Otto.[9] »Das Stück spielt«, so Frisch, »an sieben Tagen und in siebzehn Jahren.«[10] Was auch immer diese Zahlensymbolik noch bedeuten sollte, sie signalisierte: Hier findet nicht naturalistisches Abbildtheater, sondern modernstes Schauspiel statt. Genau betrachtet, spielt das Stück – abgesehen vom Vorspiel – in einer Nacht und in zwei (Traum-)Episoden, die sich auf siebzehn Jahre zurückliegende Vorfälle beziehen. Die »sieben Tage«, die Frisch nennt, bezeichnen lediglich die Tage zwischen dem Vorspiel und dem Stück.

Im »Vorspiel«, es schneit seit Tagen, erzählt ein todkranker Vagabund in der Spelunke seine Seeräubergeschichten aus tropischen Meeren. Elvira, die Seeräuberbraut von einst, ist inzwischen die Gattin des Rittmeisters im Schloß nebenan.

Der erste Akt führt ins Schloß: Erbadel, wie schon im *Jürg Reinhart*. Der Schnee steigt, das Wasser gefriert in den Vasen, der Rittmeister führt ein strenges Regiment: »Ordnung muß sein«, heißt die Devise.[11] Doch wie er vom Vagabunden hört, überkommt auch ihn eine verdrängte Sehnsucht nach dem wahren Leben. Noch einmal möchte er dem alten Freund Pelegrin (alias Bin) begegnen, der »von meinen Kräften lebt und zehrt, von meiner Sehnsucht sich nährt«.[12] Auch Elvira, die Gattin, hat Pelegrin nicht vergessen. Vor siebzehn Jahren war sie – was der Rittmeister nicht weiß – auf dem Schoner Viola seine Geliebte gewesen. Inzwischen hat sie die Jugendromanze unter moralischen Maximen begraben: »Die Frau, siehst du, spielt nicht mit der Liebe, mit der Ehe, mit der Treue, mit dem Menschen, dem sie gefolgt ist ... Wenn eine Frau sagt: Ja ich folge dir! dann handelt sie auch Ja, und alles andere opfere ich, ich denke nicht daran, ich bereue es nicht. Denn ich liebe. Ich möchte, daß der Mann, der mir ein Alles ist, auch seinerseits ein Ganzes an mir habe.«[13] Nach zwei Jahren eigener Erfahrung beschrieb Frisch die Ehe als eiskaltes Schloß, worin Mann und Frau sich die Träume vom wahren Leben versagen.[14]

Elvira, einer plötzlichen Laune folgend, lädt den Vagabunden aus der Kneipe zum Abendessen. Er erscheint, es ist Pelegrin, Elvira flieht, die verdrängte Vergangenheit hat sie eingeholt. Der Rittmeister und Pelegrin tafeln und trinken und schwärmen. Auch Pelegrin hat seine Sehnsüchte: Etwa all die Bücher, die er einmal lesen will, diese »schönen Waben voll Geist der Jahrhunderte«.[15] Die Tochter erscheint, sie ist siebzehn Jahre jung und heißt, wie könnte es anders sein, Viola.

Der zweite Akt kombiniert Vergangenheit und Traum. Er spielt auf dem Achterdeck des gekaperten Schoners Viola. Pedro, der Poet, den die Mannschaft gefesselt hat, weil er »immer von Sachen redet, die ich mit eigenen Augen nicht sehe«[16] – eine Selbstironie des Dichters –, fungiert in Thornton Wilders Manier als Erzähler und berichtet die vergangene Romanze Pelegrins mit Elvira. Beide erscheinen als Traumgestalten: sie »in der Seide ihres Nachtgewandes«, einer Lieblingskleidung der Damenwelt Frischs seit *Jürg Reinhart,* er, »wie er vor siebzehn Jahren aussehen mochte«.[17] Allnächtlich träumt Elvira diese Zusammenkunft. Vor siebzehn Jahren hatte sie ihren Verlobten, den Rittmeister, sitzengelassen und war mit Pelegrin durchgebrannt. Ihr Bekenntnis zur ehelichen Treue aus dem ersten Akt entpuppt sich als Lüge: Allnächtlich betrügt sie im Traum den Ehemann mit dem Mann ihrer Sehnsucht.

Der dritte Akt führt zurück ins Schloß. Angesteckt von den Erzählungen Pelegrins und übermannt von Sehnsucht, packt der Rittmeister mitternächtlich die Koffer und zieht »noch einmal das Wams seiner Jugend« an.[18] Er schreibt der träumenden Gattin den Abschiedsbrief: »Ich möchte noch

einmal fühlen, welche Gnade es ist, daß ich lebe, in diesem Atemzug lebe – bevor es uns einschneit für immer.«[19]

Akt vier blättert wieder siebzehn Jahre zurück. Diesmal träumt der Rittmeister. Im spanischen Hafen Santa Cruz – »Wir alle haben unser Schicksal, tragen unser Kreuz, spanisch cruz«[20] – hat Elvira das wilde Leben mit Pelegrin satt. Sie erwartet ein Kind, sie möchte »an einem festen Orte bleiben, wo man weiß: Hier sind wir daheim«, sie möchte »ein Nest, das man nicht mehr verläßt«, sie will heiraten. »Die Ehe ist ein Sarg für die Liebe«, höhnt Pelegrin, ähnlich wie Frisch im Brief an Käte Rubensohn.[21] Die beiden trennen sich, obschon sie sich lieben, denn »wenn wir zusammenbleiben, geht eines von beiden zugrunde, es tut, was es nicht leisten kann«.[22]

Der Schmerz über den Verlust der Braut hat den Rittmeister auf Reisen getrieben. Wie der Zufall so spielt, plant er, ohne den Zusammenhang zu ahnen, mit eben jenem Pelegrin nach Hawaii zu segeln, der ihm die Braut entführt hatte. Doch bevor der Rittmeister ablegt, stößt er auf die verlassene Elvira. Geistesgegenwärtig und mit allen weiblichen Listen bringt die Verzweifelte den Exverlobten dazu, ihr zu verzeihen und sie zur Frau zu nehmen. Sie unterschlägt die Affäre mit Pelegrin und sie verschweigt, wie schon Yvonne in *Die Schwierigen,* daß sie ein Kind erwartet: die mit Pelegrin auf dem Schoner Viola gezeugte Viola.

Akt fünf spielt wieder im Schloß, in der Morgendämmerung derselben Nacht. Elvira ist erwacht. Sie fürchtet um ihren abwesenden Mann, noch mehr fürchtet sie, Pelegrin hätte die gemeinsame Vergangenheit verraten. Sie beschimpft ihn und verflucht sein Wiedererscheinen. Ihre Ehe sei glücklich, »ein Wunderbares sei es um die Ehe«, einen »Mann wie Er, ich habe ihn fast nicht verdient«.[23] Doch je leidenschaftlicher sie Pelegrin beschimpft, desto mehr verrät sie ihre Sehnsucht. Pelegrin entdeckt, daß Viola sein Kind ist, und er formuliert die Antithese: »Man kann nicht beides haben, scheint es. Der eine hat das Meer, der andere das Schloß; der eine hat Hawaii – der andere das Kind ...«[24]

Die dramaturgische Konstruktion des Stücks (Entlarvung einer Lebenslüge) drängt auf eine finale Katastrophe hin. Doch Frisch umgeht die tragische Konsequenz. Statt Vernichtung findet, wie bereits in *Antwort aus der Stille,* subjektive Reifung statt. Der Rittmeister kehrt zurück, und Elvira bekennt: Wenn wir bloß ehrlich zueinander wären und zu unseren Sehnsüchten stünden, könnten wir glücklich sein. »Gott hat alles viel schöner gemeint ... Wir dürfen uns lieben, wir alle ...«[25] Man ißt gemeinsam eine Apfelsine, den Liebesapfel der Exotik, und läßt unausgesprochen, ob die Erlaubnis zur allseitigen Liebe platonisch oder als *ménage à trois* zu verstehen sei. Die Antwort könnte, wie schon in Goethes *Stella,* den Rahmen bürgerlicher Konvention sprengen.

Wahres, wildes Leben versus Konvention und unerfüllte Sehnsucht, ein weiteres Mal handelte Frisch sein zentrales Thema ab. Und wieder fand er keine reale Synthese: Nur der Traum, die Vision, die Extra-Realität kann die Spannung auflösen. Frisch muß die szenische Problematik seines Stückschlusses gespürt haben. Also ließ er allegorische Nebel wallen: »Während alles im Dunkel versinkt, ertönt Musik.«[26] Ein Schlußchor personifizierter Erinnerungen, Versagungen und Sünden bringt seine Gaben zum Altar der Versöhnung. Auch der Tod stellt sich ein, und die ewige Wiederholung beschließt in hymnischer Sprache das Stück: »Ich bin aus deinem Blute das Kind, Viola, die alles von neuem erfährt, die alles noch einmal beginnt.«[27] Frank Hoffmann spricht wohl nicht zu Unrecht von einer

»Kitschwelt«.[28] Frisch selbst nannte *Santa Cruz* eine Romanze. Zum einen wohl, weil die Liebesgeschichte von Elvira und ihrem Seeräuber ganz in der Tradition der Räuberromanzen steht (Rinaldo Rinaldini und seine Elvira). Zum andern, weil er beim Schreiben vermutlich gemerkt hat, daß das Grundproblem des Stücks im bürgerlichen Leben nur als Romanze, nicht als Realität aufzuheben ist.

Bei Licht besehen ist *Santa Cruz* eine Trivialgeschichte mit Anleihen beim Fernweh-Schlager, bei Ibsens *Frau vom Meer,* bei Caldérons *Leben ein Traum,* bei Hofmannsthal, bei Wilder und anderen literarischen Vorbildern.[29] Frisch baute die Geschichte nach dem Zeitgeschmack um: Er arbeitete mit Rückblenden und epischem Kommentar, erzählte die Geschichte gleichzeitig von hinten nach vorne und umgekehrt, zugleich als Chronik wie als Enthüllungsgeschichte. Das Stück, so Frisch, »möchte die Dinge nicht spielen lassen, wie sie im Kalender stehen, sondern so, wie sie in unserem Bewußtsein spielen ... also nicht Chronik, sondern Synchronik« sein.[30] Frisch versuchte hier ins Dramatische umzusetzen, was er in *Bin* als poetisches Programm entdeckt hatte: »Man müßte erzählen können, so wie man wirklich erlebt.«[31] *Santa Cruz* ist auch keine psychologische Studie. Die Figuren exemplifizieren den Widerstreit zwischen Sehnsucht und Versagen, Bürgerlichkeit und Ungebundenheit, Ehe und Libertinage. Sie sind nach diesen einfachen Widersprüchen konzipiert und verhehlen weder ihren Bezug zur Lebenssituation des Autors noch die etwas bieder gewordene Nachfolge des Fin-de-siècle-Traums vom dionysisch rauschhaften Leben.[32]

Die Kritiken der Uraufführung waren hymnisch. Der neue poetische Ton und die Wechsel zwischen Realität und Traum gefielen. »Das Erlebnis dieses Abends«, vermeldete die *Neue Zürcher Zeitung* am 9. März 1946, »war nicht einfach, sondern unheimlich schön. Eines Dichters Werk!« Von »unerbittlich realistischem Ausdruck unseres Zeitgefühls« war die Rede, von einem »virtuos gesponnenen Schicksalsspiel«. Und Carl Seelig philosophierte in den *Basler Nachrichten* noch ganz im Landistil: »Wichtiger als die Ordnung der Völker erscheint ihm [Frisch, U.B.] die Ordnung und Sauberkeit am häuslichen Herd.« Die einflußreiche Elisabeth Brock-Sulzer resümierte in den *Schweizer Monatsheften:* »Hier ist wesentlich Schweizerische Dramatik!«[33] Schon vor der Uraufführung war Frisch mit seinem ersten Stück erfolgreich gewesen. Im Dezember 1944 hatte er *Santa Cruz* der *Welti Stiftung für das Drama* in Bern eingereicht. Im Juni 1945 sprach diese ihm den Dramenpreis in der beachtlichen Höhe von dreitausend Franken zu.

Der biographische Hintergrund von *Santa Cruz* ist offenkundig. Wieder einmal geht es um die Sehnsucht nach dem wahren, dem wilden, abenteuerlichen Leben und um das Verhängnis, im komfortablen Korsett einer bürgerlichen Ehe zu erfrieren, abzusterben, ein unwahres Leben zu führen. Eingesperrt in ein belagertes Land, in militärische Zwangsverhältnisse, in eine gesellschaftliche Lebensform, die ihm, trotz allen guten Willens, zutiefst fremd blieb, träumte Frisch sich in Figuren wie Bin oder Pelegrin in eine andere Welt. Und wie schon in *Bin oder Die Reise nach Peking* konnte der Traum auch diesmal nicht Wirklichkeit werden, da er sonst die bestehenden Verhältnisse gesprengt hätte. Daher mußte er, wider alle Radikalität des Ansatzes, schließlich zu einem etwas bieder-vernünftigen Postulat wechselseitiger Toleranz und Verständigung zurückgenommen und entschärft werden.

Nun singen sie wieder

Auch das zweite Stück, *Nun singen sie wieder, Versuch eines Requiems,* welches Frisch ein halbes Jahr später, und auch diesmal in wenigen Wochen, verfaßte, enthält manche dieser biographischen Ingredienzen. Allerdings nur im Hintergrund. Im Vordergrund taucht zum ersten Mal in Frischs literarischem Schaffen die Tagespolitik auf: Die Schuldfrage im zu Ende gehenden Krieg. Mit diesem Stück begann, noch vor Deutschlands Kapitulation, die unabsehbare Reihe der Literatur zur »Vergangenheitsbewältigung«. Es wurde am 29. März 1945, also noch vor *Santa Cruz,* am Schauspielhaus uraufgeführt, sinnigerweise an einem Gründonnerstag. Regie führte Kurt Horwitz, dem das Stück auch »in Verehrung« gewidmet ist. Das Bühnenbild baute Teo Otto. In den Hauptrollen spielten Wolfgang Langhoff, Armin Schweizer, Erika Pesch, Robert Trösch und Emil Stöhr. Ein Chor internierter Polen sang die Geiseln. Hans Mayer, der spätere Herausgeber der *Gesammelten Werke* Frischs, hatte ihn in den Flüchtlingslagern rekrutiert.[34]

Auch das neue Stück arbeitete mit antinaturalistischen Zeit- und Realitätsverschiebungen. Seine Szenen spielen teils in der Wirklichkeit, teils in einer Art Totenreich. In einer Anmerkung zur Buchausgabe verbat sich Frisch konsequenterweise »Kulissen, die eine Wirklichkeit vortäuschen«. Der »Eindruck des Spiels« sollte gewahrt bleiben, damit »keiner es am wirklichen Geschehen vergleichen wird, das ungeheuer ist«.[35] Diese Bescheidenheit war Programm: Wenn sich das wirkliche Geschehen jedem Vergleich entzog, so bedeutete dies auch, daß Urteile und Schuldzuweisungen nicht möglich seien. Frisch wollte sein Werk als »Dichtung«, nicht als politische Stellungnahme verstanden wissen.

Erste Szene: Herbert, eine Heydrich-Figur, deutscher

Offizier, eiserner Krieger, aber klassisch gebildet und musisch begabt, befiehlt dem gemeinen Soldaten Karl, dem Sohn seines einstigen Oberlehrers, die Erschießung griechischer Geiseln. Die Geiseln, Frauen, Kinder und Greise, singen während der Erschießung. Im Disput mit dem verstörten Karl entwickelt der Offizier seine Rechtfertigungstheorie: Wir, die Herrenmenschen, fordern durch unsere Gewalttaten Gott, sprich den Geist, heraus, sich uns zu widersetzen. Aber Gott ist tot, »das ist die Verzweiflung«.[36] Als Karl auch den Popen, weil er Zeuge des Geiselmords geworden ist, liquidieren soll, desertiert er.

Die zweite Szene spielt bei Karl zu Hause. Die Stadt ist von den Alliierten zerbombt, Karls Mutter verschüttet und aufgegeben worden. Karls Vater, der humanistische Oberlehrer, verflucht die feindlichen Flieger als »Satane«, die es »nicht ertragen können, daß wir ihnen überlegen sind«.[37] Maria, Karls Frau, hat ein Kind geboren und erwartet sehnsüchtig den Frühlingsurlaub des Vaters. Eine Bekannte bringt die beunruhigende Nachricht, sie habe Karl in der Stadt gesehen.

Die dritte Szene wechselt die Front: Alliierte Flieger warten auf den Einsatz. Wer wartet, hat Zeit zum Reden. Also debattieren die Jungs über Schuld und Krieg und über die politische Verantwortung von Kunst in finsterer Zeit. (Diese Debatte wird nach Kriegsende hochaktuell werden.) Auch hier gelten die Feinde als »Satane«,[38] die zu vernichten sind. Der Grund: die Greuel der Konzentrationslager, die zu dieser Zeit Allgemeinwissen wurden.[39]

Man bricht zum Bombenflug auf. Soldat Benjamin, der angehende Dichter, hat eine Vision, die den zweiten Teil des Stücks vorwegnimmt: »Vielleicht stürzen wir in den Tod, ganz plötzlich, und wir merken es lange nicht, daß das der Tod gewesen ist.«[40]

In der vierten Szene entdeckt der Oberlehrer seinen desertierten Sohn im Keller. Er versucht vergeblich, ihn zur Truppe zurückzuschicken. Im Vater-Sohn-Disput nimmt Frisch mit stupendem Gespür die Schulddebatte vorweg, die nach dem Krieg die Gemüter polarisieren wird. Während der Oberlehrer sich mit Formeln verteidigt, wie: Wir haben »nur auf Befehl gehandelt«, wir mußten »Frau und Kindern zuliebe« Kompromisse eingehen, es gab ja auch »manches Gute«, argumentiert der Sohn radikal moralisch: Kein Befehl nimmt die eigene Verantwortung ab, »wo es an Mut fehlt, fehlt es nicht an Gründen«, »man kann die Last der persönlichen Freiheit nicht abtreten«. Das Ergebnis: »Ich habe jedesmal nur das Beste gewollt«, behauptet der Vater. »Sagen wir das Günstigste«, antwortet der Sohn.

Ein Fliegeralarm unterbricht die Diskussion. Die Alliierten setzen Phosphorbomben ein, die Flüchtenden, unter ihnen Maria und das Kind, verbrennen bei lebendigem Leib. Karl erhängt sich. Der Vater riskiert eine böse Äußerung gegen den Krieg, der Luftschutzwart – »verstehen Sie, ich muß« – denunziert ihn.

Die fünfte Szene, womit der zweite Teil des Stücks beginnt, versammelt die Umgekommenen, den Popen ebenso wie die abgeschossenen Flieger, Karl, Maria und das Kind im Totenreich bei den singenden Geiseln. Der Pope teilt Brot und Wein aus, Leib und Blut Christi, und predigt innere Einkehr, allgemeines Vergeben und Vergessen. Opfer wie Täter, jeder »kümmere sich um seine Schuld«. Die Frage nach der Strafe – »heißt das, daß du den Mördern vergeben willst?« – überweist er kategorisch an den lieben Gott.[41] Schuld ist für Frisch nicht eine historisch konkrete, sondern eine allgemeine Kategorie: Schuldig ist jeder, der das »wahre« Leben verfehlt und falschen Leitwerten nacheifert.

Das sechste Bild demonstriert die Versöhnung von Opfer und Täter im Totenreich unter dem Motto: »Wir hätten einander lieben können.«[42] Unter dem Gesichtspunkt des Todes werden die Unterschiede zwischen Täter und Opfer irrelevant.

Das siebte und letzte Bild versammelt Überlebende und Angehörige der toten Flieger an deren Grab. Die Toten rufen die Lebenden in hymnischen Exaltationen zu Versöhnung und Neubeginn auf, aber die Lebenden sind unbelehrbar. Sie wollen die alte Welt wieder aufbauen, Rache üben und weiterleben wie bis anhin.

Soweit die gängige Rezeption des Stücks.[43] Sind tatsächlich alle Überlebenden unbelehrbar? Keineswegs. Einer hat die Lehre begriffen – wenn er auch nur zwei Sätze sagt, welche die anderen nicht zur Kenntnis nehmen.[44] Er heißt Thomas, wie der ungläubige Jünger Jesu und Patron der Gnosis, und er ist der erste politisch bewußte, sozialistische Proletarier in Frischs Werk.[45] Das ist kein Zufall. In der Auseinandersetzung mit dem Krieg, seinen Gründen und seinen Folgen veränderte Frisch zunehmend seine politischen und ästhetischen Auffassungen. Davon wird noch zu sprechen sein. Thomas markiert einen Anfang auf diesem Weg.

Nun singen sie wieder wurde bei der Uraufführung von der Zürcher Kritik bejubelt. Der *Tages-Anzeiger* schwärmte vom »wirklichen Dichter«.[46] Auch der kritische Bernhard Diebold lobte in der *Tat:* »Der Dichter will nicht, wie der Tendenzdichter, irdische Partei ergreifen. Rache ist immer wieder des Teufels. Rache und Haß bedeuten immer wieder Krieg.« Zwar sieht er klar die Schwachstelle des Stücks, interpretiert sie aber ins Positive: »Kaum unterschied man mehr zwischen ›Freund‹ und ›Feind‹ – so innerlich war vom Dichter und vom Regisseur das schlechthin Menschliche gegeben und der Beifall der Friedliebenden war groß.«[47] Kritischer urteilte die *Weltwoche:* »Diese Neutralität [in der Schuldzuweisung, U.B.] ist letztlich Standpunkt-losigkeit.«[48] Das Stück wurde als »Requiem für die Kriegs-toten«[49] bis in die späten sechziger Jahre oft nachgespielt.

Es reussierte auch im Ausland und wurde schon in der Spielzeit 1946/47 an den Münchner Kammerspielen und an der Jungen Bühne Hamburg nachgespielt. Die direkte Konfrontation mit der eigenen Schuld löste in Deutschland Verstörung aus. Frisch berichtete von einer Schachtel voll Zuschriften: »Fast alle haben eine Arroganz, die keine Antwort mehr zuläßt.«[50] Frischs »Pessimismus«, der die Welt, mangels Belehrbarkeit der Überlebenden, in den nächsten Krieg torkeln sah, befremdete. Wie tröstlich war dagegen Wilders *Wir sind noch einmal davongekommen,* das Lieblingsstück Trümmerdeutschlands. Erst in den fünfziger Jahren entdeckte man in Frischs abstraktem Schuldverständnis die Möglichkeit zur Selbstentlastung. Der christliche Aufruf zur Vergebung, zum Verzicht auf Rache und Strafe, baute den besiegten Tätern und Mitläufern von gestern eine goldene Brücke in die Zukunft.[51]

»Neutrale Trauer«

Dabei argumentierte Frisch selbst bei seinem tagespolitisch aktuellen Thema weder historisch noch politisch. Er vermied explizit jede Schuldzuweisung. Sein Ansatz war streng moralisch. Wie anders sollte er ohne Überhebung kriegeri-sche Schuldverstrickungen darstellen, da er doch einerseits von einer persönlichen Mittäterschaft verschont geblieben war, andererseits sich bislang nicht als Dichter gegen das Unrecht des Krieges hervorgetan hatte. Was sollte ein durch Glück Verschonter schon zu einem Thema vermelden, das er bislang ignoriert hatte? Konnte dies nicht als Aktualitätshascherei verstanden werden? Frisch argumentierte äusserst vorsichtig. Wir Schweizer seien nicht in die blutigen Kämpfe involviert gewesen, wir hätten daher die Verpflichtung, »Gerechtigkeit« zu üben und nicht der »Versuchung zur Rache« zu erliegen, formulierte er im Programmheft zur Uraufführung. Die Kehrseite dieser Haltung sah er noch nicht. Noch hatte er nicht erfahren, wie schnell die Masse der besiegten Deutschen sich von Tätern und Mitläufern zu Opfern und Verführten uminterpretierte; noch wußte er nicht, daß Vergebung ohne Schuldanalyse den schmerzhaften, aber notwendigen Prozeß der Sühne behinderte, noch sah er nicht, daß sein Konzept einer allgemeinen Schuldverstrickung für die Opfer des Faschismus zynisch wirken mußte, indem es entscheidende Unterschiede ignorierte – etwa die zwischen der Schuld eines Popen, der, den Revolver im Genick, einen Meineid schwört, einem Oberlehrer, der aus Angst, seine Stelle zu gefährden, zum Parteigenossen wird, und einem Leutnant, der massakrieren läßt, um Gott herauszufordern. Frisch hat diese Schwäche des Stücks später selbstkritisch erkannt und als »neutrale Trauer« verworfen.[52] »Neutrale Trauer« heißt auch das Stichwort, welches die ungewöhnliche Formbezeichnung »Requiem« entschlüsselt. Ein Requiem ist keine Ereignisanalyse, sondern ein Trauerdienst, nicht Anklage, sondern Klagegesang, nicht Racheschrei, sondern Versöhnungsmusik. Sein Blick geht nicht auf das Unrecht im Diesseits, sondern auf jenseitige Gerechtigkeit, sein Ziel ist nicht die Lösung der Probleme, sondern die Erlösung von ihnen, nicht das Verändern des für falsch Befundenen, sondern das Sich-Abfinden mit dem Unabänderlichen.[53] Diese Abwendung von der diesseitigen Realität hatte dramaturgische Konsequenzen. Während Frisch in den Introduktionsszenen kräftige, realistische Situationen mit scharf umrissenen Figuren gelangen, deren Dialoge sich notwendig aus Vorfällen ergaben, fand er für die Konkretion seiner allgemeinen Maximen über Schuld und Sühne keine adäquaten Vorfälle mehr. Also stehen und sitzen seine Figuren mehr oder minder wirkungsvoll herum und diskutieren. Aber »ein Stück besteht aus Vorfällen, aus einer Kette von Vorfällen«,[54] und wenn diese Vorfälle nicht zwingend sind, so rutscht das Dramatische ins Deklamatorische ab. Die Sprache wird lyrisch oder pathetisch. Das Theaterstück mutiert zum Requiem.[55]

Nun singen sie wieder gab Anlaß zum ersten öffentlichen Streit zwischen Frisch und der NZZ. Ein junger Redakteur namens Ernst Bieri – er bewarb sich zwanzig Jahre später ohne Erfolg als Stadtpräsident und betrieb als Verwaltungsrat der Neuen Schauspiel AG im Herbst 1968 die Entlassung Peter Steins aus dem Schauspielhaus –, beschuldigte Frisch, er habe sich mit seinem Stück zum »Anwalt der Irregeführten« gemacht, und forderte eine »Säuberung der Schweiz von jenen Elementen, die sich auf den Verrat der Unabhängigkeit vorbereitet und die Vorschußlorbeeren des Machtgenusses unsichtbar, aber nicht ohne Stolz getragen« hätten.[56] Frisch verbat sich, mit den Schweizer Nazis in einen Topf geworfen zu werden. Der Streit wäre unerheblich geblieben, hätte Frisch dabei nicht einen Grundsatz seiner neuen ästhetischen Konzeption erstmals ausformuliert. Mit dem Verweis auf Heydrich, der ein begabter Cellist gewesen war, argumentierte Frisch: »Die bloß dumpfe Bestie … ist nicht das Ungeheurliche; denn sie ist leicht zu erkennen. Ungeheuerlich scheint mir die Bestie mit dem Geist, der so hoch fliegt, daß er den gleichen Menschen nicht hindert, eine Bestie zu sein. Ungeheuerlich ist das Janusköpfige, die Schizophrenie, wie sie sich nicht nur innerhalb des deutschen Volkes, sondern innerhalb des einzelnen Menschen offenbart hat. Zu erfahren, daß sich beide [Bestie und Geist, U.B.] in der gleichen Person befinden können, das war die eigentliche Erschütterung; es erschüttert das Vertrauen gegenüber jedem einzelnen«, auch gegen sich selbst.[57] Diese Kritik war weit mehr als eine späte Reflexion der eigenen Gefährdung in den frühen dreißiger Jahren. Sie zeigt eine grundsätzliche Umorientierung in Frischs Kunstverständnis. Die humanistisch gebildeten, deutschen »Bestien« hatten den traditionellen bürgerlichen Kulturbegriff, von dem auch Frisch restlos überzeugt gewesen war, zum Einsturz gebracht. Die unfaßbare Schizophrenie von Barbarei und Geist sei, so Frisch, nur deshalb möglich gewesen, weil man Kultur und Politik als zwei Sphären betrachtet habe, die miteinander nichts zu schaffen hätten. Der Künstler habe sich als Geistmensch per se für die realen, die »schmutzigen« Ereignisse der Zeit nicht verantwortlich gefühlt. Bei diesem Kulturverständnis sei ihm die Diskrepanz zwischen Barbarei und Kunst kein Thema geworden. Derselbe Autor, der sich noch keine drei Jahre zuvor mit dem Hinweis auf die kochende Milchpfanne vom politischen Engagement des Dichters dispensiert hatte, konterte nun die Anwürfe Bieris mit einem Angriff auf die Moralheuchelei der ehemaligen Leisetreter, zu denen er sich – der grammatikalischen Form nach zu schließen – auch bekannte: »Das meiste, was heute die öffentliche Empörung weckt, hätte auch unser Volk schon lange wissen können und müssen.« Wir erleben heute die »kommerzialisierte Empörung über eine Schande, die im Grade unseres früheren Wissens und Schweigens auch unsere Schande ist«.[58]

Frisch sandte seine Antwort an Bieri der NZZ und machte zum ersten Mal die Erfahrung, daß die Zeitung, die ihn jahrelang unterstützt hatte, die Veröffentlichung ablehnte.[59] Die eigene Ohnmacht angesichts der Willkür der NZZ empörte ihn nachhaltig, und als sich drei Jahre später der Vorfall wiederholte, brach er nach fünfzehnjähriger Zusammenarbeit seine engen Beziehungen zur NZZ ab.[60]

Die Chinesische Mauer

Am 6. und am 9. August 1945 zerstörten die ersten Atombomben Hiroshima und Nagasaki. Mit diesen Bomben begann ein neues Kapitel der Menschheitsgeschichte: Die Selbstausrottung war machbar geworden. Unter dem Schock des Ereignisses und auch aus Lust an der Maskerade habe er, so Frisch, von November 1945 bis Mai 1946 ein weiteres Theaterstück geschrieben.[61] Es führte formale und inhaltliche Momente aus *Nun singen sie wieder,* aus *Bin* und aus *Santa Cruz* weiter. Vor allem aber zeugte es von der Auseinandersetzung mit Brechts Stücken, die Frisch seit 1941 am Schauspielhaus kennengelernt hatte.[62] Der neue Text könnte, überspitzt formuliert, als Versuch bezeichnet werden, auch einmal ein politisches Parabelstück im Stile Brechts zu schreiben.

Die Chinesische Mauer, eine Farce, wurde am 19. Oktober 1946 im Schauspielhaus Zürich uraufgeführt. Regie führte Leonard Steckel. Wiederum waren die Hauptrollen mit Wilfried Seyferth, Gustav Knuth, Agnes Fink, Traute Carlsen, Erwin Parker, Bernhard Wicki, Elisabeth Müller und Leonard Steckel prominent besetzt.[63] Ort der Handlung: die Bühne, die Zeit: heute abend.

Das Stück – wir skizzieren die Urfassung – versammelt im Jahre 2 v. Chr. allerlei historische Figuren aus verschiedensten Zeitaltern und Kulturen am Hof des chinesischen Kaisers Hwang-Ti, des Erbauers der Großen Mauer. Anwesend ist auch Min Ko, ein junger Mann von heute, Dichter und »Stimme des Volkes«, der in der Uraufführung nicht zufällig Max Frisch verblüffend ähnlich sah.[64] Min Ko präsentiert in Brechts Manier Situation, Problem und Personen. Diese singen – eine Undenkbarkeit in Frischs früheren Werken – einen handfesten Agitpropsong gegen Unterdrückung, Machtgier, Reichtum und Tyrannei der Herrschenden.[65]

Hwang Ti gibt ein Maskenfest anläßlich des Siegs über seine letzten Feinde. Auch Min Ko, der populäre Spottlieder auf den Kaiser in Umlauf gesetzt hat, ist angeblich verhaftet worden und soll zum Höhepunkt des Fests hingerichtet werden. Der Verhaftete ist jedoch der stumme Wasserverkäufer Wang.[66] Der echte Min Ko befindet sich am Hof, um allen Anwesenden, seien es Napoleon, Brutus, Philipp von Spanien, Geschäftsherren im Cut oder Kaiser Hwang Ti, die Botschaft zu verkünden, daß das Atom teilbar und der nächste Krieg deshalb der letzte sei. Keiner der alten Machthaber mit seinen Eroberungsgelüsten dürfe je wieder auf Erden zurückkehren.[67] Zwischendurch bezirzt er Mee Lan, die Tochter des Kaisers, mit schwermütigen Reden vom unerfüllten Leben – worauf sich das junge Mädchen stante pede in ihn verliebt. Als der Kaiser mit den Schergen erscheint, rettet sie ihn, indem sie ihn für den neuen Hofnarren ausgibt.

Ein siegreich aus der Schlacht heimkehrender Prinz berichtet von der Zusammenrottung des Volkes zur Befreiung Min Kos. Er macht Ansprüche auf Mee Lan geltend, doch da diese sich ja soeben anderweitig verliebt hat, weist sie ihn ab. Der stumme Wasserverkäufer wird als Min Ko angeklagt. Der neue Hofnarr (und echte Min Ko) soll ihn verteidigen. Er tut es mit Mut und Schlauheit, doch ohne Erfolg: Da der Angeklagte stumm bleibt, weist der erzürnte

Kaiser in einer großen Suada alle Anschuldigungen zurück – wobei er seine Verbrechen implizit zugibt. Um sein Schweigen zu brechen, wird der Stumme zur Folter geführt. Der Hofnarr bewahrt aus Angst sein Inkognito. Mee Lan ist enttäuscht und entzieht ihm ihre Liebe. Der Liebesentzug zeigt Wirkung: Der Hofnarr enthüllt dem Kaiser seine Identität und bekniet ihn: »Verhindern Sie nicht länger das Reich der Wahrheit.« Doch der Kaiser nimmt das Geständnis für Narretei und stößt mit Min Ko auf Freundschaft an. So integriert die Macht selbst unbequeme Wahrheiten zur eigenen Gloriole: Ein bitterer Gedanke aus dem Erkenntnisfundus der negativen Dialektik.

Der verschmähte Prinz stürmt an der Spitze des aufständischen Volks den Palast. Min Ko gibt sich der Menge vergeblich zu erkennen. »Die Sorte kennen wir!« tönt es ihm entgegen. »Als Hofnarr dienen sie der Macht, und nachher sagen sie: Ich habe Widerstand gemacht.«[68] Der Satz, gesprochen 1946, traf mit dem Nagel auch manchen Intellektuellen auf den Kopf. Die Mutter, herbeigerufen, ihren stummen Sohn zu identifizieren, erklärt ihn schlau und stolz für den echten Min Ko – womit der wahre Min Ko, die »Stimme des Volkes«, als Verräter erledigt ist.

Diese hintersinnige und wirkungsvoll gebaute Fabel ist in der Art der »Schubladenstücke« mit Auftritten und Abgängen verschiedener geschichtlicher Figuren durchsetzt. Ohne engere Verbindung zur Fabel konversieren sie über allerlei bekannte Frisch-Themen. Kolumbus prägt eine Maxime, die für Frischs Werk berühmt werden sollte: Die äußere Welt ist entdeckt und vermessen, aber »auch Euch, junger Mann [gemeint ist Don Juan, U.B.], verbleiben noch immer die Kontinente der eigenen Seele, umbrandet von Geheimnis; das Abenteuer der Wahrhaftigkeit. Ich sehe keine anderen Räume der Hoffnung«.[69] Brutus endigt das

Stück mit einem Stoßseufzer an die Herren im Cut, dem klassischen Dreß der Gründerzeit-Kapitalisten: Die Menge will nicht bekehrt werden, sie braucht das Unrecht. »Sonst würden Leute wie sie nicht mehr auf der Bühne stehen.«[70] In *Nun singen sie wieder* hatte ein sozialistischer Proletarier die feinsten Ohren für die kommende Zeit. In der *Chinesischen Mauer* ging Frisch einen Schritt weiter und ließ den Erzrepublikaner Brutus, wenn auch in Form der Resignation, zum Sturz des personifizierten Kapitals aufrufen.[71] Dies sind keine Bagatellen, sondern Zeichen einer grundsätzlichen Neuorientierung.

Frisch nannte seine Moralität von Macht, Schuldverstrickung, Lebenslüge, Lebenssehnsucht und der Verantwortung des Dichters in der atomaren Gesellschaft eine Farce. Er mag dabei an Marx' berühmtes Diktum aus dem achtzehnten Brumaire gedacht haben, daß alles in der Geschichte zweimal erscheint: Das erste Mal als Tragödie, das zweite Mal, weil unzeitgemäß, als Farce.[72] Frisch hat sich später über die erste Fassung der *Chinesischen Mauer* geärgert und sie als »verpaßte Gelegenheit« bezeichnet. »Statt die Geschichte von dem Tyrannen und dem Stummen hervorzubringen, bemüht sich das Stück, uns die Bedeutung eben dieser Geschichte einzupauken.«[73] In den weiteren Bearbeitungen eliminierte er deshalb die Moralismen soweit möglich; wo sie blieben, parodierte er sie. Er verstärkte die Verfremdungseffekte, arbeitete zeitgemäße Bezüge ein, straffte die Handlungsstränge, ließ die historischen Figuren in Stilzitaten sprechen und spitzte Dialoge und Situationen ironisch zu. So wird etwa der Heutige, um ihn mundtot zu machen, nicht geköpft, sondern zum Staatspreisträger ernannt. Vor allem aber trennte er die Figur des Dichters Min Ko von der Figur des Heutigen. Der Dichter ist nur noch als ein ›on dit‹ anwesend, seine poetische Moral bleibt ein Gerücht. Der Heutige mutiert zum Dr. iur., dem personifizierten Gedanken an Recht und Gerechtigkeit.[74] Der Grundton des Textes wird bitter und satirisch.

Das Stück wurde bei der Uraufführung kontrovers beurteilt. Die ungewohnte Form irritierte. Carl Seelig bemängelte den Stückbau.[75] Elisabeth Brock-Sulzer, die unermüdliche Mentorin des neuen Theaters, sah statt des Dramas eine »lyrisch gestimmte Anthologie zum Grauen unserer Welt« und entdeckte »in sich plötzlich ein nie gekanntes Bedürfnis nach handfestem altmodischem Theater«.[76] Die NZZ dagegen berichtete vom »begeisterten Dank der Zuschauer«, die ein »Welttheater gesehen haben, das seit Jahren hinter unseren Stirnen wirbelt«.[77] Der *Weltwoche* mißfiel das neue Werk als »Weltanschauungsstück«, welches »enttäuscht und unbefriedigt läßt«.[78] Die Reaktionen zeigten, wie ungewohnt vielen die Form des Stückes war und wie schnell man bereit war, einen Text, der nicht nur «schlackenlos schöne« Dichtung sein wollte, als Tendenzliteratur abzuqualifizieren. Frisch sollte diese Erfahrung in Zukunft noch oft machen.

Zwei Monate nach der Uraufführung der *Chinesischen Mauer* rezensierte er die deutschsprachige Erstaufführung von Brechts *Furcht und Elend des Dritten Reiches* im Stadttheater Basel und nutzte die Gelegenheit zur Kritikerschelte: »Für die dramaturgischen Einwände, deren es auch diesem neuen Brecht gegenüber so viele gäbe, daß man ein ganzes germanistisches Seminar damit speisen könnte, möchten wir keine Zeile verbrauchen. Man kann diese Einwände überall hören. Was ihnen entgegensteht, das ist weniger die Theorie vom epischen Theater, die Brecht vertritt, als die erschütternde Wirkung, die auch von diesem Stück ausgeht, obschon es keines ist.«[79]

Bertolt Brecht

Brecht wurde in jenen Jahren zur wichtigsten intellektuellen Herausforderung Frischs. Seine Texte kursierten am Schauspielhaus, manche seiner Stücke wurden dort uraufgeführt. Im Winter 1947/48 lernten sich die beiden bei Kurt Hirschfeld persönlich kennen. Brecht war soeben aus Amerika zurückgekehrt, nicht ganz freiwillig, sondern verfolgt von McCarthy und seinen Anhängern. Er wurde von Hirschfeld als Dreigroschenoper-Mythos begrüßt. Brechts Antwort: »Dem werde ich abhelfen.«[80] Brecht wohnte in Herrliberg, nahe dem Landgut der von Meyenburgs, in einer Dachwohnung, die der Hausbesitzer ihm, der über wenig Mittel verfügte, umsonst zur Verfügung gestellt hatte. Man pflegte einen regen Kontakt. Mindestens einmal pro Woche besuchte Frisch den Kollegen. »Wenn Brecht anrief, ließ Frisch alles liegen und eilte hin«, notierte sich Hannes Trösch.[81] Am 23. April las Brecht im Bücherkeller Katakombe sein Gedicht: *An die Nachgeborenen*. Frisch leitete ein, Therese Giehse, die zusammen mit Helene Weigel weitere Texte las, hat den Abend überliefert.[82]

Frisch resümierte seine Eindrücke: Brecht ist ein großer, aber ein »äußerst unangenehmer Dichter«, denn er erlaubt uns nicht, in Bewunderung vor seinem Werk zu verharren, sondern zwingt uns, die Welt zu erkennen und zu verändern.[83] Im Sommer desselben Jahres beschrieb er den »unangenehmen Dichter« nicht nur neidlos als »das im Augenblick größte Talent in deutscher Sprache«, sondern auch als einen »Jesuiten des Diesseits«, der »ganz vom Denken aus« lebt, von einem Denken, das »unsere gesellschaftliche Umwelt als überholt, in ihrem gewaltsamen Fortdauern als verrucht« zeigt, »so daß diese Gesellschaft nur als Hindernis, nicht als Maßstab genommen werden kann«.[84]

Persönlich fühlte sich Frisch, bei aller Differenz, die er empfand, dem älteren Kollegen nicht gewachsen: »Unser Gespräch wird fruchtbar immer dann, wenn ich ihm die Reflexion überlasse, meinerseits nur das Konkrete liefere, das es allerdings an sich hat, immer Widerspruch zu sein … Seine Blitze, seine Glossen, gemeint als Herausforderung, die zum wirklichen Gespräch führen soll, zur Entladung und Auseinandersetzung, sind oft schon erschlagend durch die Schärfe des Vortrags; der Partner, besonders der neue und ungewohnte, schweigt dann mit verdutztem Lächeln, und Brecht bleibt nichts anderes übrig, als daß er, sich beherrschend, katechisiert … Brecht will kein Dozent sein, sieht sich aber in der Lage eines Mannes, der über Dichtung sprechen möchte, und es endet, damit es nicht eine Schwafelei wird, mit einem Unterricht in elementarer Grammatik.«[85]

War Werner Coninx der bewunderte Lehrmeister in bürgerlicher Ästhetik und Denkart für den jugendlichen Max gewesen, so fand der erwachsene Frisch nun in Brecht einen zweiten Lehrer, diesmal in marxistischer Ästhetik und Hegelscher Dialektik, dem er sich, bei aller kritischen Absetzung, nicht minder unterlegen fühlte. Brecht war zudem nicht nur der schärfere und umfassendere Denker, sondern selbst ein Künstler, dessen Talent Frisch neidlos als überlegen anerkannte. Brecht stellte in stundenlangen Gesprächen Frischs bürgerliches Weltbild ebenso in Frage wie dessen Vorstellungen von Theater und Dramaturgie. Und Frisch vermochte sich dieser Kritik um so weniger zu entziehen, als »Brecht ein herzlicher und gütiger Mensch ist, ein unerschöpflicher Erörterer mit einer kindhaften Gabe des Fragens und einer schöpferischen Geduld«.[86] So sehr sich Frisch auch abzugrenzen suchte – »meinerseits habe ich dort, wo Brecht mich mit seiner Dialektik mattsetzt, am

wenigsten von unserem Gespräch; man ist geschlagen aber nicht überzeugt«[87] –, die Faszination spricht aus jeder Zeile, die Frisch damals über Brecht schrieb.

Brecht hatte Frisch 1948 das Manuskript des *Kleinen Organons für das Theater* zu lesen gegeben. Dieser Grundsatztext zum epischen Theater provozierte Frisch zu eigener dramaturgischer Philosophie. In *Theater ohne Illusion* entwickelte er seine Gedanken in Abgrenzung zum traditionellen Illusionstheater, zu Wilder und zu Brecht.[88] Theater sei »Spiel, das sich als Spiel bewußt bleibt«,[89] heißt die Grundmaxime. Nicht Abbild-Naturalismus, sondern Deutung sei die Aufgabe des Theaters. Wirklich sei nicht, »was geschieht; sondern wirklich nennen wir, was ich an einem Geschehen erlebe«.[90] In meinem subjektiven Erleben aber ist Zeit nicht eine gerichtete Chronologie und Ort keine geographische Bestimmung, sondern beides bezeichnet seelische Räume. Das Spiel, das die Bühne »als einzig möglichen Ausdruck eines reinen Ernstes« geben könne, sei »bestenfalls ein Vergleich, ein Zeichen, das Zeichen bleibt«.[91] Theater als Zeichen und Vergleich, das sind vorsichtige Annäherungen an das, was Brecht in bewußter Analogie zur Naturwissenschaft Modell genannt hatte. Theater ist nicht Abbild, sondern Modell für Realitäten.

So sehr sich Frisch in diesem Punkt Brecht annäherte, die Wirkung der Bühne auf die Bewußtseinsveränderung der Zuschauer und Spieler, Wirkungen, die Brecht enorm wichtig waren und auf die sein ganzes Trachten ging, sie blieben bei Frisch weitgehend ausgespart. Kunst trägt für ihn ihre Berechtigung in sich selbst. Allerdings nicht im Sinn eines L'art pour l'art, sondern im Sinne einer humanen Gegenwelt zur inhumanen Lebenswelt. Jede nicht dergestalt auf die Realität bezogene Kunst war ihm durch den Faschismus obsolet geworden. Kunst trägt zwar Verantwortung gegenüber der Gesellschaft, doch einen Auftrag, sie zu verändern, braucht sie zu ihrer Legitimation nicht. Allenfalls vermag sie Fragen mit einer Dringlichkeit zu stellen, die den Zuschauer nicht mehr losläßt und ihn nötigt, sich Antworten zu suchen.

Frischs grundsätzliche Differenz zu Brechts Theaterkonzeption ist Folge unterschiedlicher Weltanschauungen. Für den Marxisten stehen Kunst und Gesellschaft nicht nur in beständiger Wechselwirkung: Beide haben darüber hinaus einen gleichen Entwicklungshorizont. Das Kunstschöne ist ein realutopischer Vorschein auf jene nicht mehr antagonistisch zerrissene und damit endlich realisierte humane Gesellschaft, die die Sehnsucht jahrtausendealter politischer wie ästhetischer Träume war. Das »wahre und erfüllte Leben«, wovon Frisch im Frühwerk schwärmte und das er in der Kunst erahnte, ist für den Marxisten erst in der klassenlosen Gesellschaft realisierbar. Indem die Kunst zur Ausbildung dieser Gesellschaft beiträgt, erfüllt sie daher nicht ein kunstfremdes, sondern ein der Kunst immanentes Ziel. Und da es nach Marx der »historische Beruf« des Proletariats ist, diese klassenlose, humane Gesellschaft zu verwirklichen, muß Kunst, um ihrer eigenen künstlerischen Ziele willen, Partei ergreifen für eben dieses Proletariat.

Diese enge Verzahnung von Gesellschaft, Politik und Kunst liegt den theaterästhetischen Überlegungen Brechts zugrunde. Frisch war nie Marxist. Kunst, Gesellschaft und Politik sind bei ihm loser – und äußerlicher – verknüpft. Moralische und ethische Postulate, nicht weltanschaulich elaborierte »Gesetzmäßigkeiten« besorgen die Transmission. Sein Weltbild ist skeptischer, sein Utopismus kein notwendiges historisches Entwicklungsziel, sondern eher dichterische Vision. Kunst bleibt letztlich ein unauflösbarer Traum, der alle soziale und politische Realisierung transzendiert.[92]

Die deutsche Schuldfrage

Neben Brecht gab es eine Reihe anderer Faktoren, die Frischs Entwicklung nach dem Krieg nachhaltig prägten. Etwa die zahlreichen Reisen nach Italien, Frankreich, in die CSSR und nach Polen, womit er sich von der jahrzehntelangen Isolation befreite. Von großer Bedeutung wurden die Reiseerfahrungen im Nachkriegsdeutschland und die Auseinandersetzung mit der deutschen Schuld. Frischs zentrale Fragen lauteten: Wie konnte Deutschland, diese Kulturnation par excellence, zur kollektiven Barbarei verkommen? Welche Konsequenzen müssen alle, die mit Kultur befaßt sind, aus diesem Vorgang ziehen? Wie soll man sich gegenüber den Deutschen, den Mitschuldigen, den Mitläufern wie den Ermöglichern, verhalten?

Noch bevor er auf mehreren Reisen diesen Fragen ›vor Ort‹ nachging, beschäftigten sie ihn schreibend. Etwa im Essay *Stimmen eines anderen Deutschlands?*[93], worin er selbst bei antifaschistischen Dichtern wie Wiechert und Bergengruen unreflektierten Antisemitismus, falsche Hymnik und unzulässige Schuldverallgemeinerungen ausmachte. Scharf ging er mit einem deutschen Bischof ins Gericht, der in einem Hirtenbrief den »Verlust der deutschen Ehre« als die schlimmste Kriegsfolge bezeichnet hatte. Als ob ein Mörder das Recht habe, angesichts seiner Opfer über verlorene Ehre zu klagen![94] Ohne restlose Schuldanerkennung, ohne klare Benennung der Greuel und der Schuld des nazistischen Deutschland sei, so Frisch, keine Versöhnung möglich. Das waren Gedanken, welche die Ansichten aus *Nun singen sie wieder* revidierten. Kaum zufällig bezog sich Frisch dabei explizit auf Brecht. Im April 1946 reiste er, auf Einladung der US-Army, zur Uraufführung von Leopold Lindtbergs Film *Die letzte Chance* nach München, Frankfurt, Würzburg, Nürnberg. Elf Jahre waren seit dem letzten Deutschlandbesuch vergangen. Der Kontrast war extrem. Aus dem aggressiv-prunkenden Nazideutschland war ein besiegtes, verarmtes Trümmerland geworden. Unbegreiflich wie ein Erdbeben rührten ihn die Zerstörungen an. Doch im Unterschied zur Naturkatastrophe waren diese nicht begriffslos hinzunehmen. Frisch bemühte sich um Verständnis, Sachlichkeit, Nüchternheit. Die Larmoyanz der gängigen Berichterstattung widerte ihn an. Notwendig sei jetzt nicht Pathos, sondern Hilfe gegen Hunger, Kälte und Verfemung – vor allem für die unschuldigen Kinder. Zwar spürte Frisch wohl, wie unzulänglich auch diese sachliche Haltung war: »Im Grunde ist alles, was wir in diesen Tagen aufschreiben, nichts als eine verzweifelte Notwehr«, notierte er, »die immerfort auf Kosten der Wahrhaftigkeit geht, unweigerlich; denn wer im letzten Grunde wahrhaftig bliebe, käme nicht mehr zurück, wenn er das Chaos betritt – oder er müßte es verwandelt haben.«[95] – »Schreiben als Notwehr«, die berühmte Metapher, entsprang ebenso dieser Erschütterung wie der poetologische Kerngedanke: »Unser Anliegen, das eigentliche, läßt sich bestenfalls umschreiben, und das heißt ganz wörtlich: man schreibt darum herum. Man umstellt es. Man gibt Aussagen, die nie unser eigentliches Erlebnis enthalten, das unsagbar bleibt; sie können es nur umgrenzen, möglichst nahe und genau, und das Eigentliche, das Unsagbare, erscheint bestenfalls als Spannung zwischen diesen Aussagen.«[96]

Mit Erschrecken konstatierte Frisch, wie selten in Deutschland ein Gespräch über Schuld möglich war. Den wenigsten Deutschen sei bewußt, welches Elend sie über die Welt gebracht hätten. Die meisten verstünden sich selber als Opfer des Kriegs. Die Schweiz, weil verschont, erschiene ihnen als Schlaraffenland. Kein Gedanke daran, daß Deutschland »uns sieben Jahre lang gefangen« gehalten und mit Vernichtung bedroht hat.[97] Diese Uneinsichtigkeit verunmögliche jedes Gespräch über die Gräben hinweg. Veränderungen zu mehr Wahrhaftigkeit seien kaum zu sehen. Vom erhofften Neubeginn durch Einkehr und Erkenntnis sei wenig zu spüren. Die Mehrzahl der Deutschen mache weiter wie bis anhin. Sie verdrängten ihre Schuld mit Rechtfertigungen und Unschuldsbeteuerungen. Das eigene materielle Elend verhindere sie, das Elend zu sehen, das sie bei anderen angerichtet hätten. Ohne Einsicht aber blieben die Deutschen ein »Volk, das nur sich selber sieht«,[98] und ein solches Volk kenne nur zweierlei: »Weltherrschaft oder Elend«. Darum sei praktische Hilfe vordringlich, um den notwendigen Erkenntnisprozeß in Gang zu setzen.

Abkehr vom gängigen Freund-Feind-Schema grenzüberschreitendes Verstehen und Abbau der Feindbilder hießen in der Folge Frischs publizistische Anliegen[99]. An die Stelle moralischer Argumente wie noch in *Nun singen sie wieder* trat die pragmatische Erwägung, »daß wir Nachbarn sind und auch in Zukunft miteinander leben müssen«. »Wir suchen ein Deutschland, das seine Nachbarn nicht alle zwanzig Jahre überfällt.«[100]

Von der politischen Verantwortung des Schriftstellers

Der Sommer 1948 brachte eine weitere einschlägige Erfahrung. Im August spielte das Deutsche Theater in Konstanz *Santa Cruz*. Brecht begleitete Frisch zur Premiere und betrat dabei, erstmals nach fünfzehn Jahren Exil, wieder deutschen Boden. Er gab sich gelassen, doch auf der Rückreise verlor er die Fassung: »Er begann mit einem kalten

Kichern, dann schrie er, bleich vor Wut. Das Vokabular dieser Überlebenden, wie unbelastet sie auch sein mochten, ihr Gehabe auf der Bühne, ihre wohlgemute Ahnungslosigkeit, die Unverschämtheit, daß sie einfach weitermachten, als wären bloß ihre Häuser zerstört, ihre Kunstseligkeit, ihr voreiliger Friede mit dem eigenen Land, alldies war schlimmer als befürchtet; Brecht war konsterniert, seine Rede ein großer Fluch. Ich hatte ihn noch nie so gehört, so unmittelbar wie bei dieser Kampfansage in einer mitternächtlichen verschlafenen Wirtschaft nach seinem ersten Besuch auf deutschem Boden. Plötzlich drängte er zur Rückfahrt, als habe er Eile: ›Hier muß man ja wieder ganz von vorne anfangen.‹«[101]

Die »Unverschämtheit«, weiterzumachen, als seien bloß die Häuser zerstört, skandalisierte auch Frisch. Sie zwang ihn, über die Rolle des Schriftstellers genauer nachzudenken. Die Rolle des romantischen Dichter-Außenseiters hatte ausgedient. Ins Blickfeld rückte nun das Bild des Dichters, der sich einer »Gesellschaft der Zukunft« verpflichtet fühle und nur so weit Außenseiter der Gesellschaft sei, als diese noch nicht die erstrebte Gesellschaft der Zukunft ist.[102] 1949 reflektierte Frisch in *Kultur als Alibi* diese Zusammenhänge erstmals umfassend.[103] Der Text hat in Frischs Biographie einen ähnlichen Stellenwert wie Thomas Manns zehn Jahre früher erschienener Aufsatz *Kultur und Politik*. Mann revidierte darin seine *Ansichten eines Unpolitischen* von 1918: »Es war ein Irrtum deutscher Bürgerlichkeit … zu glauben, man könne ein unpolitischer Kulturmensch sein.«[104] Jetzt vollzog auch Frisch diesen Schritt. Die apolitische Kultur Deutschlands hatte Nationalsozialismus und Krieg nicht verhindern können. »Reine« Kunst bewahrte nicht vor Barbarei. Folgte aus ihrer Apolitie nicht sogar eine Mitschuld der Künstler? »Das Schweigen zu einer Untat, die man weiß, ist wahrscheinlich die allgemeinste Art unserer Mitschuld.«[105] Und: »Wer sich nicht mit Politik befaßt, hat die politische Parteinahme, die er sich sparen möchte, bereits vollzogen: er dient der herrschenden Partei.« [106]Aber war nicht auch das apolitische Dichten eine Antwort auf die Politik? Noch einmal reflektierte Frisch den Gedanken der Milchpfanne von 1942: Dichten, so hieß es dort, habe die Aufgabe, der unmenschlichen Wirklichkeit eine humane Wirklichkeit entgegenzusetzen. Nun aber zweifelte Frisch, ob solches Dichten in solcher Zeit nicht doch eher eine Ausflucht gewesen sei.[107] Ist der »Künstler, der, ledig aller Zeitgenossenschaft, ganz und gar in den Sphären reinen Geistes lebt, so daß er im übrigen durchaus« ein Schurke sein darf«,[108] nicht auch schuldig am Lauf der Welt? »Genie als Alibi?« Und bin ich, Max Frisch, vor dieser Schuld gefeit? »Unser Vertrauen in die eigene Menschlichkeit ist erschüttert. Menschen, die ich als verwandt empfunden habe, sind Unmenschen geworden. ... Wenn Menschen, die gleiche Worte sprechen wie ich und eine gleiche Musik lieben wie ich, keineswegs gesichert sind, Unmenschen zu werden, woraus beziehe ich fortan meine Zuversicht, daß ich davor gesichert sei?«[109]

In der »Schizophrenie von Ästhetik und Politik« erkannte Frisch nicht nur einen wichtigen Grund, weshalb die Greuel des Nationalsozialismus möglich geworden waren. Er registrierte zugleich mit Beklemmung, daß zwar allenthalben im zerstörten Deutschland wieder Kultur gemacht würde, jedoch »ohne Versuch, den deutschen und vielleicht abendländischen Begriff von Kultur, der so offenkundig versagt hat, einer Prüfung zu unterwerfen«.[110] Dieses Versagen zwang ihn, einen neuen Kulturbegriff zu entwickeln, der Geist und Kunst nicht mehr gegen Ökonomie und Politik abschottete, der Geistesleben und Lebenspraxis nicht länger trennte, sondern beide Sphären als Seiten eines Gesamtzusammenhangs begriff: Kunst sollte in Zukunft für Politik ebenso verantwortlich sein, wie Politik sich gegenüber kulturellen Werten zu verantworten hatte. Diese Neufassung des Kulturbegriffs markierte einen wichtigen Wendepunkt in Frischs Schaffen. Er näherte sich damit der europäischen Linken und öffnete sich den Ideen des Sozialismus, denen er jahrzehntelang distanziert, ja feindlich gegenübergestanden hatte.

Den neuen Kulturbegriff bezog Frisch auch auf die Schweiz. Hier, so sein Gedanke, habe der Faschismus u.a. deswegen nicht Fuß fassen können, weil Kultur in der Schweiz nicht als eine von der Politik abgetrennte Kunst, sondern stets als das Ensemble aller Lebensverhältnisse, eben als Lebenskultur verstanden worden sei. Wo alle Lebensbereiche, also auch die Politik, gewissermaßen kulturell imprägniert seien, könne das Gift der Barbarei nicht so leicht einsickern. »Unter Kultur verstehen wir wohl in erster Linie die staatsbürgerlichen Leistungen, unsere gemeinschaftliche Haltung, mehr als das künstlerische oder wissenschaftliche Meisterwerk eines einzelnen Staatsbürgers.«[111] Frisch hat an diesem integralen Kulturbegriff bis an sein Lebensende festgehalten. Als Theorie hat er sich in der Schweiz erst Anfang der siebziger Jahre durchzusetzen begonnen.[112]

Le Congrès Mondial des Intellectuels pour la Paix

Praktische Erfahrungen prägten auch Frischs Haltung gegenüber dem »Sozialistischen Realismus«. Ende August 1948 fand in Wrocław (Breslau) der *Congrès Mondial des Intellectuels pour la Paix* statt. Der Kongreß sollte im Interesse des Weltfriedens zwischen den auseinanderdriftenden

Blöcken Ost und West eine Brücke schlagen. Bereits im Herbst zuvor hatte Frisch vermerkt: »Die Erwartung eines neuen Kriegs paralysiert den Wiederaufbau der Welt. Wir stehen heute nicht mehr vor der Wahl zwischen Frieden oder Krieg, sondern vor der Wahl zwischen Frieden oder Untergang.«[113] Zusammen mit François Bondy fuhr Frisch nach Wrocław. Doch statt mit friedlichen Tönen begann die Tagung mit einem Kanonenschlag. Alexandr Fadejew, der Führer der russischen Delegation, hielt eine Anklagerede gegen die westlichen »Hyänen, Mystiker und Pornographen« und blies zum Halali gegen Sartre, dessen *Mains Sales* er als antikommunistische Propaganda abqualifizierte. Den politisch versierteren Teilnehmern war klar, daß die Sowjetunion ihre Strategie geändert hatte. Statt Brücken zu bauen, sollten Brücken abgebrochen werden. Dieses politische Manöver und die ideologische Verblendung mancher Teilnehmer widerten Frisch an. Aus Zürich war er z.B. mit dem deutschen Emigranten Hans Mayer bestens bekannt. Der hochbegabte und politisch aktive Jurist, Literaturwissenschaftler und Marxist hatte ihn durch brillante Thomas-Mann-Vorträge und profunde Büchner-Kenntnisse beeindruckt. In Wrocław traf man sich wieder. Mayer unterstützte Fadejew mit Argumenten wie: »Es hat keinen Sinn mit Leuten wie André Gide über Kultur zu sprechen« (Gide hatte kritisch über die Sowjetunion geschrieben), oder: »Was ist in den letzten drei Jahrzehnten schon geschaffen worden an kulturellen Werten – außer in der Sowjetunion?«[114] – »Ich werde mich, wohl oder übel, wiedererkennen müssen in dem, was Frisch über unser Gespräch in Wrocław und später in Warschau aufgezeichnet hat«, gestand Mayer 1982.[115] Die Erfahrung in Wrocław lehrte Frisch Skepsis gegenüber einer Kulturtheorie, die von politischen Opportunitäten abhängig, selbst intelligente

Köpfe wie Hans Mayer vernebelte. Mit der Reise nach Wrocław begann umgekehrt Frischs lebenslange Bespitzelung durch den Schweizer Staatsschutz. Das dicke Dossier ist heute, trotz vieler Ungenauigkeiten, als biographische Quelle durchaus nützlich.[116] In Folge der Reise kam es auch zum zweiten Zusammenstoß mit der NZZ. Wiederum griff Bieri an. Diesmal bezichtigte er Frisch unerlaubter Linkssympathien. Und wiederum lehnte das Blatt den Abdruck einer Entgegnung ab. Damit war der Bruch endgültig.

Die Jahre 1949 und 1950 waren für Frischs Biographie noch in anderer Hinsicht von Bedeutung. Am 8. Januar 1949 ging die Uraufführung seines Schauspiels *Als der Krieg zu Ende war* über die Bühne des Schauspielhauses, im Mai befaßte er sich in einer Rezension von *Romulus der Große* erstmals eingehend mit Dürrenmatt, und er schloß ein Prosawerk ab, welches manche Interpreten für sein wichtigstes Buch halten: Das *Tagebuch 1946–1949*. Im selben Jahr kam Frischs drittes Kind, Charlotte, zur Welt, und der Architekt vollendete sein größtes Bauwerk: das Freibad Letzigraben in Zürich. 1950 schließlich fand die Uraufführung der Moritat *Graf Öderland* statt.

Frisch und Dürrenmatt

Über die Beziehung zwischen Frisch, dem Stadtzürcher Kleinbürgersohn, und Dürrenmatt, dem Emmentaler Pfarrerssohn, ist viel spekuliert worden. Beide hatten sich am 19. April 1947, anläßlich der Uraufführung von Dürrenmatts Bühnenerstling *Es steht geschrieben* kennengelernt. Frisch hielt zu dem Stück, das einen veritablen Theaterskandal auslöste, eine – leider nicht erhaltene – Einführung. Er hat die dramatische Begabung des jüngeren Kollegen offenbar auf Anhieb gespürt. Daß er sich über die grundsätzliche Verschiedenheit ihrer schriftstellerischen Ziele klar war, geht aus den Anmerkungen hervor, die Frisch zwei Jahre später zu Dürrenmatts *Romulus der Große* verfaßt hat. »Das wesentliche Anliegen, das Dürrenmatt zur Gestaltung treibt«, so Frisch, »ist das Religiöse.« Den »Ausverkauf einer Kultur« zeigt er in *Romulus der Große* nicht einfach als eine »zynische oder sarkastische Farce«, sondern im Mittelpunkt der Geschichte steht ein Mensch, der diesen Ausverkauf aus einer »unerschütterlichen Bejahung« vollzieht, die im Religiösen wurzelt – »und die zu erläutern nicht meine Sache ist«.[117]

Frischs Sache war die urbane, säkulare Rationalität. Dürrenmatt hingegen lebte eingesponnen in seine Bücher und Bilder und entwickelte seinen dichterischen Kosmos aus dem Nachdenken, dem Lesen und der Phantasie. Sein Blick versuchte, die Zusammenhänge des Makro- wie des Mikrokosmos, der Gesellschaft und der Seele synoptisch zu erfassen. Frisch dagegen reiste viel und beschrieb Erlebtes, Erfahrenes. Sein Zentralthema war er selbst. »Frisch fasziniert die Intellektuellen. Sie finden bei ihm die Schwierigkeiten dargestellt, die sie auch haben, oder glauben, haben zu müssen. Eheprobleme, Gesellschaftsprobleme, Identitätsprobleme usw. Seine Maxime, ›du sollst dir kein Bildnis machen‹, bedeutet, du sollst dir kein Bildnis von ihm machen. Bildnisse von anderen macht er selber«, so Dürrenmatts ironischer Kommentar.[118]

Hans Mayer beschrieb den Unterschied zwischen Frisch und Dürrenmatt literaturhistorisch: Frisch stand mitten in der großen Tradition der europäischen Aufklärungsliteratur. Dürrenmatt dagegen war ein Meteor: Voraussetzungslos tauchte er auf, hinterließ ein Werk und verschwand wieder, ohne eine Nachfolge gestiftet zu haben. In historischer

Analogie zu Gottfried Keller, dem liberalen Stadtzürcher Aufklärer, und Jeremias Gotthelf, dem antiliberalen Emmentaler Pfarrer, sah Mayer Frischs Literatur als »Selbstfindung und als Einübung im menschlich-bürgerlichen Miteinander«, Dürrenmatts Werk hingegen als gnostisches Gegenmodell zum göttlichen Weltmodell Gotthelfs: Für Gotthelf war die Welt Gottes Betrieb, für Dürrenmatt »Gottes Betriebsunfall«.[119]

In den fünfziger Jahren verband beide eine persönliche Freundschaft und anregende Arbeitskollegialität. Dürrenmatt plante z.B., einen zweiten Teil zu *Biedermann und die Brandstifter* zu schreiben. Dieser sollte die Knechtling-Geschichte, eine Nebenhandlung im *Biedermann,* thematisieren. Leider kam es nicht dazu. Die Konkurrenz wirkte anregend, und Anregung konnten beide brauchen, zumal in Deutschland wenig Neues für das Theater geschrieben wurde. Dürrenmatt gab, wenn man Frisch glauben darf, mit seiner übersprudelnden Phantasie den Ton an: »Neulich gab es Dschingis-Khan, frisch von der Lektüre«, berichtete Frisch, »üppig garniert mit chinesischen Dynastien, Historie gespickt mit Flunkern, auf Witz gegrillt. Heute gab es *Der nackte Affe,* ebenfalls köstlich zubereitet: Mensch am Spieß der Zoologie, geröstet auf Fakten (Blutdruck beim Coitus: 200) und gespickt mit Spekulationen aus seinem eigenen Garten.«[120]

In den sechziger Jahren trennten sich beider Wege, und aus der Freundschaft wurde freundliche bis kühle Distanz. Während Frisch sich der politischen Bewegung der jungen Generation annäherte, ging Dürrenmatt auf Distanz zur linken Bewegung. Kein Bruch beendete schließlich die Beziehung, sie löste sich bloß allmählich auf. Man gab sich das Versprechen, sich gegenseitig keine Grabrede zu halten. Beide Schriftsteller waren inzwischen weltberühmt und schätzten es wenig, als »Castor und Pollux«, »Dioskuren«, »Frisch und Dürrenmatt« oder sonstwie als literarisches Doppelpaket apostrophiert zu werden.

Politischer Realismus

Drei Jahre waren seit Frischs letztem Stück, der *Chinesischen Mauer,* vergangen, Jahre, die er vorwiegend mit dem Bau des Freibads Letzigraben verbracht hatte (siehe S. 212ff.). Die Großbaustelle absorbierte viel Zeit und Energie, für die Schriftstellerei blieben nur Randstunden übrig. Neben den umfangreichen Notaten für das *Tagebuch 1946–1949* entstand dabei das neue Stück: *Als der Krieg zu Ende war. Ein Schauspiel.* Es wurde am 8. Januar 1949 im Schauspielhaus Zürich uraufgeführt[121] und basierte auf einer Geschichte, die Frisch 1947 in Berlin gehört und im *Tagebuch 1946–1949* notiert hatte.[122] Ursprünglich sollte daraus eine Novelle werden, schließlich verarbeitete Frisch den Stoff zu einem trotz epischer Einschübe realistischen, dreiaktigen Schauspiel.

Das erste Bild des ersten Aktes spielt im Keller eines wenig zerstörten Bürgerhauses in Berlin-West im Mai 1945. Oben, in der Wohnung, feiern die russischen Besatzer, unten, im Keller, verstecken sich die ehemaligen Bewohner: Agnes und ihr Mann Horst Anders, Hauptmann der Wehrmacht, in Uniform und eben erst aus der Gefangenschaft geflohen. Eine russische Ordonnanz sucht Wein im Keller. Horst versteckt sich, Agnes wird zum russischen Kommandanten, der angeblich Deutsch spricht, hochgebeten. Weigert sie sich, riskiert sie die Entdeckung und Erschießung ihres uniformierten Mannes. Bevor sie hochsteigt, geloben sich Horst und Agnes, eher zu sterben, als Agnes' Vergewaltigung zu erdulden.

Bild zwei: Im Wohnzimmer wird Agnes von betrunkenen Russen bedroht. Stepan, ein russischer Oberst, rettet sie. Agnes redet um ihr Leben, doch der Oberst schweigt. Sein Schweigen, das sie für Mißtrauen hält, treibt sie bis zum Geständnis des versteckten Mannes. Erst jetzt entdeckt sie, daß Stepan kein Deutsch versteht. Sie glaubt sich in eine Falle gelockt. Durch den Dolmetscher erklärt sie sich bereit, dem Obersten jeden Abend zu Willen zu sein, falls dieser alle Soldaten wegschicke und ihr nicht weiter nachforsche.

Das dritte Bild spielt wieder im Kellerversteck. Seit drei Wochen besucht Agnes täglich Stepan. Ihrem Mann berichtet sie von interessanten Gesprächen. In Wirklichkeit liebt sie den Oberst und betrügt ihren Mann. Während sie zum allabendlichen Treff nach oben geht, erhält Horst von auswärts einen Zivilanzug zugespielt.

Das vierte Bild: Im Wohnzimmer gesteht Agnes Stepan ihre Liebe, die, weil sprachlos, ohne Lüge, Angst und Verstellung sei. Da erscheint Horst im Zivilanzug, erkennt die Situation und stellt sich als Ehemann vor. Die Ordonnanz identifiziert ihn als jenen Hauptmann, der im Warschauer Ghetto Juden massakriert hatte. Doch Stepan, ganz Gentleman, räumt die Wohnung und läßt das Paar allein zurück.

Dritter Akt. Die amerikanische Besatzung hat die russische abgelöst. Auf einer Party in der wiederbezogenen Wohnung platzen die Lebenslügen. Horst hatte vom Betrug seiner Frau gewußt, doch geschwiegen, um seine Haut zu retten. Agnes ist bei Horst geblieben, obschon sie ihn nicht mehr liebt und seine Taten im Ghetto verabscheut. Stepan, so denkt sie, habe sie verlassen, weil er durch Horsts Erscheinen »die Frau, die er liebte, als Hure sah, die einen Verbrecher verbarg«. Sie bringt sich um.

Diesen dritten Akt hat Frisch 1962 ersatzlos gestrichen, weil er »das Thema nicht weiterführt, sondern bloß datiert«, und weil er zu sehr »zuckmayere«, das heißt soziale Genremalerei im Stil des 1947 in Frankfurt uraufgeführten und 1962 in Zürich nachgespielten Stücks *Des Teufels General* betreibe.[123] Diese Streichung hat das Stück möglicherweise ›richtiger‹, aber kaum wirkungsvoller gemacht. Es verschwand denn auch mit der Aktualität des Themas mehr und mehr von den Spielplänen.[124]

In seinem ersten Kriegsstück, *Nun singen sie wieder,* hatte Frisch eine apolitische, symbolisch-poetische Form versucht. In *Als der Krieg zu Ende war* hielt er sich an die alltäglichen Realitäten aus der sogenannten »Russenzeit« Berlins. Die Stückfabel wie die fünfzehn Episoden im Stück beruhten auf Vorkommnissen, die Frisch auf seiner Deutschlandreise 1947 erfahren hatte. Nicht das Symbol, sondern der exemplarische Alltag, nicht die Metapher, sondern die realistische Beschreibung waren jetzt das Ziel der Darstellung. Die Sprache war nicht mehr dichtend, sondern berichtend, das Thema wurde nicht poetisch, sondern politisch verhandelt. Das Dargestellte, so Frisch, erzwang die Form der Darstellung.[125] Gegen das Vorurteil der schändenden Russensoldaten – es hatte seinen Erfahrungskern – setzte Frisch ein Gegenbeispiel: Der Russe Stepan – immerhin ein Offizier und somit in der bewährten Tradition edlerer Charaktere stehend – hatte genug von Krieg und Verrohung. Er fühlte sich zu Agnes hingezogen und verhielt sich auch gegen ihren Ehemann, den Kriegsverbrecher, äußerst nobel. Agnes wiederum brach zwar mit dem Russen die Ehe, und soweit entsprach sie dem Zeitbild der »Russenhure«, aber sie war in ihrer Liebe zugleich unschuldig und rein. »Agnes heißt Unschuld, Reinheit«, vermerkte Frisch im Nachwort zum Stück, und ihr Anders-

Sein signalisierte er mit dem Familiennamen Anders. Die gegenseitige Liebe befreite Stepan und Agnes von den Vorurteilen der Zeit. Sie fanden, jenseits aller aktuellen Thematik, zu sich selbst, zu einem Leben in Wahrhaftigkeit.

Politisch war das Stück 1949, im kältesten kalten Krieg, eine mutige Tat. Es forderte zur Demontage bequemer Vorurteile, zur Schuldeinsicht und zur Trauerarbeit in einer Zeit auf, in der die meisten West-Deutschen Churchills Diktum, »man solle das Geschehene endlich geschehen sein lassen«, nicht nur als willkommene Generalabsolution verstanden. Churchills damit verbundenem Aufruf zum Kampf gegen die »Roten« folgten sie um so williger, als sie sich dadurch von schuldbeladenen Feinden zu geschätzten Verbündeten der West-Alliierten verwandelten. Der alte Russenhaß wurde als moderner Antikommunismus wieder salonfähig. Frisch bezeichnete Churchills Ausspruch als »die kürzeste Formel für alles, was mich bestürzt«,[126] und verstand sein Stück als Widerstand gegen diese Entwicklung.

In jedem seiner bisherigen Theaterstücke hatte Frisch eine andere Form versucht: eine Romanze, ein Requiem, eine Farce. In *Als der Krieg zu Ende war* experimentierte er mit den Möglichkeiten eines politisch engagierten, realistischen Abbildtheaters. Der Stückdramaturgie lag eine kühne Idee zugrunde: Die Liebe zwischen den Protagonisten erwuchs aus der Sprachlosigkeit. Das war ungewöhnlich, denn Sprachlosigkeit indizierte üblicherweise einen Mangel an Verständigung. Zwischen Agnes und Stepan jedoch stiftete sie eine tiefe und umfassende Kommunikation, nämlich Liebe. Oder richtiger gesagt: eine bestimmte – und wohl nicht ganz unproblematische – Vorstellung von Liebe.

Daß Liebe blind macht oder die Sprache verschlägt, ist Volksweisheit. Daß Sprachlosigkeit Liebe stiften kann, ist

Frischs Entdeckung. Der Umkehrschluß drängt sich auf, der wie viele Umkehrschlüsse fragwürdig ist, daß nämlich Sprache eine Verständigung nicht fördert, sondern, im Gegenteil, Vorurteile, Klischees und falsche Bilder zementiert. »On ne voit clair, qu'avec le cœur«, hatte schon 1943 Saint-Exupérys kleiner Prinz verkündet. Es leuchtet ein, daß nach den Jahren einer kriegerischen Sprachverhunzung ein großes Bedürfnis nach einem »Esperanto des Herzens« (E. Brock-Sulzer) bestand, welches frei von Mißverständnissen unmittelbar von Mensch zu Mensch zu sprechen vermochte. Frischs Einfall, diese Sprache des Herzens zum Angelpunkt eines Stücks, also eines Mediums zu machen, das üblicherweise auf Sprache angewiesen ist, war frappierend. Da er aber ein realistisches, ja geradezu ein Kolportagestück schrieb, so hatte der Einfall Folgen: Die Beziehung zwischen den Protagonisten wurde nämlich nicht averbal, sondern geriet zu einem einzigen großen Monolog der Protagonistin. Ihre angeblich so sprachlose, bildnislose und alles umfassende Liebe redete und redete und schuf sich Bilder zuhauf!

Dieses Paradox war im Rahmen eines realistischen Dramas wohl unauflösbar.[127] Darüber vermochten auch die epischen Einschübe nicht hinwegzutäuschen, mit denen Frisch den konventionellen Realismus brach. Ob in erzählenden Vorausnahmen des Spiels, ob in Rückschauen oder inneren Monologen und in distanzierter Reflexion, so vielfältig Agnes auch aus dem Spiel heraustrat, Frisch gelang hier weniger eine neue Dramen-Form als die »Dramaturgie eines einmaligen Notbehelfs«.[128] Die sechzehn Episoden aus dem Nachkriegsleben schlossen sich trotz dramaturgischer Raffinesse nicht zu einer stringenten Form zusammen.

Biographisch interessant ist die Nebenfigur des Musikers Halske. In ihr hat Frisch nicht nur jenen deutschen Künstlertypus porträtiert, der sein Mitmachen damit rechtfertigte, er habe sich nicht um die Politik, nur um die Kunst gekümmert. In Halske hat Frisch implizit auch seine eigenen künstlerischen Positionen aus der Zeit vor 1943 kritisiert. Die Ansicht, daß eine Kunst, die sich um ihre gesellschaftliche Verantwortung drückt, mitverantwortlich an der Barbarei dieser Gesellschaft sei, gehörte von nun an zu seinen Überzeugungen.

Als der Krieg zu Ende war wurde bei der Uraufführung sehr unterschiedlich bewertet. Während die einen den neuen Realismus Frischs als Gewinn begrüßten, bemängelten andere, etwa der junge Alexander Seiler, er habe »keine andere Dimension, als die der Historie« und sei ein »Zwitter zwischen Kolportage und Traktat«.[129] Carl Seelig monierte die mangelnde Dramatik der Fabel und ließ nur den dritten Akt gelten. Werner Weber, der spätere Feuilletonchef der NZZ, wies umgekehrt gerade auf die Mängel des dritten Akts hin, die Frisch später bewogen, ihn ersatzlos zu streichen.[130]

Im Anschluß an die Uraufführung kam es, so Frisch im *Tagebuch,* zu einer »kleinen Schlägerei im Foyer«. In den starken Schlußapplaus hatte sich ein schriller Protestpfiff gemischt. Im Foyer wurde der Pfeifer zur Rede gestellt. Fäuste flogen, und die Polizei mußte die Kontrahenten trennen. Die Schlägerei bewies, so Carl Seelig, »wie undemokratisch und intolerant gewisse Leute sich heute noch benehmen«.[131] Ohne den Vorfall zu generalisieren, zeigte er doch, wie brisant Frischs Thema und seine realistische Schreibweise damals wirkten. Der Poet, als der Frisch bis dahin gegolten hatte, sprach unerwartet als Zeitkritiker und tangierte manches Zeitgenossen Vorurteile.

Im April und Mai 1949 gastierte das Schauspielhaus mit *Als der Krieg zu Ende war* in Stuttgart. Man rechnete mit einem Skandal. Frisch notierte: »Ein eisiges Schweigen zu Anfang.«[132] Zum Schluß: eine Minute betroffenes Schweigen, dann allerdings, so die deutschen Kritiken, ungewöhnliche Beifallsstürme.[133] Interessant ist Brechts Kritik, der das Stück ein halbes Jahr vor der Uraufführung gelesen hatte: »Der Stoff enthält, und zwar so wie Sie ihn behandeln, sehr bedeutende Aspekte und es kommt mir so vor, als hätten Sie dafür nicht die adäquate Form gewählt, nämlich die Große Form.«[134] Mit »Großer Form« meinte Brecht nicht das Gegenteil von Kammerspiel, sondern die Form, die die großen, nämlich die gesellschaftlichen und historischen Zusammenhänge des Themas aufrollt. Diese Dimensionen vermißte Brecht bei Frisch. Er interpretierte *Nun singen sie wieder* als eine neue Judith-Geschichte: Judith verliebt sich in ihren Vergewaltiger. Dadurch erscheint der rechtmäßige Ehemann mit seinem bürgerlichen Anspruch als der eigentliche Vergewaltiger und der Geliebte als Vertreter eines höheren sittlichen Anspruchs, dem Agnes nicht gerecht werden kann. Für Brecht stand in dieser Fabel die Fragwürdigkeit bürgerlicher Geschlechtermoral insgesamt zur Debatte. Frischs Behandlung des Stoffs aber war ihm zu privatistisch.

Das erste Opus magnum

Frischs erstes Opus magnum war ohne Zweifel das *Tagebuch 1946–1949,* manchen Kennern gilt es als Schlüsselwerk, es wurde eines der einflußreichsten Bücher der deutschsprachigen Nachkriegsliteratur.[135] Frisch selbst hielt das Buch in seiner Entstehungszeit für ein leichtgewichtiges Gelegenheitswerk. Es erschien 1950 als erste Publikation im neugegründeten Suhrkamp Verlag. Bereits 1947 hatte Frisch ein Tagebuch der Jahre 1946–1947 im Atlantis Verlag unter dem Titel *Tagebuch mit Marion* veröffentlicht. Es ging gekürzt und geringfügig überarbeitet ebenso in die neue Publikation ein wie zahlreiche Texte, die Frisch bereits journalistisch verwertet hatte.[136]

Der Verlagswechsel, der für den Autor wie für den Suhrkamp Verlag zum Glücksfall wurde, war das Resultat zufälliger Verknüpfungen. 1947 lernte Frisch Peter Suhrkamp bei der Uraufführung von Zuckmayers *Des Teufels General* in Frankfurt kennen. Suhrkamp hatte seit 1936 den S. Fischer Verlag treuhänderisch für den emigrierten Gottfried Bermann Fischer geleitet. Nun ermunterte er Frisch, das *Tagebuch mit Marion* weiterzuschreiben. Diese Ermunterung kam Frisch gelegen. Im August 1947 war das Letzigraben-Bad in Bau gegangen, was den Architekten Frisch zeitlich sehr beanspruchte. Die kurzen Tagebuch-Notate ließen sich im Unterschied zu großen Texten in den Arbeitspausen, am Feierabend und an den Wochenenden gut zu Papier bringen.[137] Martin Hürlimann, Frischs bisheriger Verleger, hielt die *Tagebuch*-Idee für eine zu subjektive Angelegenheit. Ein großes Publikum sei dafür nicht zu gewinnen. Damit war Frisch frei, den Verlag zu wechseln. Nach über zehn Jahren kehrte er von der Schweiz auf den deutschen Büchermarkt zurück, der im Sog des kulturellen Nachholbedarfs und des »Wirtschaftswunders« kräftig expandierte. Suhrkamp seinerseits beendete im Frühjahr 1950 den Rechtsstreit mit dem zurückgekehrten Gottfried Bermann Fischer. Alle Autoren, so der Vergleich, deren Rechte seit 1936 bei Suhrkamp lagen oder danach hinzugekommen waren, konnten frei entscheiden, ob sie in Zukunft vom S. Fischer Verlag oder vom neuen Suhrkamp Verlag betreut sein wollten. Frisch ging zu Suhrkamp und besiegelte damit eine Allianz, die wesentlich zu seiner wie zur Weltgeltung des Verlags beigetragen hat.[138]

»Fiktion, Faktum und persönliches Leben« seien, so Frisch, die wesentlichen Bauelemente seines *Tagebuchs*.[139] Ein Journal intime im herkömmlichen Sinn ist es nicht. Es enthält keine privaten und intimen Aufzeichnungen. Solche hat Frisch in einem anderen Tagebuch festgehalten, das er als Gedächtnisstütze immer wieder konsultierte, aber geheim hielt.[140] Frischs *Tagebuch* war a priori für die Öffentlichkeit bestimmt. Es war ein Werkstattbericht, eine literarisch gestaltete Spur eines Bewußtseins, das seine innere und äußere Welt politisch, philosophisch, literarisch und historisch verarbeitete. Es war zugleich Material-, Geschichten- und Ideensammlung, Chronik, Reisebericht und Porträtskizze. Und es enthielt einen ausführlichen autobiographischen Abriß, den Frischs Biographen und Interpreten immer wieder für bare Münze genommen haben, obschon er, ganz im Sinne Frischs, viel Legende enthält. Die Chronologie hält die heterogenen Einträge des *Tagebuchs* nur vordergründig zusammen; manche Texte sind nicht datiert. Integrierender Kern ist letztlich das schreibende Ich: Das *Tagebuch* kreist um zentrale Themen wie Ich-Identität, Bildnisverbot, erfülltes Leben, Kunst und Gesellschaft und beleuchtet diese in unterschiedlichen literarischen Formen. So entsteht ein mosaikartiges Bewußtseinsbild, worin sich die disparaten Steinchen wechselseitig ergänzen, oft spiegelbildlich kommentieren und hinterfragen.

Erstmals erprobte Frisch im *Tagebuch* das filmische Montageprinzip, welches er später in den Romanen *Stiller, Homo faber, Mein Name sei Gantenbein* oder auch in *Der Mensch erscheint im Holozän* zur großen Erzählform entwickelte. Die Haltung des Autors zu seinen Gegenständen äußert sich dabei weniger in ihrer Beschreibung oder im Kommentar als in der Weise, wie er sie gegeneinander

montiert. Der Schnitt ist der geheime Kommentar, er verrät die Einstellung des Autors. Er ist die Bruchstelle, durch die »das Eigentliche, das Unsagbare als Spannung zwischen den Aussagen« erscheint.[141]

Diese Montageform war mehr als eine literarische Spielerei. Sie reflektierte einen zentralen Gedanken moderner Ästhetik: Wenn die Welt fragmentiert, zerrissen, dissonant und widersprüchlich ist, kann ein in sich gerundetes, harmonisch komponiertes Kunstwerk sie nicht mehr zum Ausdruck bringen. Nur das Fragment, die Skizze, der Splitter, das Bruchstück entspricht der modernen Welterfahrung. Frisch wünschte denn auch im Vorspruch, der Leser möge nicht »nach Laune und Zufall hin und her blättern«, sondern auf die »zusammensetzende Folge« des Buches achten.[142]

Es liegt an der Fragmentarik des *Tagebuchs,* daß es sich nicht in Kurzform referieren läßt. Fünf Aspekte seien hervorgehoben:

Erstens: Stilistisch erreicht Frisch im *Tagebuch* erstmals seinen charakteristischen Stil: Andeutung, Umriß-Skizze, das »Weiße zwischen den Wörtern« haben die pastose Sprachmalerei und flächendeckende Kolorierung der frühen Texte endgültig abgelöst. Ironie schafft Distanz. Die Sprache fließt klar, rhythmisch locker, wie schwerelos schwebend dahin, keine aufgesetzten Bilder und Poetismen unterbrechen ihren Fluß.

Zweitens: Politisch hat sich Frisch vom Bürgertum kritisch distanziert und nähert sich mit Interesse und Verständnis der Idee (nicht der Praxis) des Sozialismus. Auch er lehnt nun das kapitalistische, das »herrschende Wirtschaftssystem« ab, weil »es gegen die Würde des Menschen verstößt«.[143] Doch im Unterschied zum Marxismus-Leninismus und in Übereinstimmung mit der Sozialdemokratie negiert er, daß der Sozialismus nur über den Weg der Diktatur des Proletariats zu erreichen sei. Im Zentrum seiner Weltauffassung steht bei allem sozialen Engagement stets die Freiheit und Würde des einzelnen Individuums, nie das einer übergeordneten Idee verpflichtete Kollektiv.

Drittens: Der Schriftsteller hat sich definitiv vom bürgerlich-konservativen Heimatdichter zum politisch engagierten, kritischen europäischen Intellektuellen entwickelt, der die Versagungen des Lebens nun ebenso in der gesellschaftlichen und politischen wie in der individuellen psychischen Realität auffindet. Kunst und Politik werden nun verstanden als komplementäre Seiten eines Gesamtzusammenhangs.

Viertens: Im *Tagebuch* hat Frisch einen Fundus an Stoffen, Geschichten und Ideen zusammengetragen, dessen Ausarbeitung ihn die nächsten zwanzig Jahre beschäftigen wird. Die meisten seiner Arbeiten in den fünfziger und sechziger Jahren sind sozusagen Ausführungen der im *Tagebuch* notierten Einfälle.[144]

Schließlich enthält das erste *Tagebuch* Frischs berühmte Reflexionen über das Bildnisverbot, die seitdem als Kerngedanken seiner Poetik gelten.[145]

»Du sollst dir kein Bildnis machen«

»Du sollst dir kein Bildnis machen, heißt es, von Gott. Es dürfte auch in diesem Sinne gelten: Gott als das Lebendige in jedem Menschen, das, was nicht erfaßbar ist. Es ist eine Versündigung, die wir, so wie sie an uns begangen wird, fast ohne Unterlaß wieder begehen – Ausgenommen wenn wir lieben.«[146]

Das Bildnisverbot hat in der jüdisch-christlichen Kultur (und daher auch im Koran) eine lange Tradition. Im Alten

Testament ist es zunächst ein moralisches Postulat: Schaffe dir keine Götzenbilder. Es ist aber auch eine erkenntniskritische Maxime: Jedes Bild ist ein begrenzter Ausschnitt des Ganzen, Gott aber ist das Ganze. Der Bildnisrahmen ist die Grenze, Gott aber transzendiert jede Grenze. Jesus erweitert im Neuen Testament das Verbot auf den Menschen. Auch ihm ging es zuerst um die Götzenabwehr, dann um Erkenntniskritik. Frisch säkularisiert gewissermaßen dieses Postulat und leitet daraus eine Reihe erkenntnistheoretischer, psychologischer und ästhetischer Forderungen ab.

Wir können diesen Vorgang folgendermaßen interpretieren: Frisch verlegt Gott in den Menschen. Er ist »das Lebendige in jedem Menschen«, bestimmt sein innerstes Wesen. Dieses Wesen dachte er sich nicht als feste Größe, sondern als eine Summe von Möglichkeiten, die in beständigem Fluß sind. Die Summe ist zwar unabsehbar, aber nicht unendlich, wie bei Gott, darum kann sich ein Mensch auch nicht »verwandeln« und ein ganz anderer Mensch werden. Er kann nur die Möglichkeiten »entfalten«, die in ihm angelegt sind. Die Zeit ist die Kraft, die diese Entfaltung bewirkt. »Die Zeit verwandelt uns nicht. Sie entfaltet uns nur.«[147] Sie realisiert die Möglichkeiten eines Menschen, die immer schon in ihm, also synchron, »angelegt« sind, zu einer zeitlichen Abfolge. Dadurch entsteht der Eindruck einer Entwicklung, die aber weit eher eine Auswicklung dessen ist, was latent schon immer vorhanden war. Die Zeit ist gewissermaßen »eine Abwicklung, die uns nacheinander zeigt, was eigentlich ein Ineinander ist, ein Zugleich, das wir allerdings als solches nicht wahrnehmen können, so wenig wie die Farben des Lichtes, wenn der Strahl nicht gebrochen und zerlegt ist.«[148]

Soweit der Hintergrund zu Frischs Bildnisverbot. Frisch versuchte zwei traditionell konträre Vorstellungen zu vereinen: Von der traditionellen Charakterlehre – das Ich ist, auch in seiner Entwicklung, festgelegt durch ganz bestimmte Charaktereigenschaften – übernahm er die Endlichkeit der Möglichkeiten, die ein Ich hat. Von der marxistischen Subjekt-Konzeption – das Ich ist, solange es lebt, ein theoretisch unendlicher, sich in Widersprüchen bewegender Prozeß – entlehnte er die Vorstellung eines sich dauernd verändernden und bewegenden Ichs.

Frischs Konzept hat weitreichende Implikationen: Wenn ich mir etwa von einem Menschen »ein Bild mache«, greife ich immer aus der Vielzahl seiner sich im Fluß befindlichen Möglichkeiten einzelne wenige heraus. Diese fixiere ich zu einem statischen Bild, mit welchem ich dann diesen Menschen identifiziere. Damit unterdrücke ich nicht nur alle seine anderen Möglichkeiten, sondern auch die Dynamik seiner Entfaltung. Ich beschneide ihn und nagle ihn fest. Das aber ist eine »Versündigung« an seinem Lebendigsein. Es ist auch eine psychologische Vergewaltigung, insofern mein Bild von ihm diesen Menschen zwingt, sich meinem Bild gemäß zu verhalten, meine Bildprojektion zu erfüllen. Wenn alle Andorraner Andri für einen »typischen« Juden halten, entdeckt dieser zunehmend typisch »jüdische« Eigenarten an sich, er wird zum »Juden«. Ein anderes Beispiel ist das Bild, das Eltern sich von ihren Kindern machen und als Erwartung auf sie projizieren. Sie können das Lebensschicksal der Kinder entscheidend bestimmen. »In gewissem Grad«, so die Konsequenz, »sind wir wirklich das Wesen, das die andern in uns hineinsehen, Freunde und Feinde.«[149]

Nur die Liebe macht sich, glaubt Frisch, kein Bild vom geliebten Menschen. Sie ist eine nicht einschränkende Erkenntnisweise. »Eben darin besteht ja die Liebe, … daß sie uns in der Schwebe des Lebendigen hält, in der Bereit-

schaft, einem Menschen zu folgen in allen seinen möglichen Entfaltungen.« Weil und solange wir einen Menschen
lieben, »werden wir mit ihm nicht fertig«. »Unsere Meinung, daß wir das andere kennen, ist das Ende der Liebe.«
»Weil unsere Liebe zu Ende ist«, kündigen wir dem anderen Menschen »die Bereitschaft, auf weitere Verwandlun-
gen einzugehen«. »Man macht sich ein Bildnis. Das ist das
Lieblose, der Verrat.«[150]

Allerdings führt diese strenge Fassung des Bildnisverbotes
letztlich in einen unlösbaren Widerspruch: An Gott kann
man glauben, gerade *weil* er für den Verstand unfaßbar ist.
»Credo, quia absurdum« – ich glaube, weil es absurd ist –,
heißt es bei Augustinus. Die Lebenspraxis hingegen lehrt,
tunlichst nur das zu glauben, was der Verstand überprüfen
kann. Verstandeserkenntnis jedoch bedeutet immer, sich ein
Bild, oder sprachlich: einen Begriff von einer Sache zu
machen. Das Bild, oder der Begriff, greift aus der möglicherweise unübersehbaren Komplexität eines Sachverhalts
jene Zusammenhänge heraus, die für die anstehende Pro-
blemlösung wichtig sind. Alle anderen Aspekte, die vielleicht in einem anderen Zusammenhang entscheidend
wären, werden dabei eliminiert. Ohne diese Einschränkun-
gen sind Entscheidungen und Handlungen nicht möglich.
Zwar gibt es andere Erkenntnisweisen als die bildliche oder
begriffliche. Frisch nennt außer der Liebe den Traum und,
ihm verwandt, die Dichtung und die Hellseherei. Man
könnte die »Wesensschau«, die Offenbarung, die Intuition,
die Meditation, die Unio mystica und den Geistesblitz
hinzufügen, kurz alle »ganzheitlichen« Erkenntnisweisen.
Ihr lebenspraktischer Nutzen ist allerdings in der modernen
Zivilisation beschränkt. Frisch hat sein Bildnisverbot später
in ein Toleranzgebot gegenüber Andersartigem und in ein
Postulat zur Offenheit für Veränderung abgemildert. »Ich

habe damals diesen Satz gebraucht, der ein Leitsatz geworden ist für die Interpreten: Du sollst dir kein Bildnis machen. Das ist ein zentraler Gedanke geblieben. Er ist allerdings nur die eine Seite der Wahrheit.«[151]

Zu fragen bleibt, weshalb Frisch sich so vehement vor bildlichen Festlegungen, vor Endgültigkeiten, vor Urteilen scheute. Man muß diese Frage vor dem historischen Hintergrund stellen. Frisch hatte zwölf Jahre lang unter dem Druck der nationalsozialistischen Ideologie gestanden, die für jede Frage eine endgültige und allein gültige Antwort wußte. Wer anderer Ansicht war, riskierte unter Umständen sein Leben. Auch im eigenen Land hatte er die militante Ideologie der Geistigen Landesverteidigung nicht nur erfahren, sondern selber aktiv praktiziert; eine Tatsache, an die er später nicht mehr gerne erinnert wurde. Nach dem Krieg schickte sich der Sozialismus in seiner stalinistischen Ausprägung an, eine neue Orthodoxie zu errichten, die jedes offene, an lebendigen Prozessen orientierte Fragen als »Abweichung« unterdrückte. Der Antikommunismus des Westens war die doktrinäre Antwort darauf. Frisch fürchtete diese Entwicklung. Prinzipielle Erkenntnisskepsis und Mißtrauen gegen jedes ideologisch vereinseitigte Denken schienen ihm redlicher als vorschnelles (Ver-)Urteilen. »Du sollst dir kein Bildnis machen« hieß demnach auch: Du sollst lieber kein Urteil fällen als ein falsches; du sollst lieber nicht handeln als zerstören. Daß auch ein Nicht-Urteilen und Nicht-Handeln im gesellschaftlichen Kontext unausweichlich ein Handeln und ein Urteilen ist – indem ich nicht selbst urteile und handle, überlasse ich es den anderen –, dieser Widerspruch hat Frisch damals noch nicht beschäftigt.

Brüche und Umbrüche

Die Jahre 1944 bis 1950 waren, wie erwähnt Umbruch-
jahre. Frisch entwickelte sich zum linksengagierten Intellektuellen. Kein Schlüsselerlebnis, keine ›Offenbarung‹ bewirk-
te diese Veränderung. Vielmehr setzen unterschiedliche
Erfahrungen einen geistigen Prozeß in Gang, welcher
manche alten, weltanschaulichen und künstlerischen Positionen zersetzte und beseitigte: Die zweite Folge der *Blätter
aus dem Brotsack* und Reminiszenzen im *Tagebuch* zeigen,
daß Frisch schon im Aktivdienst sein heiles Bild der
Schweiz zu hinterfragen begann.[152] Die Heirat mit Trudy
von Meyenburg und die Arbeit als Architekt brachten ihn
in Kontakt mit der gesellschaftlichen Oberschicht. Hier
erfuhr er, wie wenig der Anspruch bürgerlicher Ethik mit
der Lebensführung dieser Schicht übereinstimmte. (Vgl.
dazu das letzte Kapitel Seite 211ff.) Wichtige Denkanstöße
erhielt er im Schauspielhaus Zürich, wo er seit 1944 ein
und aus ging und mit linken wie mit bürgerlich kritischen
Antifaschisten verkehrte. Auch fand er hier, was er sich seit
seinen schriftstellerischen Anfängen erträumt hatte: Eine
Oase des Künstlerlebens inmitten einer geldbestimmten
Bürgerwelt. Hier fühlte er sich um so heimischer, als eine
Reihe begabter und attraktiver junger Schauspielerinnen –
z.B. Helga Roloff, Elisabeth Müller oder Agnes Fink – ihn
in diese Welt freundschaftlich bis liebevoll einführten, oft
zum Kummer der eigenen Ehefrau.[153]
 Prägend wurden auch die Reisen nach Deutschland,
Polen, Italien und Frankreich. Dabei erfuhr er die zerstöre-
rische Wucht des soeben beendeten Krieges und lernte
fremde und befremdliche Denkweisen kennen. Die Erfahrung, wie eng Kultur und Barbarei in Deutschland verknüpft gewesen waren und wie rasch die Greuel der Ver-

gangenheit nach dem Krieg verdrängt wurden, beeinflußte nachhaltig seine Neubestimmung der Rolle des Intellektuellen und Künstlers in der Gesellschaft. Die Erlebnisse am Wrocławer Kongreß schließlich bewahrten ihn davor, sich der sozialistischen Bewegung unkritisch anzunähern.

Die Schlüsselfigur jener Jahre aber war Brecht. In der Auseinandersetzung mit ihm überprüfte Frisch seine alten und neuen Erfahrungen. Brecht war ihm Lehrmeister wie Ansporn zum Widerspruch. In der Reibung mit Brechts Theatertheorie entwickelte er später seine eigene »Dramaturgie der Permutation«, das »Variantentheater«. 1950 hatte Frisch, knapp vierzig Jahre alt, die meisten Positionen bezogen, die er grosso modo bis zum Lebensende vertrat. Es waren keine Extrempositionen, sondern Einsichten, die damals unter den jungen westeuropäischen Intellektuellen aktuell und mehrheitsfähig waren. Der Prosaschriftsteller hatte zudem seine Begabung für das Theater entdeckt und schickte sich an, die europäischen Bühnen zu erobern. Von Weltgeltung war noch keine Rede, das *Tagebuch 1946–1949* entwickelte sich erst langsam zum internationalen Buch. Doch im deutschsprachigen Europa war Frisch ein anerkannter Autor, und auch als Architekt hatte er sich in der Schweiz einen guten Namen gemacht. Er hätte zufrieden sein können mit dem Erreichten. Statt dessen spitzte sich eine Lebenskrise zu.

»Es gibt Augenblicke, wo man sich wundert über alle, die keine Axt ergreifen«

Der Ausbruch
(1950–1955)

Nach dem Krieg war die Hoffnung groß, daß nun, nach den Jahren des Schreckens, ein Zeitalter des Friedens und der sozialen Gerechtigkeit anbrechen werde. Die Opfer der Vergangenheit sollten nicht umsonst gewesen sein. Die Entwicklung nahm jedoch einen anderen Verlauf. Ende der vierziger Jahre begann die Zeit des kalten Krieges und der Restauration. An die Stelle der Aufbruchs- und Befreiungshoffnungen trat ein Festhalten am Status quo, ein Gefühl der Angst, der Enge, der geistigen Verbunkerung. Um 1950 waren die schlimmsten materiellen Kriegsfolgen im Westen weitgehend überwunden. Das »deutsche Wirtschaftswunder« begann sich auszuwirken, die politische Situation war stabilisiert. Auseinandersetzungen mit der Vergangenheit blieben tabu. Man war wieder wer und wollte nicht daran erinnert sein, wer man gewesen war. Man gab sich moralisch und verteidigte die wohlanständige Fassade um so heftiger, je brüchiger sie war. Viele Deutsche empfanden die Wiederzulassung ihres Landes zu den Olympischen Spielen 1952 als Generalabsolution durch die vereinten Völker. Trotz heftigen Widerstands der politischen Linken passierten 1950 die Wiederbewaffnungsgesetze das westdeutsche Parlament. Der Korea-Krieg (1950–1953) schließlich rückte die Menschheit an den Abgrund eines dritten, eines atomaren Weltkrieges.

Restauration und Establishment

Europa war in den fünfziger Jahren eindeutig in rechts und links aufgeteilt und verfeindet. Ost und West standen sich hochgerüstet in zwei Blöcken gegenüber, die Wasserstoffbomben explodierten seit 1952 mit immer größerer Sprengkraft. Die Systemkonkurrenz verhärtete die politischen Positionen. Kritik am eigenen System galt als Handlangerdienst für den Gegner. Der Antikommunismus war der Knüppel, mit dem im Westen auf kritische Köpfe gedroschen, der Revisionismusvorwurf das Beil, womit sie im Osten abgeschlagen wurden. Den Schauprozessen im Osten folgten Parteienverbote und erste Berufsverbote im Westen. Die Aufbruchsutopien der unmittelbaren Nachkriegszeit waren aufgebraucht, man saß selbstgewiß am Nierentisch und vertrat einen konservativen Pragmatismus. »Keine Experimente«, hieß die politisch erfolgreichste Parole der Zeit. Die aufmüpfige Jugend ging entweder schwarz gekleidet im Habit des Existentialismus, oder sie zog sich Schmalztolle und Entensterz ins Haar und stürzte sich zum Schrecken der Bürger in die Wirbel des Rock 'n' Roll.

Frisch, der sich für eine analytische Auseinandersetzung mit der Kriegs-Vergangenheit ebenso eingesetzt hatte wie für einen offenen Diskurs zwischen den Systemen, sah sich doppelt getäuscht. Der Wrocławer Kongreß und die Diffamierung im eigenen Land hatten ihn die Ohnmacht differenzierten Denkens in einer Zeit gelehrt, wo für grobe Blöcke nur grobe Urteile erwünscht waren. Bürgerliche Arroganz auf der einen, dogmatische Heilslehre auf der anderen Seite, und keine Aussicht auf einen Ausweg – genau in dieser Situation schrieb Frisch ein neues Theaterstück, worin ein Staatsanwalt, der Repräsentant der bürgerlichen Ordnung par excellence, aus dem Käfig des Establishments ausbricht, zur Axt greift und als *Graf Öderland* alles erschlägt, was sich seiner Sehnsucht nach dem »wahren Leben« in den Weg stellt.

Mit diesem literarischen Befreiungsschlag kehrte Frisch zum zentralen Thema seiner Jugendwerke zurück: »Alles ist besser als ein Leben, das nicht gelebt ist … sogar das Verbrechen«, hatte er in *Antwort aus der Stille* formuliert. Jetzt machte Öderland mit diesem Gedanken ernst. Und wie schon so oft in seinem Leben probierte Frisch auch in diesem Text literarisch einen neuen Lebensweg: Vier Jahre nach Öderlands Rundumschlag greift auch er zur Axt – symbolisch, wie es sich für einen Intellektuellen ziemt –, trennt die Verbindungen zu Familie und Architektenberuf entzwei und begibt sich bald darauf mit einer jungen, aufregenden Frau – auch sie ist flachsblond und mit den hohen Backenknochen von Öderlands Inge – nach Rom, um ein neues, ein ungebundenes, ein wahres Leben als freier Schriftsteller zu beginnen.[1]

Graf Öderland. Moritat in zwölf Bildern

Die Uraufführung fand am 10. Februar 1951 im Schauspielhaus Zürich in der Regie von Leonard Steckel statt, das Bühnenbild stammte wiederum von Teo Otto. Gustav Knuth spielte die Titelrolle.[2] Das Stück hat eine lange Vorgeschichte. Am Anfang standen zwei Zeitungsnotizen: Die eine berichtete von einem Professor der Jurisprudenz, der eines Tages spurlos verschwunden war und erst mit Hilfe eines Hellsehers tot im Greifensee aufgefunden wurde: Selbstmord. Die andere vermeldete, daß ein unbescholtener Bankangestellter eines Nachts ohne erkennbare Motive seine ganze Familie mit der Axt totgeschlagen habe.

Diese Ausbrüche zweier scheinbar bestens integrierten Männer hatten es Frisch so sehr angetan, daß er darüber nicht nur im *Tagebuch 1946–1949* nachdachte, sondern auch einen Prosaentwurf mit dem Titel: *Der Graf Öderland (Sieben Szenen)* niederschrieb.[3] Die erste Stückfassung mit dem Untertitel *Ein Spiel in zehn Bildern* datiert aus dem Jahr 1951, die zweite Fassung schuf Frisch 1956 für die Frankfurter Aufführung durch Kortner, die dritte Fassung, *Eine Moritat in zwölf Bildern,* entstand 1961. Sie wurde mit Ernst Schröder in der Titelrolle am Berliner Schiller-Theater uraufgeführt und später in die *Gesammelten Werke* aufgenommen.

Die Öderland-Skizze im *Tagebuch* blieb unvollendet, die drei Theaterfassungen unterscheiden sich vor allem durch ihr Ende. In der ersten Fassung brachte sich Öderland um, weil er, der ausgebrochen war, um der herrschenden, lebensfeindlichen Ordnung zu entkommen, zum Schluß nicht selber zum Vollstrecker dieser Ordnung werden wollte – »Selbstmord aus Verlegenheit des Verfassers«, wie Frisch später spottete.[4] Diese erste Fassung erzählte die Geschichte aus einer stark persönlichen Motivation. In der zweiten Fassung wurde Öderland (vermutlich) umgebracht, da er seine eigene Revolution verriet, um nicht die Macht übernehmen zu müssen. Diese Fassung schob, so Frisch, die politischen Aspekte so stark in den »aktuellen Vordergrund«, daß Öderland als Hitlerkarikatur mißverstanden wurde.[5] Frisch sperrte daraufhin die weiteren Aufführungsrechte für diese Fassung. Die letzte Fassung rekurrierte wieder stärker auf die Skizze im *Tagebuch.* Doch aus dem »Kindermärchen« war nun eine Bühnen-Parabel geworden, die Traum und Realität, Politik, Gesellschaftstheorie, Machtphilosophie und Befreiungspsychologie ineinander verwob. Der einstmals höchst subjektive Ausbruch Öderlands aus der Stupidität des lebensfremden Daseins geriet dadurch zur Kritik an der modernen, ›entfremdeten‹ kapitalistischen Gesellschaft. Sicherheitschef, General, Innenminister und Direktor sind ihre typischen Repräsentanten. Ihre Re-Inthronisation durch Öderland beschloß das Stück. Öderland muß gegen seinen Freiheitswillen Diktator werden. Alle drei Fassungen enden in der Kreisbewegung: Aus der Macht in die Anarchie und zurück.[6] Als Traum vom subjektiven Ausbruch in die Freiheit des wahren Lebens wurzelte *Öderland* noch ganz im Frühwerk; als gesellschaftskritische Parabel verwies das Stück voraus auf die großen sozialen Parabeln *Biedermann und die Brandstifter* und *Andorra*.

Kaum ein anderes Stück hat Frisch so häufig umgearbeitet, keines lag ihm mehr am Herzen. Einen überzeugenden Erfolg hat das Stück auf dem Theater allerdings (noch) nicht erfahren.

Der Traum vom Ausbruch

Die Moritat vom Grafen Öderland ist zunächst, wie jede gute Moritat, eine spannende Bildergeschichte: Ein Staatsanwalt entdeckt beim nächtlichen Aktenstudium in seiner Villa unverhofft Sympathie für einen Bankangestellten, der nach jahrelanger Pflichterfüllung eines Tages zur Axt gegriffen und ohne erkennbares Motiv den Pförtner der Bank erschlagen hat. »Es gibt Augenblicke, wo man sich wundert über alle, die keine Axt ergreifen. Alle finden sich damit ab, obschon es ein Spuk ist. Arbeit als Tugend. Tugend als Ersatz für die Freude.«[7] Der Totschlag erscheint dem Staatsanwalt als eine Art Revolte gegen die Ordnung des öden Lands – gegen Öderland. Die Gattin zeigt wenig Verständnis für die Ideen ihres Mannes. Anders Hilde, das Dienstmädchen. Sie wirft die Akten, Symbole der Ordnung, ins Feuer; die Ausbruchsphantasie des Staatsanwalts kann beginnen. Dr. Hahn, der Liebhaber der Gattin und Verteidiger des Axtmörders, versucht umsonst, dessen Tatmotive zu eruieren.[8] Da der Staatsanwalt spurlos verschwunden ist, muß der Prozeß vertagt werden.

Der Staatsanwalt lernt im tiefverschneiten Wald die Holzfällerstochter Inge kennen. Auch sie leidet an einer öderländischen Existenz und träumt sich aus der Enge ihres Lebens am Arm des Grafen Öderland hinweg. Der Staatsanwalt nimmt die Legendengestalt Öderlands an, ergreift eine Axt und zieht mit Inge los. Das Hoffnungsziel heißt diesmal Santorin (alias Peking, alias Santa Cruz). Das Segelschiff ihrer Träume heißt nicht mehr Viola, sondern Esperanza.

Der Hellseher Mario (ein Thomas-Mann-Zitat) soll den Verbleib des verschwundenen Staatsanwalts eruieren. Mario sieht ihn mit einer Axt in der Hand. Das Radio meldet, drei Gendarmen seien von einem Geisteskranken, der sich als Graf ausgebe, mit der Axt erschlagen worden. In Paris brechen, im Zeichen der Axt, anarchische Aufstände aus, Santorin ist in den Händen der Rebellen. Allenthalben beginnt die gesellschaftliche Ordnung zu zerbrechen. Als erste schließen sich Köhler und Taglöhner, die Elendesten der Elenden, der Revolte des Grafen an. Im Zukunftsrausch verjubeln sie den letzten Besitz. Doch der Graf zündet ihre Hütten an und läßt sie ärmer als zuvor zurück. Sein »wahrhaftes« Leben bringt ihnen keine Befreiung. Graf Öderland »geht es nur um sich selbst; mit dem heimlichen Heer der Unterdrückten, der Köhler, Tagelöhner, Dienstmädchen und Huren, das in den Wäldern verborgen auf seine Stunde wartet; mit der fortschreitenden Rebellion im Zeichen der Axt, die allerorten zivilen Ungehorsam, Streit und gewaltsamen Aufstand auslöst, hat er nichts zu tun«.[9]

Im Grand Hotel vertreibt sich der Graf mit Golfen die Zeit bis zum Kauf der Jacht Esperanza, die ihn nach Santorin bringen soll. Der anarchische Ausbruch ins wahre Leben hat in die Beletage, das wilde Leben in den luxuriösen Müßiggang geführt. Vor seiner Verhaftung rettet ihn fürs erste die Axt[10].

Soweit der erste Teil des Stücks. Der zweite versucht, diese subjektive Revolte mit den objektiven Gesetzen gesellschaftlicher Revolutionen zu verbinden. Betrieb Öderland bislang seine private Geschichte, so wird er nun zum Getriebenen eines allgemeinen Geschichtszusammenhangs: Ein geheimnisvoller Taxifahrer, ein moderner Charon zwischen beiden Sphären, entführt den Grafen statt nach Santorin in die städtische Kanalisation, das Hauptquartier der Revolutionäre.[11] Diese rufen ihn zu ihrem Führer aus und machen ihn damit zu ihrem Gefangenen. Will er nicht zum Verräter werden, muß er sich der neuen Anforderung stellen: In einem kabarettistischen Handstreich übernimmt er die Macht im Staat. Seine neue Residenz als Revolutionsführer ist ausgerechnet jene Staatsanwalts-Villa, aus der er einst ausgebrochen war! »Wer, um frei zu sein, die Macht stürzt, übernimmt das Gegenteil der Freiheit, die Macht.«[12] Der Freiheitstraum ist zum Alptraum geworden, umsonst versucht Öderland aufzuwachen.

Auch die Parallelhandlung kommt zu einem bösen Ende. Der Axtmörder des Anfangs ist aufgrund einer Generalamnestie aus dem Gefängnis entlassen worden. Die Schergen der neuen Ordnung ertappen ihn im Bett der Witwe des von ihm erschlagenen Hausmeisters und erschießen ihn aus Versehen auf der Flucht.

Dieses Handlungsskelett läßt das zentrale Problem des Stücks erkennen: Es beginnt als subjektive Glücksutopie, die asozial und keiner politischen Idee verpflichtet ist, und es mutiert unversehens zum (Negativ-)Modell für eine soziale und politische Revolution. Die Zusammenführung privater und gesellschaftlicher Motive stellt beide Seiten in Frage: Den Grafen als kohärente Figur und die Revolution als politische Bewegung. Zwar hat sich Frisch wiederholt gegen Versuche gewandt, seinen *Graf Öderland* als Revolutionsmodell zu interpretieren. Ihn habe bloß das »Öderländische« in jedem Menschen interessiert, daß nämlich »der Mensch, am Leben verhindert, die Gewalt braucht«. Sein Graf sei »eine Legende«, keine historische Figur. Und dennoch glaubt Frisch, daß diese Legende »der Wahrheit manchmal näher kommt, als die Wirklichkeit«.[13] Die Verknüpfung ist unauflösbar. Auch wenn *Graf Öderland* ein Mythos vom wahren Leben ist, der in jeder öderländisch verkrüppelten Seele lebt, so macht das Medium Bühne – Dürrenmatt hat als erster darauf hingewiesen – aus dem Mythos zwangsläufig eine reale Figur. Graf Öderland wird nolens volens zum »Massenmörder mit einem originellen Motiv … Die mythische Gestalt des Öderland … ist Frischs große Tat … Als Gestalt der Phantasie wird sie ihren weiteren Weg nehmen. Das Theaterstück jedoch bleibt im Privaten stecken … Man kann Öderland nicht als Warntafel verwenden: Greift nicht zum Beil! … Öderland läßt sich nicht ins schweizerische Geistesleben als eine Gestalt des Kultur-Malaises einbauen.«[14]

Das Debakel

Öderland wurde bei seiner Uraufführung als Kritik an eben diesem Kultur-Malaise verstanden. Die Reaktionen waren harsch. Zwar gab es auch vereinzeltes Lob: »Das Stück ist packend, fesselnd, deprimierend kühn konzipiert«, vermeldete die *Frankfurter Abendpost* am 14. Februar 1951, und die

NZZ befand: »die Moritat vom Grafen Öderland darf als geistreiche Konstruktion und gute Bühnenarbeit allgemeines Interesse beanspruchen«. *Der Tag* (Berlin) schrieb von »einer tiefsinnigen Moritat«, und die Zeitschrift *Theater und Film* sprach dem Werk »internationale Klasse« zu. Die überwiegend negativen Stimmen aber waren gnadenlos: »Ein nicht gerade bedeutendes Manifest des Nihilismus«, und »Nihilismus ist die schleichende Krankheit unserer Zeit«, urteilten in unheiliger Allianz der kommunistische *Vorwärts* und die katholischen *Neuen Zürcher Nachrichten*. »Bedenkenlos öffnet Öderland alle Türen dem Wind der existentialistischen Weltanschauung«, befürchtete das Schweizer Familienblatt *Sie und Er,* und Erich Brock dekretierte in *Der Mittag:* »Übrig bleibt allein ein unendlich kraftloses Geschwätz, Deklamation platter Leitartikel … eine plumpe Nietzsche-Stirner-Moral«.[15]

Öderland war Frischs erstes Bühnenfiasko. Als das Stück nach einem Monat vorzeitig vom Spielplan abgesetzt wurde, reagierte er verbittert und warf der Direktion des Schauspielhauses in einem *Kleinen Memorandum zu Graf Öderland* Illoyalität, mangelnde künstlerische Sorgfalt und fehlendes Standvermögen vor.[16] Zwei seiner Argumente verweisen, über den unmittelbaren Anlaß hinaus, auf eine Krise, in die das Schauspielhaus Anfang der fünfziger Jahre geraten war: Das Haus besitze »kein Ensemble von Format« mehr und sei beherrscht von der »Macht gewisser [politisch konservativer, U.B.] Cliquen«. Tatsächlich hatte das Schauspielhaus nach dem Krieg zunehmend seine Attraktivität für erstklassige Schauspieler und prominente Uraufführungen verloren. Wien, Berlin, München begannen ab 1950 der Pfauenbühne den Rang abzulaufen. Ein militanter Antikommunismus verwandelte zudem das geistig einst weltoffene und mutige Theater in eine konservativ-engstirnige

Anstalt. Allen Ernstes wurde etwa im Verwaltungsrat debattiert, ob die große Therese Giehse noch in Zürich auftreten dürfe, nachdem sie bei Brecht am Berliner Ensemble gespielt hatte. Wer in Zürich spielen wollte, mußte sich schriftlich verpflichten, in keinem Oststaat zu gastieren.[17]

In diesem Klima wurde *Öderland* als Provokation empfunden. Für Frisch war der Text ein Befreiungsschlag, ein Versuch, sich aus einem Gefühl der Stagnation und des Erstickens freizuschreiben. Der Versuch mißglückte. Mit dem Schock des Scheiterns kamen die alten Zweifel am schriftstellerischen Genügen wieder hoch. *Öderland* war auch ein Ausdruck von Ratlosigkeit: Zwar wußte Frisch so gut wie sein Öderland, woraus er ausbrechen wollte. Unklar war ihm, wohin aufbrechen, um nicht wieder in neue Unfreiheit und Enge zu gelangen. Ringsherum sah er, wie sich im Namen der Freiheit oder des Fortschritts neue Zwänge etablierten. Der Wunsch nach dem »wahren« Leben mußte in solchen Zeiten ein subjektiver Traum bleiben.

USA

In dieser Situation erhielt Frisch – er hatte sich darum beworben und empfand es nun wie ein Geschenk des Himmels – den Rockefeller Grant for Drama. Dieses Stipendium ermöglichte ihm einen einjährigen USA-Aufenthalt. Er erteilte seinem Mitarbeiter Hannes Trösch eine Vollmacht für das Architekturbüro und reiste im April 1951 zum ersten Mal über den Atlantik. Er besuchte, meistens allein, teils in Begleitung seiner Frau, New York, Chicago, San Francisco, Los Angeles und Mexiko. Amerika begeisterte Frisch, obschon er die Schattenseiten des Kontinents nicht übersah. Er empfand die Weite und Offenheit des Landes, die Direktheit und den Pioniergeist seiner

Bewohner und die historische Unbelastetheit der Gesellschaft als Befreiung, als Erlösung von der geistigen und historischen Enge der Schweiz. Er erfuhr die Tropen als eine ganz neue Welt voll beängstigender Wildheit und Sinnlichkeit. Er erlebte die Kultur der Schwarzen als erregende Faszination. Die schwarze Frau wurde ihm zum Prototyp für die spezifisch weibliche Sexualität. Der Aufbruch in die neue Welt wurde auch ein Aufbruch in neue literarische und architektonische Welten (siehe S. 211 ff.). Die beinahe einjährige Reise lieferte nicht nur Stoff für die nächsten zwei großen Romane *Stiller* und *Homo faber,* sie öffnete Frischs literarische Welt und verwandelte ihn zu einem Schriftsteller mit internationalem Horizont.

Frisch hatte sich vorgenommen, auf der Reise einen neuen Roman zu schreiben. Sein letzter lag ein Jahrzehnt zurück. Die Notizen und Bruchstücke, gesättigt mit Reiseerfahrungen, sammelten sich an, doch es fehlte der konstruktive Einfall, der das Konglomerat mit dem Arbeitstitel *Was macht ihr mit der Liebe?* zur Form bringen konnte. So ließ Frisch das Projekt fallen, und weil er »dem Rockefeller gegenüber ein schlechtes Gewissen hatte«, schrieb er im Winter/Frühjahr 1952 anstelle des Romans die Komödie *Don Juan oder die Liebe zur Geometrie.* Genauer: er schrieb sie zu Ende, denn der Stoff hatte ihn seit dem *Tagebuch 1946–1949* und einer Spanienreise im Herbst 1950 beschäftigt.[18]

Don Juan

Don Juan oder die Liebe zur Geometrie, eine Komödie, ist zuerst einmal eine glänzende parodistische Idee: Frischs Burlador, ein Jüngling um die Zwanzig, macht sich nämlich nichts aus Frauen. »Liebe, wie Don Juan sie erlebt, muß das Unheimlich-Widerliche der Tropen haben, etwas wie feuchte Sonne über einem Sumpf voll blühender Verwesung, panisch wie die klebrige Stille voll mörderischer Überfruchtung ...«[19] Statt nach Frauen lechzt Don Juan nach Geometrie, nach einer reinen, klaren, aus purem Geist gebauten und in sich vollkommenen Welt. Die Spaltung des Genus Mensch in Mann und Frau, mithin seine fehlende Autarkie als Mann, empfindet der Jüngling als Hohn der Schöpfung, dem nur mit Spott zu begegnen sei. Dieser puerile Spott, Ausdruck seiner Angst, sich an eine Frau zu verlieren, macht ihn wider Willen zum Ladykiller. Die Liebe zur Geometrie verleiht ihm den Nimbus des begehrenswerten Manns. Aber jede Frau bleibt ihm letztlich Episode, an keine bindet er sich. Nur: beschäftigt mit unzähligen Episoden kommt Don Juan gar nicht mehr zur Geometrie! Schließlich sieht er nach zwölf Jahren Ausschweifung keinen anderen Ausweg, als seine Höllenfahrt zu inszenieren, in der Hoffnung, im Tausch gegen die Lieferung dieser frommen Legende von der katholischen Kirche Spaniens einen ruhigen Klosterplatz zu erhalten. Doch statt im Kloster bei der geliebten Geometrie landet er geradewegs unter dem Pantoffel der einstigen Starprostituierten Miranda, die in der Zwischenzeit zur verwitweten Gräfin von Ronda avanciert ist. Schlußpointe der Geschichte: Don Juan, zum Mann gereift, anerkennt seine Liebe zur Gräfin und wird Vater eines gemeinsamen Kindes.

Diese geistreiche Neusichtung des Mythos verpackte Frisch in ein klassisch gebautes, fünfaktiges Mantel- und Degenstück, baute mit der Kupplerin Celestina eine zweite spanische Legendenfigur ein, plünderte Tirso de Molina und Molière, lieh sich Poetismen und Figuren bei García Lorca, Büchner und Shakespeare aus und amalgamierte das Ganze zu einem heiteren Konversationsstück. Zahlreiche

Motive des Frühwerks tauchen wieder auf, so der Jüngling, der durch den ersten Geschlechtsakt zum Mann »entknabt« wird, das Weib als die ›naturgegebene Gefährdung‹ des Mannes, der unausweichliche Geschlechterriß, die wahre Liebe als Vorahnung, die sich in der Erfüllung selbst zerstört, die Doppelmoral der Gesellschaft, die Inkongruenz zwischen jugendlichem Drang nach Vollkommenheit und den gesellschaftlich geforderten Kompromissen, die Ehe als Hölle, als Sünde gegen das eigentliche Leben und vieles andere mehr.

Im Unterschied zum Frühwerk, in welchem diese Probleme als Schicksalsschläge auf die Figuren niedersausen, verarbeitete Frisch sie jetzt zu einem luftigen literarischen Baiser. Selbst Mord und Totschlag wurden komische Bühnenepisoden. Kein Problem wird gelöst, aber, und das ist biographisch wichtig, die Probleme haben an Bedeutungsschwere verloren. Frisch hatte gelernt, mit ihnen zu leben, ohne sich von ihnen erdrücken zu lassen. Und noch etwas hatte er, wohl als Folge des *Öderland*-Debakels, gelernt: Im neuen Stück hielt er sich zum ersten Mal seit vielen Jahren von der Tagespolitik fern. Zwar enthielt es allerlei Gesellschaftssatire und manche Seitenhiebe auf die Doppelmoral, auch des Klerus, doch man befand sich nicht mehr im zerbombten Berlin oder im Präsidentenpalais, sondern in einem fernen Theaterspanien in einer Zeit »mit wirkungsvollen Kostümen« und viel Kolorit. Frisch unterwarf sich damit keineswegs dem restaurativen Geist der fünfziger Jahre, doch da er weder eine Perspektive auf gesellschaftliche Veränderung sah noch das Debakel mit *Öderland* wiederholen wollte, wich er der direkten Konfrontation mit den Zeitproblemen in eine historisch-theatralische Fabel aus.

Don Juan wurde am 5. Mai 1953 gleichzeitig am Schauspielhaus Zürich und am Schiller-Theater Berlin uraufgeführt. In Zürich inszenierte Oskar Wälterlin im Bühnenbild von Teo Otto, Will Quadflieg spielte die Titelrolle. Frischs Memorandum zu *Öderland* scheint nicht ohne Wirkung geblieben zu sein: Diesmal wurden die besten Kräfte aufgeboten. Am Schiller-Theater führte Hans Schalla Regie, und Peter Mosbacher gab den Don Juan.[20]

Das neue Stück spaltete die Meinung der Rezensenten: Während die einen dem Dichter ein großartiges Comeback attestierten – sie fanden das Stück geistvoll, witzig, voll Hintersinn und Humor[21] –, sahen andere darin nur eine »blasphemische Parodie« und »literarischen Firlefanz«.[22] Dieser Don Juan habe »mit dem Leben nichts zu tun«, sei »eine Konstruktion«.[23] Andere beurteilten Frischs Neuinterpretation als Zeitparadigma. Auch die weibliche Stimme fehlte nicht, die dem Stück einen »Mangel an Achtung für die Würde der Frau« vorwarf.[24] Während die Inszenierung in Zürich mit Lob bedacht wurde, schien die Berliner Aufführung gerade wegen ihrer Regie, welche die »intelligente Komödie in ein pomphaftes Ritterstück verwandelte«, nicht gelungen zu sein.[25] Im Uraufführungsjahr folgten weitere Aufführungen in Stuttgart, München und Basel. Frisch konnte mit dem Erfolg des neuen Stücks zufrieden sein.

Hörspiele

Schreibend sein Geld zu verdienen war auch für einen Autor vom Range Frischs nicht einfach. Vielen Schriftstellern sicherten die Rundfunkanstalten, insbesondere die Hörspielabteilungen, in den fünfziger Jahren das tägliche Brot. Hörspiele fanden ein Massenpublikum, sie genossen ein hohes literarisches Ansehen, und die Hörspielpreise – etwa der Hörspielpreis der Kriegsblinden – waren hochdotierte Auszeichnungen. Auch Frisch arbeitete nach seiner

Rückkehr aus den USA für den Rundfunk. Bis 1955 entstanden drei Hörspiele: *Herr Biedermann und die Brandstifter* (1952), *Rip van Winkle* (1953) und das »Funkgespräch« *Der Laie und die Architektur* (1954). Letzteres ist weniger als literarischer denn als städtebautheoretischer Text von Interesse und soll daher im nächsten Kapitel vorgestellt werden.

Die Geschichte des Herrn Biedermann hatte Frisch bereits im *Tagebuch 1946–1949* als »Burleske« aufgeschrieben. »Dann gab mir der deutsche Rundfunk den Auftrag für ein Hörspiel, und ich brauchte die 3000 DM, die angeboten waren, hatte aber keine Idee; da sagte mir der Mann vom Rundfunk: Aber schauen Sie doch in Ihren Büchern nach, vielleicht ist doch im *Tagebuch* etwas – er mußte mich noch darauf stoßen. Dann habe ich dieses Hörspiel gemacht, es ist also schon aus einer Verlegenheit entstanden und war eine reine Auftragsarbeit, so eine richtige Geldverdien-Arbeit.«[26] Ganz so zufällig wird der Fund nicht gewesen sein, denn bereits 1949 hatte Frisch einen Plan für das Hörspiel *Die Brandstifter* auf Einladung des Radiostudios Zürich verfaßt, der nicht nur den Plot und die Figuren, sondern auch die Form des künftigen Hörspiels skizzierte. Die Produktion kam nicht zustande, Frisch zog nach Amerika. Drei Jahre später realisierte der Bayerische Rundfunk das Projekt.

Biedermann und die Brandstifter

Gottlieb Biedermann, Fabrikant, Villenbewohner mit Frau und Dienstmädchen ist ein durch und durch achtbarer Durchschnittsbürger, der nichts so sehr fürchtet wie Streit, Dissens, Kontroverse. »Er hat den Fehler fast aller, daß er nach Wünschen denkt: das meiste, was eintritt, ließe sich voraussehen, wenn man den Mut dazu hätte – aber wenn man den Mut hätte, es vorauszusehen, müßte man eingreifen, handeln, ändern ...«[27]

Obschon Brandstifter umgehen, öffnet Biedermann einem Unbekannten die Tür. Er kann dem Appell ans gute Herz nicht widerstehen. Er bietet dem durchaus verdächtigen Landstreicher und dessen noch verdächtigeren Freund Herberge im Estrich des Hauses. Die beiden füllen den Estrich mit Benzinfässern. Doch Biedermann ist zu feige, die Polizei zu alarmieren – man könnte ihn schließlich der Mitschuld bezichtigen. Aus Feigheit und Anpassungssucht macht er sich mehr und mehr zum Komplizen, versucht das Wohlwollen der Gäste durch ein feudales Nachtessen zu erkaufen, beschwichtigt sich, beschwichtigt die Umgebung und leiht schließlich gar die Streichhölzer aus, womit die Gäste Haus und Stadt in Brand stecken.

Eine Parabel hat Frisch die Geschichte genannt, die, 1957 zu einem Theaterstück umgearbeitet, Frischs zweiter Welterfolg wurde. Eine Parabel wofür? Für die Machtergreifung Hitlers und seiner Komplizen, fanden die einen, für die Machtergreifung der Kommunisten in der Tschechoslowakei anno 1948, fanden die anderen (Präsident Beneš habe die Kommunisten ins Kabinett geholt, obschon er deren Machtambitionen kannte). Wieder andere sahen im *Biedermann* Frischs »erste Exkursion in das Gebiet des humeur noir und des Theaters des Absurden«, eine neue Jedermann-Version, »eine Machtanalyse der Denkweisen des machthaltigen Bürgertums« oder gar ein Spiel um den Verlust der Identität.[28] Die Offenheit der Parabel kam dem Hörspiel und später dem Stück zugute. Es paßte in so manchen Zusammenhang. Dadurch wurde es aber auch beliebig. Frisch hat die Gefahr erkannt und formulierte diplomatisch: »Eine Parabel erhält ihre Bedeutung erst durch die Konfrontation mit den brennenden Problemen der Gegenwart an einem Ort, wo sie gespielt wird ...«[29] Liest man sie in ihrem Entstehungszusammenhang und in ihrem Kontext im *Tagebuch 1946–1949,* so entschlüsselt sie sich als eine Auseinandersetzung Frischs mit dem Problem, das ihn – und viele andere Schriftsteller – seit Kriegsende beschäftigte: Wie kann man gut sein und dennoch leben. Es geht um die »Unmöglichkeit, sittlich zu sein und zu leben – ihre Zuspitzung in Zeiten des Terrors«.[30] In *Nun singen sie wieder* stand das Thema im Zentrum der Debatte zwischen Vater und Sohn, in der Suche nach einem neuen Kulturbegriff spielte es eine wichtige Rolle, und last, but not least hatte Brecht die Frage in *Der gute Mensch von Sezuan,* uraufgeführt 1943 am Schauspielhaus Zürich, provokativ gestellt. Angesichts des Putsches in der Tschechoslowakei gewann sie neue Aktualität. Grundsätzlich stellt sich die Frage nach der Verführbarkeit des Menschen durch Ideologie ebenso in einer nationalsozialistischen, sozialistischen oder kapitalistischen Gesellschaft. Gerade weil der Mensch gut sein will, statt mit aller Kraft das Gute durchzusetzen, so Frischs These, befördert er das Böse. »Man kann darauf bedacht sein, das Gute durchzusetzen und zu verwirklichen, oder man kann darauf bedacht sein, ein guter Mensch zu werden – das ist zweierlei, es schließt sich gegenseitig aus. Die meisten Menschen wollen gute Menschen sein. Niemand hat größere Freude daran, wenn wir gute Menschen werden, als das Böse. Solange die Menschen, die das Gute wollen, ihrerseits nicht böse werden, hat das Böse es herrlich.«[31]

War das Hörspiel vom Biedermann das Vorspiel zum weltberühmten Stück, so nahm *Rip van Winkle* als Hörspiel den nicht minder berühmten Roman *Stiller* vorweg. Auch den Stoff zu diesem zweiten Hörspiel entnahm Frisch dem *Tagebuch 1946–1949.* Nun drehte er allerdings das amerikanische Märchen vom Träumer Rip, der seine Lebenszeit beim Kegeln vertut und durch die unbemerkt verstrichene Zeit zum Fremdling in der eigenen Welt wird, ins Gegenteil um: Ein Mann ist in langen Amerikajahren ein anderer geworden, hat einen anderen Namen, eine andere Identität angenommen. Doch zurückgekehrt in die Heimat, wird er dort als verschollener Bildhauer identifiziert und durch die Konfrontation mit der Vergangenheit gezwungen, wieder der alte zu sein.

Der biographische Bezug liegt auf der Hand. Frisch hatte sein Amerikajahr als Befreiung, als Selbstveränderungsprozeß erfahren. Er war nach Amerika nicht mehr derselbe, der er vor der Reise gewesen war. Doch die (im doppelten Wortsinn) Zurückgebliebenen betrachteten den Heimkehrer nicht als anderen Menschen, sondern weiterhin als den altbekannten Max Frisch. Durch einen klugen dramaturgischen Einfall brachte Frisch das Problem zur Sprache: Der heimkehrende Rip van Winkle (im Roman: Mr. White) wird an der Grenze als der verschollene Bildhauer Anatol Wadel (im Roman: Anatol Stiller) verhaftet und gerät so in die Situation, über sich selber aussagen zu müssen.

Das Hörspiel, im Umfang ein guter Zehntel des späteren Romans, liest sich wie eine Konstruktionsskizze. Es beginnt mit der Verhaftung des »Fremdlings« am Grenzbahnhof und endet mit seiner Verurteilung, Anatol Wadel zu sein. Viele wichtige Figuren, Episoden und Handlungsstränge sind bereits angelegt. Im Unterschied zum Roman endet das Hörspiel mit Wadels Verurteilung, er selbst zu sein, genauer: mit Wadels letztem Ausbruchsversuch, dem Versuch, nach der Urteilsverkündung die Gattin Julika zu erwürgen. Diesen Schluß hat Frisch im Roman von Grund auf neu gefaßt.

Stiller

Frisch hatte in den USA, wie erwähnt, ein Romanprojekt zur Seite gelegt. Im Hörspiel *Rip van Winkle* fand er die Idee, um das Fragment zu Ende zu schreiben. Im Sommer und Herbst 1953 zog er sich in ein kleines Hotel über dem Genfersee zurück (wir kennen die Gegend um Glion als Stillers letzten Wohnsitz), um nochmals über die zweihundert in Amerika »sauber geschriebenen Seiten« zu gehen. Der Einfall, den Heimkehrer an der Grenze zu verhaften, lieferte die Konstruktionsidee, welche dem Text seine Gestalt gab. Frisch war begeistert und schrieb, wenn die Erinnerung Hannes Tröschs stimmt, die erste Fassung des Romans in wenigen Wochen nieder.[32] Im Herbst 1954 erschien er bei Suhrkamp unter dem Titel: *Stiller. Roman.*

Die kürzeste Inhaltsangabe hat, ersetzt man Rom durch Zürich, Ingeborg Bachmann gegeben: »Er kommt an und trifft in Rom auf die Gestalt, die er den anderen damals zurückgelassen hat. Sie wird ihm aufgezwungen wie eine Zwangsjacke. Er tobt, wehrt sich, schlägt um sich, bis er begreift und stiller wird.«[33] Der Roman ist seiner äußeren Form nach zuerst einmal eine *detective story:* Mr. White, ein US-Amerikaner, wird an der Schweizer Grenze verhaftet, weil die Justiz ihn für den seit sechs Jahren verschollenen Schweizer Bildhauer Anatol Stiller hält. Dieser steht im Verdacht, in eine Geheimdienstaffäre verwickelt gewesen zu sein. In der Untersuchungshaft schreibt White im Auftrag seines Pflichtverteidigers »die Wahrheit« über sein Leben in sieben Heften nieder. Konfrontiert mit Stillers ehemaliger Frau Julika, seiner einstigen Geliebten Sibylle (sie ist die Frau des nun für ihn zuständigen Staatsanwaltes), mit dem eigenen Bruder und verschiedenen alten Freunden, protokolliert er auch deren Ansichten zu Stiller. Mosaikartig und aus unterschiedlichen Blickwinkeln entsteht so ein facettenreiches Bild dieser Figur und ihrer Lebenswelt. Je länger sich der Ich-Erzähler White weigert, der verschollene Stiller zu sein, um so dichter umschreiben ihn die anderen. Indem White seine Identität verleugnet, holt sie ihn so Stück um Stück wieder ein.

Der Schlüssel zu Whites ungewöhnlicher Weigerung wird, auch dies ganz im Stil der *detective story,* erst auf den letzten Seiten des letzten Heftes mitgeteilt: Stiller hatte vor Jahren Frau, Geliebte, Freunde und Heimatland verlassen, um in Amerika ein neues Leben zu beginnen. Auch dieses Leben glückte nicht, und Stiller/White versuchte, es zu beenden. Doch auch der Selbstmordversuch mißlang, Stiller/White genas und fühlte sich danach als ein anderer Mensch neugeboren: »Ich hatte ein Leben, das nie eines gewesen war, von mir geworfen ... Ich hatte die bestimmte Empfindung, jetzt erst geboren zu sein, und ich fühlte mich mit einer Unbedingtheit, die auch das Lächerliche nicht zu fürchten hat, bereit, niemand anders zu sein als der Mensch, als der ich eben geboren worden bin, und kein anderes Leben zu suchen, als dieses, das ich nicht von mir werfen kann. Das war vor etwa zwei Jahren, wie gesagt, und ich war bereits achtunddreißig.«[34]

Durch diese Auflösung des Whiteschen Geheimnisses gibt sich der Text auch äußerlich als Roman zum Thema »Auf der Suche nach der eigenen Identität« zu erkennen. Und es ist nur folgerichtig, wenn das Gericht schließlich White verurteilt, Stiller zu sein.[35] Die verleugnete Identität hat Stiller eingeholt. »Ich bin nicht Stiller«, der berühmte erste Satz des Romans, ist widerlegt: ›Ich kann nicht Nicht-Stiller sein, ich muß meine Identität, ich muß, auch wenn es mir unsäglich schwer fällt, mich annehmen, wie ich nun einmal bin, und auf alle Selbstillusionierung verzichten‹, heißt die finale Erkenntnis.

Soweit der rote Faden des ersten Teils des Romans. Die sieben Hefte, die White/Stiller in der Untersuchungshaft niederschrieb – in ihnen wird die Notizentechnik des *Tagebuch 1946–1949* zur großen Erzählform weiterentwikkelt –, beinhalten jedoch weit mehr als diesen Faden. Zu lesen gibt es u.a. biographisch aufschlußreiche Personenporträts. Im Erscheinungsbild und in der vornehmen Art Julikas sind unschwer Züge von Trudy Frisch-von Meyenburg zu erkennen. »In erschreckender Weise vergewaltigt« findet der Staatsanwalt sie in Stillers Beschreibungen.[36] In der Figur Stiller/White analysierte Frisch auch eigene Charaktereigenschaften und lieferte ein ironisches Selbstporträt mit dem vielzitierten Satz: »Frauen haben bei ihm leicht das Gefühl, verstanden zu werden.«[37] Ein eingestreuter Essay zum Scheitern des Lebens nimmt ein uraltes Frisch-Thema wieder auf: »Die weitaus meisten Menschenleben werden durch Selbstüberforderung vernichtet … Es braucht die höchste Lebenskraft, um sich selbst anzunehmen.«[38] Ein anderer Text zum Wirklichkeitsverlust im medialen Zeitalter behandelt ein Thema, das Mitte der fünfziger Jahre erstmals populär wurde.[39] Die Rip-van-Winkle-Geschichte fehlt ebensowenig wie die architekturkritischen Kommentare Stillers zur Schweizer Baukunst sowie zur angstbesessenen, jeder Radikalität abholden und rückwärtsgewandten Mentalität der Schweizer, Ansichten, die sich zum Teil wörtlich in Frischs Architekturschriften wiederfinden. (Siehe das folgende Kapitel.) Ironische Szenen aus dem bürgerlichen Schweizer Leben und scharfe Kritik am Hang der Schweizer Literatur zur weltfremden Idyllik stehen neben atmosphärisch dichten Beschreibungen der Landschaft des Pfannenstiels, bei der auch die Bauernschenke nicht fehlt,

worin Frisch einst Zollinger kennengelernt hatte.[40] Thomas Manns *Zauberberg*-Szenen vor dem Ersten Weltkrieg finden eine Fortsetzung im Davos der fünfziger Jahre, Städtebilder aus Manhattan kontrastieren mit Promenaden am Zürichsee. Schließlich erzählen die sieben Tagebuchhefte das schmerzliche Scheitern einer Ehe zwischen Überforderungsprojektionen und Versagensängsten sowie das vorsichtige Wiederfinden, Wiederverlieben (und erneute Scheitern) der Ehepartner nach sieben Jahren der Trennung. Auch die Geschichte einer ebenso stürmischen wie abrupt endenden Verliebtheit, an welcher zwei Ehen (beinahe) zerbrechen, fehlt nicht, und schließlich bieten die Räuberpistolen, die White/Stiller seinem Wärter Knobel erzählt, spannende Kolportage und Trivialunterhaltung. Die Verhörsituation, in die Frisch seine Zentralfigur bringt, schafft nicht nur die logische Klammer, welche all diese weltläufigen und disparaten Teile zusammenhält, sie erlaubt auch, die enge Perspektive der herkömmlichen diaristischen Ich-Erzählung in ein breites Spektrum unterschiedlicher Erzählerstandpunkte aufzufächern. Zu Recht ist die Konstruktion des *Stiller* viel bewundert worden.

Der zweite Teil des Romans – er umfaßt bloß einen Siebtel des ersten Teils – besteht aus den Aufzeichnungen des Staatsanwaltes, mit dem sich Stiller in der Untersuchungshaft befreundet hatte. In ihnen erzählt Frisch die Geschichte Stillers zu Ende und interpretiert sie zugleich.[41] Stiller hat sich nach seiner Entlassung mit Julika in sein »Traumhaus« in Glion über dem Genfersee zurückgezogen. Das Haus ist in Wahrheit ein kitschiges, von Gartenzwergen umstandenes Schweizer-Chalet. Im Keller stellt Stiller Swiss pottery für (vornehmlich amerikanische) Touristen her, während Julika in einer nahen Mädchenschule rhythmische Gymnastik unterrichtet.

Stiller hat nicht nur seine äußerliche, amtliche Identität wieder gefunden, er hat sich selber auch angenommen: Die Bildhauerei war eine Überforderung, Swiss pottery, geschmackvolles, aber künstlerisch anspruchsloses Handwerk, ist das ihm gegebene Maß. Der Schweizverächter hat sich zum bekennenden Schweizer bekehrt, die hochfliegenden Träume von einst sind ausgeträumt, die Flucht vor sich selbst ist zu Ende, Stiller ist bei sich angekommen. Es ist ein dürftiges Ankommen, aber es ist ein Ankommen in der Wahrheit. Als Prozeß formuliert: »Die Selbsterkenntnis, die einen Menschen langsam, oder jählings von seinem bisherigen Leben entfremdet, ist ja bloß der erste, unerläßliche, doch keineswegs genügende Schritt … Stiller war im Begriff, den zweiten und noch viel schwereren Schritt zu tun, herauszutreten aus der Resignation darüber, daß man nicht ist, was man so gerne gewesen wäre, und zu werden, was man ist. Nichts ist schwerer, als sich selbst anzunehmen.«[42]

Nicht zueinander finden konnten hingegen Stiller und Julika. Die alten Mechanismen von Überforderung und schlechtem Gewissen verhinderten ein wechselseitiges Sich-annehmen. Julikas Tuberkulose bricht wieder aus, ein Lungenflügel muß entfernt werden; Julika stirbt an den Folgen der Operation. Der Text endet mit einer Paraphrase des letzten Satzes aus Büchners Novelle *Lenz:* »Stiller blieb in Glion und lebte allein.«[43]

Stiller gilt gemeinhin als *der* Roman zum Thema Identitätsfindung. Während Frisch in seinen architekturkritischen Schriften gesellschaftskritisch polemisiere, habe er hier, auf der Suche nach dem Ich im rein privaten Bereich, wahre Dichtung geschrieben. Eine solche Lesart löst das Identitätsthema aus seinem Zusammenhang und verfälscht es. Frisch beschreibt die Identitätsfindung Stillers in Reibung mit einem sehr genau durchschauten gesellschaftlichen Kontext.

Das private Ich Stillers ist in seinem ganzen Egozentrismus und Narzißmus zugleich der (über)sensible Prüfstein, der die Welt um Stiller kritisch mißt. Und wenn zuletzt der anspruchsbetonte Bildhauer und Architekturkritiker Anatol Stiller zufrieden im imitierten Schweizer-Chalet zwischen Gartenzwergen wohnt, so ist diese »geglückte Identitätsfindung« zugleich eine bitterböse Ironie. Tatsächlich haben genau jene Enge und Spießigkeit der Schweiz (und seines eigenen Charakters), aus der Stiller einst nach Amerika geflohen ist, ihn zu Ende seines Lebens wieder eingeholt: Stiller ist zum Spießer regrediert, schließlich gar – die Lenz-Paraphrase zum Schluß verweist darauf – zum seelisch und geistig Abgestumpften. Die Einfindung in die gegebenen Verhältnisse und die Selbstfindung, die gemeinhin als Maß für ein geglücktes Leben gilt, erscheint zugleich als Fiasko. In einer beschädigten Welt bleibt auch ein Mensch, der den Weg zur Selbstannahme schafft, nicht ohne Schaden.

Der Schweizer Literaturkritik fiel es schwer, diesen Zusammenhang zu akzeptieren. Zwar lobte sie unisono den neuen Roman als ein Meisterwerk der Komposition, der Sprachkunst, der Geistesschärfe, der weltläufigen Phantasie, der plastischen Figurenzeichnung und der spannenden Unterhaltung. Doch sie beanstandete zugleich Frischs Gesellschaftskritik als »überbetont«, als »Ressentiments«, als »Schlacken in einem bedeutenden Kunstwerk«, als »Zynismen und Sarkasmen«.[44] Die deutsche Kritik hingegen reagierte begeistert: »Endlich wieder ein großer Roman in deutscher Sprache«, »wo man von den Errungenschaften der modernen Erzählkunst spricht, wird man außer Proust und Joyce, außer Mann und Musil ... auch den *Stiller* nennen müssen«. Frischs »erstes Meisterwerk«, »ebenso anregend, wie augenöffnend, wie schön zu lesen«. Fazit:

»Dieser Roman ist ein großes Werk, groß, weil das moderne Bewußtsein sprachlich hier seinen Ausdruck gefunden hat, weil – bei aller Rationalität – das Buch nicht im literarischen, im zeitkritischen Essay stecken bleibt, sondern wahre Dichtung ist.«[45]

Stiller war Frischs erstes Buch, das, wenn auch erst im Lauf der Jahre, eine Millionenauflage erreichte. Es wurde in zahlreiche Sprachen übersetzt und bildete den Grundstock zum Weltruhm (und zum Vermögen) seines Autors (und seines Verlags). Und es brachte ihm zahlreiche Literaturpreise ein: den Wilhelm-Raabe-Preis (nach einem zähen Gerangel hinter den Kulissen,[46] den Schleusser-Schueller-Preis (für das Hörspiel), den Schweizer Schillerpreis, den Welti-Preis, den Förderpreis der Pro Helvetia (alle 1955 und 1956), den Literaturpreis der Stadt Zürich und schließlich, als erstem Ausländer, den Georg-Büchner-Preis der Deutschen Akademie für Sprache und Dichtung (beide 1958). Als Mittvierziger hatte Frisch den weltweiten Durchbruch als Schriftsteller geschafft. Und jetzt vollzog er auch den Schritt, den er seit Beginn seines Schreibens immer wieder und auf mannigfache Weise reflektiert hatte: Er hängte die bürgerliche Existenz an den Nagel, verkaufte sein Architekturbüro, verließ Frau und Familie, zog nach Männedorf in eine eigene Wohnung und wollte sich fortan ganz dem Schreiben widmen. In gewohnter Weise hatte er zuvor diesen Schritt literarisch durchgespielt.

Stiller/White stehen auch für Frischs gespaltene Situation um 1950, und die Parallelität des Romans zu Frischs Leben liegt auf der Hand. 1949, ebenfalls mit achtunddreißig Jahren wie White/Stiller, durchlebte Frisch, eine schwere Lebenskrise. Sechs resp. sieben Jahre war White in Amerika gewesen, um ein neues Leben zu versuchen, sechs resp. sieben Jahre lang war Frisch damals mit seiner Frau Trudy zusammen. Sein Aufbruch nach Amerika war ein Ausbruch aus einem Leben gewesen, das er zunehmend als eng, künstlerisch unbefriedigend, politisch verlogen, zementiert und bleiern empfunden hatte. Nach seiner Rückkehr aus Amerika stand die Entscheidung an. White hatte sich geweigert, wieder Stiller zu sein. Doch indem er sich auf die alten Verhältnisse wieder einließ, einlassen mußte, war sein Weg zur Bescheidung in die Swiss pottery vorgegeben. Auch Frisch hätte diesen Weg gehen können und wäre vermutlich als ordentlicher Architekt, begabter Schriftsteller und guter Bürger in die Annalen eingegangen. Die Ambivalenz zwischen bitterer Ironie und vorsichtiger Wertschätzung, womit Frisch das Leben seines Helden in Glion schildert, läßt die Haltung ahnen, die Frisch damals zur eigenen Lebensproblematik einnahm. Und es gehörte ohne Zweifel Mut und Überzeugung dazu, als nicht mehr junger Mann und dreifacher Familienvater, nicht den Weg nach Glion, den Weg ins Maßvolle, Eingepaßte zu gehen, sondern den Sprung ins Ungewisse, vielleicht ins Maßlose zu wagen. Frisch wagte ihn. Der Erfolg des *Stiller* hatte ihn dazu ermutigt.

Achtung: die Schweiz!

Der Architekt und Stadtplaner
(1943–1955)

Fünf Theaterstücke, vierhundert Seiten Tagebuch, Dutzende von Aufsätzen und Artikeln – Frischs Schreibpensum der Jahre 1944 bis 1950 stünde einem Berufsschriftsteller wohl an; Frisch schrieb es in seiner, wenn auch reichlich bemessenen, Freizeit. Hannes Trösch, sein langjähriger Mitarbeiter und Kompagnon, erinnerte sich an Frischs stupende Konzentrationsfähigkeit: »Wenn er vormittags einige Stunden ins Büro kam, arbeiteten wir sehr konzentriert und intensiv, am Nachmittag schrieb er dann.«[1]

Ein bescheidenes Büro

In den vierzehn Jahren, in denen Frisch als Architekt arbeitete, realisierte er vier Bauwerke: zwei Einfamilienhäuser für den älteren Bruder, ein Gartenbad, ein Landhaus. Mit einem halben Dutzend Wettbewerbsprojekten kam er in die ersten zehn Ränge. Für den geringen Auftragsbestand machte er gesellschaftliche Gründe verantwortlich: Weder habe ihn die Familie der Frau unterstützt, noch könne ein einfacher Kanonier in der Schweiz als Architekt Karriere machen.[2] Hannes Trösch und Trudy Frisch sahen die Sache anders: Frisch sei von der Schriftstellerei zu sehr absorbiert gewesen, um sich mit der nötigen Intensität um Bauaufträge zu kümmern.[3]

Frischs Architekturbüro, das er im Frühling 1943 eröffnete, war bescheiden: Zwei mietfreie Räume im Haus einer Tante seiner Frau, einige Tischplatten auf Böcken, Papierrollen, Zeichenmaterial, ein Telefon, eine Schreibmaschine. Außer dem Chef arbeiteten hier, je nach Arbeitsanfall, ein bis zwei Zeichner resp. Lehrlinge. Die Löhne, auch der eigene, waren niedrig. Auch jetzt noch ging ein Teil des Gehalts an die Mutter. Man lebte bescheiden. Die täglichen Wege wurden zu Fuß oder mit dem Fahrrad zurückgelegt. Ein Auto konnte er sich erst 1955 anschaffen.

Kurt Peter war von 1944 bis 1947 Bauzeichner-Lehrling bei Max Frisch. Später wurde er Berufsoffizier und brachte es bis zum Oberst im Generalstab. 1980 erinnerte er sich in einem Brief an seine Lehrzeit. Dieser Brief und Frischs Antwort geben einen guten Einblick in die frühen Verhältnisse: »Und was hat mir eigentlich der Lehrmeister selbst geboten?« fragte Peter. »Ich weiß es mit dem besten Willen nicht. Ich sah ihn selten. Die ›Chinesische Mauer‹ war verständlicherweise von unvergleichbarer Bedeutung. Während drei Jahren haben wir nichts gebaut. Ich konnte keinen gezeichneten Plan in einen ausgeführten Bauteil übertragen sehen. Ich hatte ja eben das Büro zu hüten. 30.–, 40.–, und 50.– Fr. waren der Lohn dafür. Ausbezahlt wurde dieser Lohn irgendwann im Monat, meistens in der ersten Hälfte des nachfolgenden. Als sich mein Vater einmal die Bemerkung erlaubte, daß ich den geringsten Lohn aller Gewerbeschul-Kameraden hätte, wurde er über die hohen Papierpreise ins Bild gesetzt. Minimalster Lehraufwand gepaart mit minimalster Entlöhnung, dem würde man heute ohne Zweifel Ausnützung sagen.«[4]

Frisch antwortete in einem sechsseitigen Brief: »Wie frustrierend es ist, wenn Pläne nie zur Ausführung kommen, weiß ich aus eigener Erfahrung ... Nach dem Wettbewerb, der mir 1943 den schönen Auftrag von der Stadt Zürich eingebracht hatte [das Letzigraben-Bad, U.B.], dauerte es vier Jahre bis zum ersten Spatenstich. Ich hatte in dieser Zeit keine anderen Aufträge, keine Baustelle ... Es war noch die Zeit des Aktivdienstes, und es stimmt sicher, daß ich öfter nicht im Büro saß.« Was die *Chinesische Mauer* betrifft: »Im Theater kam ich zur Ausführung meiner Projekte, während das Architekturbüro immer noch wartet und wartet, daß das Freibad Letzigraben endlich gebaut werde – ich gebe zu: das war kein guter Platz für einen Lehrling. Wir hätten den Lehrvertrag unter diesen Bedingungen eigentlich auflösen müssen ... Ich verstehe Ihre heutige Bitterkeit und muß Sie, lieber Kurt Peter, nachträglich um Entschuldigung bitten, das in jedem Fall.«

Zur Entlöhnung bemerkte Frisch, er selbst habe bei Dunkel ein Anfangsgehalt von 350.– Fr. bezogen. Auch als »Boß« sei er nicht über ein Monatsgehalt von 500 Franken gekommen. Die Honorarsumme für das Letzibad habe 120 000 Franken betragen, wovon die Löhne und Bürokosten über sechs Jahre zu bezahlen gewesen seien. »Da wäre nichts zu machen gewesen, wenn nicht für mich damals die ersten Theater-Tantiemen dazu gekommen wären. Ich sage nicht, daß ich deswegen, also aus ökonomischen Gründen allein, zeitweise nicht im Büro an der Selnaustraße gewesen bin, sondern im Theater oder zuhause am Schreibtisch; da fühlte ich mich wohler ... Das ist keine Rechtfertigung dafür, daß Sie, wie Sie schreiben, als Lehrling schlechter entlöhnt worden sind als andere Lehrlinge anderswo; es ist mir nicht bewußt gewesen.« Und Frisch bot eine »finanzielle Wiedergutmachung mit Zinsen und Zinseszinsen« an.[5]

»Organisches« Bauen

Das Werkverzeichnis des Architekten Frisch umfaßt ein gutes Dutzend Projekte. Petra Hagen hat es 1986 zusammengestellt und sachkundig kommentiert.[6]

Ein Taubenhaus zu Kriegsbeginn und Bunkerbauten während des Aktivdienstes waren die ersten Aufgaben. 1941 entwarf und baute Frisch zusammen mit seiner künftigen Frau ein Wohnhaus für den älteren Bruder Franz Bruno. »Sein Geld ist knapp; es wird ein kleines Haus.«[7] Der zweistöckige Bau, er steht noch, liegt parallel zum Hang in einem Einfamilienhaus-Quartier in Arlesheim. Die Hauptfassade schaut, im Unterschied zu Frischs späteren Bauten, hangabwärts. Stilistisches Vorbild waren die ›Heimatstil‹-Gebäude der Landesausstellung 1939, besonders das dort gezeigte Grotto ticinese von R. Tamis. In *Montauk* äußerte sich Frisch recht abfällig über das Haus: »Je simpler mein Plan, um so besser wäre er. Statt dessen will ich Einfälle zeigen, und es wird ein dummes Haus, aber es wird gebaut.«[8]

1943 gewann Frisch den Wettbewerb für das städtische Freibad Letzigraben in Zürich und den Bauauftrag in der Höhe von 4,5 Millionen Franken[9]. Der Baubeginn verzögerte sich bis 1947. Während des Krieges wurde zwar viel geplant, die Ausführung aber auf die Friedenszeit verschoben. Nach Kriegsende waren Baumaterialien knapp und Wirtschafts- und Wohnbauten dringlicher als Freibäder. Im August 1947 begann endlich der Aushub, bereits im Herbst stockte die Arbeit. Frischs zorniger Kommentar: »Die Herren vom Trust, wollen ihren Zement nicht liefern … für unser Volksbad. Die Industrie, der sie sich verwaltungsrätlich verbunden fühlen, hat zur Zeit so dringende Bauten, um ihre Gewinne unterzubringen. Die Industrie, sagen sie, könne den Bau einer solchen Anlage jetzt nicht

gutheißen. Wer hat gutzuheißen? Das Volk hat abge-
stimmt. Ihr unverfrorener Vorschlag: die Stadt könne ja
ausländischen Zement beziehen, der zwar teurer ist, aber
ebenfalls nur durch diesen Trust erhältlich.«[10]

Dieser *Tagebuch*-Eintrag ist bemerkenswert. Er ist mehr
als eine zornige Kritik am Schweizer Wirtschaftssystem. Er
signalisiert eine neue politische Sicht, stellt er doch in
bester sozialistischer Tradition das »Volk« und die »Herren
vom Trust« gegeneinander. Die Herren schmälern die
Rechte des Volks zwecks Gewinnmaximierung. Die Formulierung könnte von Brecht sein. Weder Trudy Frisch
noch Hannes Trösch verstanden diese Begründung. Ihrer
Meinung nach war Zement damals eben einfach knapp und
deshalb rationiert[11]. Die Frage nach möglichen politischen
oder ökonomischen Hintergründen der Rationierung stellte
sich ihnen nicht.

Das Bad wurde im Sommer 1949 eröffnet. Frisch hatte
die Funktionsgebäude in kleine Baukörper gegliedert und
diese unauffällig in die Parklandschaft eingebettet. Natur
und Architektur sollten, so der Kodex der vierziger Jahre,
»organisch« miteinander verschmelzen. Grazile Betonpfeiler
und Holzkonstruktionen, Trennwände aus schmalen, ver-
glasten Betongittern sorgten für optische Leichtigkeit. Das
oktogonale Restaurationsgebäude auf dem alten Galgen-
hügel schwebte wie ein großer Sonnenschirm über der Anlage. Daß die Wände trotz der modernen Form aus ver-
putzten Backsteinen, nicht aus Beton gebaut wurden – eine
in der Zunft oft bemäkelte Inkonsequenz –, hatte historische Gründe: Beton war 1943, zur Zeit der Planung,
kriegswichtige Mangelware und wurde daher nicht in
Betracht gezogen. Eine Umstellung nach dem Krieg auf das
moderne Material wäre mit neuer Planungs-, Berechnungs-
und Zeichenarbeit verbunden gewesen.

Frisch schrieb im *Tagebuch 1946–1949* ein knappes Dutzend Mal über das Letzibad. Die Texte berichten vom Fortgang der Arbeit, von heilsamen Erfahrungen mit Handwerkern und ihren verschiedenen Mentalitäten und vom legendären Besuch Brechts auf der Baustelle. Die Letzigrabenkapitel sind innerhalb der *Tagebuch*-Komposition jene Realberichte, um die herum sich zahlreiche architekturtheoretische, poetologische, sozialkritische und ästhetische Reflexionen gruppieren. Diese Stellung zeigt die Wichtigkeit, die Frisch seinen Bauerfahrungen zumaß. Hier war er nicht bloß beobachtender Schilderer, hier war er Mitgestalter seiner Gesellschaft.

1943 verfertigte Frisch Skizzen für ein Haus des verehrten Freundes und Lehrers Emil Staiger. Sie sind leider nicht erhalten.[12] 1944 nahmen Max und Trudy Frisch am Wettbewerb für den Erweiterungsbau des Zürcher Kunsthauses teil. Das neue Gebäude sollte sich dem alten »organisch« angliedern und Rücksicht auf die bestehende Form des Heimplatzes nehmen. Die meisten Vorschläge glichen dem heutigen Anbau von H. und K. Pfister. An Frischs Entwurf bemängelte die Jury unter anderem »zu weitgehende Eingriffe« in den Altbau. Der Kritisierte wehrte sich mit einem Rundumschlag: Die Antike wie die Renaissance habe mit ihren architektonischen Erbschaften kurzen Prozeß gemacht. Die alten Bauwerke seien als Material für neue Bauaufgaben ausgeschlachtet worden: »Her damit! Jetzt leben wir.« Nicht das Geschaffene, das Schaffen stand damals im Vordergrund. Wie anders die zeitgenössische Schweiz! »Jedermann erkennt, daß der Platz … eine ganz erfreuliche, freie, restlose Lösung nicht gestattet, doch man getraut sich nicht, ein altes Zürcher Haus mittleren Wertes einfach abzureißen … Bildung als Perversion ins Museale – «[13] Frischs »ganz erfreuliche, freie, restlose Lösung« war ein Betonklotz inmitten eines Ensembles historischer Bürgerhäuser. Andernorts argumentierte Frisch differenzierter. Le Corbusiers Plan Voisin (1925) zur radikalen Umgestaltung von Paris war ihm ein Graus. In den fünfziger Jahren plädierte er für die strikte Trennung zwischen konservierten Altstädten – Bildung nun als Sinn für das Museale – und kühnen Neubaustädten. Als schlechteste Lösung galt ihm allemal die behördliche Halbherzigkeit, der faule Kompromiß zwischen Alt und Neu. Er verhindere jedes großzügige Denken und Bauen.

Zwanzig Jahre nach dem Kunsthaus-Wettbewerb beschäftigte sich Frisch noch einmal mit der Gestaltung des Heimplatzes. Als Mitglied der Baujury votierte er für Jörn Utzons Entwurf des neuen Schauspielhauses.[14] Utzon, der mit dem Opernhaus in Sidney weltberühmt geworden war, sah einen verkehrsfreien Heimplatz vor. Die Verkehrsströme sollten unterirdisch geführt werden. Frisch forderte zusätzlich gedeckte *basements*, um das Ambiente für einen urbanen Begegnungs- und Kommunikationsort, für eine »Piazza« nach italienischem Vorbild, zu schaffen.[15] Der Neubau des Schauspielhauses blieb ebenso Papier wie der verkehrsfreie Heimplatz. Ein weiteres Mal wurde das alte Pfauentheater renoviert und der Platz als reine Verkehrsfläche belassen.[16]

1946 beteiligte sich Frisch erfolglos am Wettbewerb für die neue Freiluftschule Ringlikon. Sein Vorbild war die von Hermann Baur erbaute Bruderholzschule in Basel. Frisch situierte die freistehenden Schulzimmer-Pavillons quer zum Hang und verband sie mit einem gedeckten Korridor. Diese Quer-Situierung wurde charakteristisch für seine Bauwerke. Sie resultierte aus der schon von Corbusier thematisierten Erfahrung, daß nichts so schnell verleidet wie eine frontale Aussicht. Erst wenn der freie Blick gehemmt, die Aussicht »gerahmt« sei, wenn Schranke und Weite, Vorder- und Hintergrund spannungsvoll zusammenspielten, behalte die Aussicht ihren Reiz.[17]

Nach dem Letzibad-Bau galt Frisch als Bäderspezialist. Die Badekommission Pfäffikon beauftragte ihn Ende der vierziger Jahre mit Abklärungen und Studien für ein Seebad im Ort. Das Projekt kam nicht zustande, auch Skizzen sind keine erhalten. Dafür erhielt Frisch 1950 den Auftrag, in Horgen ein Seebad zu projektieren. Auf Druck zweier einheimischer Architekten mußte nachträglich ein Wettbewerb ausgeschrieben werden – den Frisch natürlich gewann, aber die schlechte Wasserqualität und der Einspruch eines benachbarten Gerbereiunternehmers verhinderten den Bau.

Im selben Jahr beauftragte ihn der Haarwasserfabrikant Dr. K. F. Ferster mit dem Bau eines Landhauses in Schaan, Liechtenstein. Auch dieses Haus, das noch steht, setzte Frisch quer zum Hang, quer zur phantastischen Aussicht. Die Hauptfassade geht auf eine Gartenterrasse mit Aussichtskanzel und parkartigem Baumbestand. Das zweigeschossige, im Inneren luxuriös ausgebaute Haus, gibt sich nach außen anspruchslos. Der längliche Baukörper unter dem flachen Satteldach setzt im Stil der Zeit das Obergeschoß farblich und plastisch vom Untergeschoß ab. Wohn- und Eßräume im Parterre orientieren sich durch Glastüren südlich zum Garten hin, ebenso die Schlafzimmer im ersten Stock. Eine Panoramascheibe öffnet den Wohnraum zusätzlich zur Westaussicht. Eingangsfassade und Wirtschaftsräume gehen nach Nordost. Ein gedeckter Gang verbindet Wohnhaus und Gartenhaus mit gedecktem Sitzplatz und Schwimmbecken. Auch dieser – vom Abriß bedrohte – Bau steht noch ganz in der Tradition des »Landistils«. Er wirkt sauber und funktional, aber auch recht nüchtern und bieder.[18]

Mit dem Bauherrn herrschte zuerst ein freundschaftliches Einvernehmen. Als Frisch mit seiner Frau im Herbst 1951 eine erste Spanienreise unternahm, empfahl ihn Ferster an einen befreundeten Madrider Geschäftsmann, der die Frischs höchst gastfreundlich aufnahm.[19] Dann erkrankte Ferster und mußte vorübergehend ins Spital. In dieser Zeit änderte Frisch, ohne Zustimmung des Bauherrn, die Treppenhausmaße. Ferster überzog ihn daraufhin mit massiven Entschädigungsforderungen. Der jahrelange Prozeß verbitterte Frisch. Er sah die Freiheit des Künstlers durch die Macht des Geldes bedroht. Schließlich kam es zum Vergleich. Als Frisch 1952 die Prosaskizze *Burleske*[20] zum Hörspiel *Herr Biedermann und die Brandstifter* ausarbeitete, rächte er sich, indem er aus Gottlieb Biedermann einen Haarölfabrikanten machte, dessen Produkt ein übler Schwindel ist. Fortan sprach und schrieb er mit Vorliebe vom »Haarölgangster« …

»Geometrie gegen Natur«

Die erwähnte Spanienreise brachte entscheidende architektonische Horizonterweiterungen.[21] Frisch war beeindruckt von der Kargheit der spanischen Landschaft, von der Härte des Lichts und der spanischen Mentalität mit ihrer Vorliebe für das Unbedingte, das Entweder-Oder. Wie anders war doch diese Haltung, verglichen mit der in der Heimat vorherrschenden Neigung zum Sowohl-Als-auch. Während der Architekt den christlichen Escorial als »Hochburg eines verklemmten Geistes« empfand,[22] begeisterte ihn die Alhambra restlos: »Man kommt aus dem Verzücken nicht heraus; es ist, als brächten die Räume einander zum Klingen … Hier wird man reich an Phantasie und zugleich wird man gelassen wie in einem Kreuzgang.« Dabei ist diese Architektur nie weichlich oder verschnörkelt: »Die Kuben sind klar, geradezu streng. Man liest auf den ersten Blick, was trägt und was getragen wird; das Ornament, wie unermüdlich es sich ausbreitet, erlaubt sich nirgends, die Statik zu betrügen. Das Ganze ist herb und einfach, wie jede Klassik.«[23]

Das Jahr 1951 verbrachte Frisch als Rockefeller-Stipendiat in Amerika. Die Kühnheit der Architektur Mexiko Citys, Manhattans und Chicagos begeisterte ihn und regte zu ersten eigenen städtebaulichen Überlegungen an.[24] Radikal und »rücksichtsfrei« werde hier gebaut, was »bei uns meistens bloß auf Papier geträumt wird«;[25] gebaut als menschliches Kunstwerk gegen eine harte, oft unmenschliche und grausame Natur. »Geometrie gegen Natur«[26] hieß die neue Formel, die Frisch in Amerika entwickelte und welche die Maxime vom »organischen« Bauen ablöste. In Amerika erwachte Frisch nicht nur zum Architekturtheoretiker – davon wird noch die Rede sein –, er änderte auch seinen Baustil. Das erste Beispiel dazu ist der Wettbewerbs-Entwurf 1953 für das neue Physikgebäude der Universität Zürich. Das Baugelände war exponiert, ein Hügelrücken, auf dem bereits die überkuppelten Hauptgebäude der Eidgenössischen Technischen Hochschule (ETH) und der Universität Zürich von Karl Moser standen. Das erstprämierte Projekt von Ernst Pfeiffer schlug in alter Tradition kleinteilig gegliederte Neubauten vor, die sich dem Bestehenden ein- und unterordneten. Frisch ging den gegenteiligen Weg. Nach der Devise »Warum soll das Kristall-Absolute, wie es Mies van der Rohe entwickelt hat, nur in Chicago oder in der Schublade bleiben«[27] entwarf er ein alle übrigen Gebäude weit überragendes fünfzehnstöckiges Hochhaus, eine Konstruktion aus Stahl und Glasscheiben auf einem Sockelgebäude ähnlich dem Lever-Brother-Gebäude von

Skidmore und Owings in New York. Die kühne »kubische Geste«, die »männlich draufgängerische Architektur«, die »Scheibe« wirkte als Provokation gegen den biederen Geschmack der fünfziger Jahre, den Frisch bereits 1952 in *Cum grano salis* zerzaust hatte.[28] Der Provokateur ging beim Wettbewerb leer aus.

Beim nächsten Versuch, dem Neubau der Kantonsschule Freudenberg in Zürich 1954, gewann er dagegen den zweiten Preis. Auch dieses Projekt resultierte aus der Auseinandersetzung mit Gropius, Mies van der Rohe und der amerikanischen Moderne. Frisch gruppierte die Baukuben wie Windradflügel um einen quadratischen Pausenhof, der kreuzgangartig an den Seiten überdacht war. Die Baukörper, kubische Eisenbetonkonstruktionen auf Stahlsäulen, waren strikt horizontal gegliedert, die frei variierte Fensteranordnung kontrastierte die streng symmetrische Tragkonstruktion. Dieses Wechselspiel brachte zwei Grundsätze moderner Architektur – die streng geometrische Gliederung und die freie Variation – in ein Spannungsverhältnis und versuchte, jene »Heirat zwischen Algebra und Sinnenlust«[29] zu stiften, die Frisch an der Alhambra so sehr schätzen gelernt hat.

Der Plan einer Künstlersiedlung an Zürichs Stadtgrenze beschäftigte ihn in den Jahren 1954 und 1955.[30] Die Siedlung sollte Malern, Bildhauern und Schriftstellern günstige Wohn- und Arbeitsräume bereitstellen. Frisch und Trösch experimentierten mit einer sogenannten ›gemischten Überbauung‹, das heißt, sie kombinierten Turm- mit Pavillonbauten.[31] Auf Einspruch des Stadtbaumeisters mußten das Hochhaus gestrichen und die Wohn- resp. Atelierbauten gleichförmig verteilt werden. Schließlich scheiterte das Projekt am Landeigentümer. Entgegen der Abmachung verkaufte dieser sein Land nicht der Stadt, sondern einem

Bauspekulanten. Frisch tobte umsonst. Frischs Überzeugung, Fragen des Städtebaus seien primär Fragen des Grundbesitzes, entsprang nicht nur der Theorie, sondern eigener, bitterer Erfahrung.

1954/55 trennte sich Frisch von Frau und Familie, um sich ganz dem Schreiben zu widmen. Das Architekturbüro verkaufte er an Hannes Trösch. »Viel war es nicht, einige Tischplatten auf Böcken als Zeichentische, einige Rollen Papier, einige Aufträge, aus denen nichts wurde. Die Schreibmaschine, die ich gerne gehabt hätte, bekam der Sohn Peter.«[32] Von nun an plante und baute Frisch nur noch sporadisch. Die Etagencity, die er 1956 zusammen mit anderen Architekten entwarf, diente in erster Linie dazu, Ideen zu veranschaulichen, die Frisch, Kutter und Burckhardt ein Jahr zuvor im Architekturpamphlet *Achtung: die Schweiz!* zur Diskussion gestellt hatten. Das erhaltene Modell einer gemischten innerstädtischen Überbauung zeigt weiter nicht definierte Baukuben mit unterschiedlichen Höhen, Formen und Ausrichtungen, angeordnet in asymmetrischer Reihung und freier Rhythmik. Gedeckte, einstöckige Flachbauten, vermutlich mit Geschäften, Restaurants und Dienstleistungseinrichtungen, verbinden die Baukuben und schaffen halboffene Piazze – verkehrsfreie Räume für menschliche Begegnungen.

1959/60 baute Frisch in Porza, Tessin, nochmals ein Einfamilienhaus für den Bruder. »Geometrie gegen Natur«[33] hieß auch hier die Bauformel. Das ebenerdige Haus mit dem flachen, gegliederten Satteldach stand quer zum Hang und überragte die Geländeterrasse kanzelartig auf schlanken Säulen. Das Haus »steht richtig im Gelände und macht keine Faxen«.[34] Durch eine Dachaussparung wuchs, wie ein gigantischer Nagel, eine hohe Zypresse. Auch hier brach Frisch die Aussicht ins Tal: Die Panoramaseite besaß nur ein bescheidenes Fenster, die Hauptaussicht ging in den Garten. Frisch hat dieses 1984 abgerissene Gebäude als sein am besten gelungenes angesehen.

Zwanzig Jahre später, 1981, entwarf er nach analogen Ideen ein Wohnhaus für seinen Verleger Siegfried Unseld in Bergen-Enkheim, Frankfurt. Wieder stellte er den langgezogenen Baukörper quer zum Hang, ließ ihn in Stufen abfallen, wieder endete der Baukörper in einem kanzelartig vorspringenden Raum, dem Arbeitszimmer des Hausherrn. Und wieder sollte ein großer Baum aus einem Dachunterbruch den flachen zweigeschossigen Bau vertikal kontrastieren. Der erste Stock mit den Schlafräumen überkragte das sockelartige Erdgeschoß, eine Lösung, die sich bereits im Haus Ferster angedeutet hatte. Das Haus kam nicht zur Ausführung, es schien Unseld stilistisch überholt.

Von einer 1975 geplanten Künstlersiedlung in Meilen sind nur einige flüchtige Skizzen erhalten, andere Bauprojekte, an die sich Hannes Trösch erinnert, sind materiell nicht überliefert.

Tradition und Moderne

Insgesamt dürfte Tröschs Urteil zutreffen, daß Frisch als Schriftsteller überragend, aber auch als Architekt begabt gewesen ist. Architektonisch war er bis Ende der vierziger Jahre Traditionalist. Das abgeflachte Satteldach, das währschafte Balkenwerk, die Fassadengliederung als gestalteter Ausdruck der inneren Gebäude-Funktionalität, das gediegene Detail, die Auflösung größerer Bauvolumen in kleine Einheiten und deren unauffällige Eingliederung in die bestehende landschaftliche und architektonische Topik, kurz: die Adaption ländlicher Bauformen in die urbane Architektur war auch Frischs Credo. Es war der

gängige »Post-Landi«-Stil (Trösch) der Zeit. Im Rückblick übte Frisch scharfe Selbstkritik: »Das allermeiste, was
er [Frisch] an Bauten der letzten zwei Jahrzehnte sieht,
inklusive natürlich das wenige, was er selber beigetragen
hat, hat einen unverkennbaren Hang zum Spießbürgerli-
chen, zum Trauten, auch wo es nicht zur Aufgabe gehört, zum Bieder-Behaglichen um jeden Preis, also auch
um den Preis der sachlichen Aufrichtigkeit; allenthalben
waltet eine Art ängstlicher Vernünftigkeit, Mut wird als
Übermut verdächtigt … Bei aller materiellen Gediegen-
heit bleibt etwas Knausriges, … Größe ist unnötig und
gefährdet die Idylle.« Auf die meisten Bauten träfen Be-
zeichnungen zu wie: »schmuck, gediegen, gründlich, gepflegt, geschmackvoll, sicher, sauber, gepützelt, makellos,
seriös, sehr seriös«.[35]

Die Öffnung zur internationalen Moderne und zu
grundsätzlichen städtebaulichen Reflexionen erfolgte, wie
erwähnt, während des einjährigen Amerikaaufenthalts.
Frisch lag damit im Trend der Zeit. In Deutschland erreichte der Wiederaufbau in dieser Zeit, dank Wirtschaftsboom und politischer Konsolidierung, einen ersten Höhepunkt. Fragen des Städtebaus und der architektonischen
Ethik wurden Tagesthemen.[36]

Auch für die Schweiz brachten die Jahre 1951 bis 1954
eine Umorientierung. Heimatstil und Dekormöbeltradition
wichen funktionaler und industrieller Sachlichkeit.[37] Die
Städte wuchsen mit der wirtschaftlichen Prosperität, über-
wucherten die Stadtrandgebiete, eine erste Autowelle
schwappte in die Altstädte, und die Idee einer Fußgänger-
altstadt einerseits, modernster Satellitenstädte anderseits fand
zunehmend Beachtung. Der noch ungebrochene Glaube
an die technische Machbarkeit der Zukunft paarte sich mit
einer jeder Veränderung abholden politischen Gesinnung.

Das herrschende Selbstbewußtsein fand die eigene Welt in Ordnung, oder es wußte zumindest, wie sie in Ordnung zu bringen war.

Städtebautheorie als Gesellschaftskritik

In dieser Situation griff Frisch mit zahlreichen Zeitungsbeiträgen und drei größeren Arbeiten in die Städtebaudiskussion ein. Seine Forderungen nach besseren Lebensformen und neuen politischen Leitbildern wirkten verstörend und provokativ, zumal sie den Rahmen der reinen Architekturdebatte sprengten. Aus den USA zurückgekehrt, referierte er im Juni 1953 vor der *Ortsgruppe Zürich des Bundes Schweizerischer Architekten*.[38] Begeistert von der »herb-männlichen«, auch »männlich-aggressiven« oder »kühnen, männlichen«, jedenfalls maskulinen Architektur des neuen Kontinents, fand er in der Schweiz nur »Kaninchenfarmen für den Mittelstand«,[39] das heißt eine biedere, unendlich geistlose, halbbatzige Architektur, die alles Radikale, Große, Monumentale, jedes Wagnis verachte. Restriktive Bauvorschriften, die den Bedürfnissen der neuen Zeit widersprechen würden, verhinderten schon im Ansatz kühne Entwürfe. Dies räche sich, denn »Verzicht auf das Wagnis, wenn er zur Gewöhnung wird, bedeutet im geistigen Bezirk immer den Tod, eine gelinde und unmerkliche, aber unaufhaltsame Art von Tod«.[40] Frisch vermißte in seinem Land, »das eigentlich nicht die Zukunft will, sondern die Vergangenheit«, jede Vision einer Zukunft. »Um lebendig zu sein, braucht man aber auch ein Ziel in die Zukunft hinaus.«[41] Da uns solche Zukunftsvisionen fehlten, »dörfelten« wir vor uns hin: Statt unsere Altstädte verkehrsfrei und original zu bewahren, mogelten geschickte Architekten ganze Geschäftshäuser in Gebäude aus vergangenen Jahrhunderten hinein. Stehen bleiben würden allein die Fassaden; Heimatschutz verkomme zur Kosmetik. Der reziproke Fehler verunstalte die Vorstädte. Statt fern von der historischen Altstadt in großen Würfen neue Städte nach den modernsten soziologischen und architektonischen Erkenntnissen zu bauen, würden zwei- bis dreistöckige Wohnblöcke errichtet, deren gesetzlich geneigte Dächer, gesetzlich genormte Zimmerhöhen, gesetzlich geregelte Fassadenabstände nicht bloß dörfliches Leben für urbane Bürger simulierten (als ob eine Vorstadtsiedlung nichts anderes wäre als ein Dorf), sondern jedes dortige Leben bis in die Möblierung hinein uniformierten. Kein überlanger Tisch, kein erhöhtes Wohnzimmer, nicht einmal ein freier Ausblick auf die Natur seien möglich. So Frischs Kritik in *Cum grano salis*. Gegen diese uniforme und naturzerstörende Landschaftszersiedelung verlangte er Hochhäuser in weiten Parks, mit Licht, mit Weitsicht, mit Ruhe und mit guten Schnellbahnanbindungen an die Stadtkerne und an die anderen Vorstädte.

Erhaltene Altstadt einerseits, moderne Neustadt anderseits – das Konzept schien vernünftig und war doch politisch nicht durchsetzbar. Ihm standen unzählige »rechtliche, gesetzliche, verfassungsmäßige Hindernisse« entgegen.[42] Dabei ging es, laut Frisch, nicht bloß um Baurechtsvorschriften, Baufluchtenpläne, Zonenpläne etc., es ging letztlich um die »Verfassung«, konkret: um das private Eigentum an Grund und Boden. Solange diese Kuh heilig bleibe, habe eine Stadtplanung für eine »lebendige Schweiz« – der Begriff taucht hier zum ersten Mal auf – keine Chance. Die allgemeine Freiheit, auch in Zukunft nach seinen individuellen Bedürfnissen leben zu können, sei nur zu sichern, wenn wir unsere künftigen Lebensformen planten – auch gegen die Sonderinteressen der Bodenspekulanten. Gemeinwohl gehe vor Partialinteresse, Freiheit sei nur noch möglich durch Plan. In dieser politischen Konsequenz, nicht in der ästhetischen Forderung nach »kühner, männlicher Architektur«, lag die Sprengkraft von Frischs städtebaulichen Ideen. Sein Städtebauprogramm verlangte eine radikale politische Umorientierung der Gesellschaft. Architekturkritik, zu Ende gedacht, führte zu radikaler Kritik am bürgerlichen Eigentumsbegriff.

Das Massenmedium der fünfziger Jahre war das Radio. Frisch schrieb 1954 das »Funkgespräch« *Der Laie und die Architektur*[43] und erhielt dafür 1955 den renommierten Schleusser-Schueller-Preis des Hessischen Rundfunks. Ein Laie (Arbeitgeber), seine Gattin (Mutter), ein Architekt und ein Oberbaurat debattieren Probleme, die Frisch schon in *Cum grano salis* verhandelt hatte. Mittels Zaubermantel fliegt man zum Anschauungsunterricht ins Stadtplanungsbüro, nach Frankfurt, nach Mexico City, zurück ins Zürcher Umland und von da zur Unité d'Habitation Le Corbusiers bei Marseille. Im Unterschied zum Bauamt, worin Fachleute arbeiten, die nicht nach den gesellschaftlichen Prämissen ihrer Entscheidungen fragen, vertritt der Laie Frischs gesellschaftspolitische Anliegen: »Die Aufgaben stellt nicht der Fachmann, sondern der Laie; der Fachmann löst sie.«[44] Politisch gesprochen: Die »Gemeinschaft der Laien«, also das Volk, beschließt durch demokratische Willensbildung, wie es künftig wohnen, arbeiten und zusammenleben will, welche Prioritäten, welche Entwicklungsperspektiven gelten sollen. Es sorgt für die notwendigen Gesetze. Auf dieser Basis verleiht der Architekt als Fachmann diesem Volkswillen eine adäquate architektonische Gestalt. Städtebau ist, Frisch wird nicht müde, es zu wiederholen, primär eine politische, sekundär eine architektonische Frage. Der einzelne mag sich ein »eigenes Landhaus draußen im Kiefernwald« ersehnen, »aber wir fragen uns, wie sollen die neunzig Prozent der anderen wohnen? Das ist das Städtebauproblem«.[45] »Schöpferische Planung« tut not, um unsere Freiräume auch künftig zu sichern; »Städtebau ist Politik.«[46] Solche Formulierungen mußten im Neoliberalismus und kalten Krieg der fünfziger Jahre provozieren. Sie widersprachen dem gängigen Vorurteil, Planung – siehe sozialistische Staaten – bedeute Unfreiheit, wahre Freiheit garantiere nur der liberale Nachtwächterstaat. Doch Sozialismus wie Neoliberalismus (the American way of life) waren für Frisch nicht einfach zwei sich bekämpfende Machtbündnisse, sie waren in erster Linie konkurrierende Ideen für mögliche »Lebensformen in unserem Zeitalter«. »Es geht darum, welche Idee sich vor der Wirklichkeit besser bewährt.«[47] Die Konkretisierung und Zusammenfassung dieser Gedanken versuchte Frisch 1954 in einer anderen Schrift zum Städtebau.

Achtung: die Schweiz! Ein Gespräch über unsere Lage und ein Vorschlag zur Tat

Die 1954 publizierte Broschüre vereinigte anhand eines konkreten Projekts Frischs bisherige Ideen zum Städtebau. Begonnen hatte alles als Studentenprotest in Basel. Der dortige Korrektionsplan von 1949 sah eine verkehrs->gerechte< Umgestaltung der Altstadt vor. Die Studenten wehrten sich gegen die geplanten Zerstörungen. Lucius Burckhardt, vierundzwanzigjähriger Student der Soziologie und Volkswirtschaft, und sein Studienfreund, der Historiker Markus Kutter, formulierten ihre Vorstellungen zur Stadtplanung, der renommierte Galerist Felix Handschin spielte den Verleger, Max Frisch, der mit seinem Vortrag *Cum grano salis* Aufsehen erregt hatte, steuerte das Vorwort bei.

Die Broschüre, ungelenk geschrieben und ohne visionäre Vorstellungen, erschien 1953 unter dem Titel: *Wir selber bauen unsere Stadt* – und wurde kaum beachtet. Doch die beiden Studenten gaben nicht auf. Sie arbeiteten Anfang 1954 ein Konzept für den Bau einer Musterstadt zur Landesausstellung 1964 aus und legten es Frisch vor. Diesem gefiel der Inhalt, nicht aber die Form der neuen Schrift. Mit Wäscheklammern hefteten die drei die brauchbaren Seiten an eine Leine und hängten so lange um, bis ihnen die Abfolge richtig schien. Frisch redigierte, und im September lag der neue Text vor.[48] Rückblickend erinnerte sich Frisch: »Nachdem wir den Vorschlag ausgiebig diskutiert hatten, überlegten wir uns, wie man das lancieren könnte, und hatten alle schon genügend Erfahrung, um wissen zu können: Wenn man das sachlich vorträgt, so findet es kaum Beachtung. So haben wir bewußt zuerst einmal auf die Pauke gehauen und polemisch formuliert, um Aufmerksamkeit durch Ärgernis zu erregen – das in der Hoffnung, daß wir in einer zweiten Runde antreten können und die Aufmerksamkeit haben für die sachliche Darlegung unserer Idee«.[49] Gezielt provokativ war auch die Aufmachung des Textes. Sie usurpierte mit dem Umschlag – der rote Paß mit dem weißen Kreuz für ein Pamphlet – eine Landesikone.

Die Broschüre wurde vor ihrem Erscheinen in einem Kreis junger Menschen lange erörtert. Gestrichen wurden vor allem die Vorstellungen, wie die neue Stadt konkret auszusehen habe. Frisch vertrat die Meinung, erst in der politischen Auseinandersetzung über die künftigen Lebensbedürfnisse könne sich die Form einer neuen Stadt herauskristallisieren. Alles andere laufe Gefahr, den eignen Lebensstil dem Volk aufzudrängen. Die Broschüre war das Gemeinschaftswerk dreier Autoren. Daß die Öffentlichkeit

Frisch mit ihr identifizierte, hat ihn erst geärgert, dann amüsiert: »Ich bin nun einmal der Vater einer Idee, die ich nicht gehabt habe.«[50] Unstreitig ist der ironisch verknappte, politisch angriffige Stil Frischs Werk. Kutter bemerkte zur Arbeitsteilung, er selbst sei der »eher dümmliche Pragmatiker«, Frisch der »Ästhet und Formulierer«, Burckhardt schließlich der »Denker« gewesen, »der immer Freude hatte, wenn er einem paradoxen Zusammenhang auf die Spur gekommen war«.[51]

Auch der neue Text forderte, die historischen Altstädte und das städtische Umland nicht durch Verkehrsanpassung und Zersiedelung zu zerstören. Statt dessen, und dieser Gedanke war neu, sollte »nicht größer als dieses Bauvolumen, das jährlich vertan wird, ... irgendwo in unserem lieben Land der Freiheit« eine neue Stadt in der funktionellen Minimalgröße von rund 15 000 Bewohnern gegründet und gebaut werden.[52]

Im Unterschied zu ausländischen Neubaustädten würden nicht Architekten, sondern die künftigen Bewohner die Form dieser Stadt bestimmen. Angestrebt war mehr als nur musterhafte Lösungen für städtische Wohn-, Verkehrs-, Lebens- und Arbeitsprobleme; gesucht war die »Manifestation einer schweizerischen Lebensform«, die zeigen sollte, »ob wir noch eine lebendige Idee haben, eine Idee, die eine Wirklichkeit zu zeugen vermag, eine schöpferische Vorstellung von unserer Lebensform in dieser Zeit«.[53] Wie der Schneider einen Maßanzug nur nähen könne, wenn er die Maße des künftigen Besitzers kenne, sei »eine Stadt in sinnvoller Weise nur zu bauen, wenn man weiß, welche Art von Gesellschaft darin leben soll«.[54] Dieser Gedanke spannt die Brücke zwischen Politik und Städtebau. »Wir hoffen, unser Land eben durch dieses Unternehmen zwingen zu können, daß es sich auf seine ideelle und politische

Substanz besinnt. Denn das tut not.«[555] Oder an anderer Stelle: »Um nicht mißverstanden zu werden: wir schreiben hier keine Broschüre über den Städtebau.«[56] – »Unser Ziel ist ein politisches.«[57] Genau das machte die besondere Qualität – und die enorme Resonanz – der Schrift aus. Sie war die erste in der Reihe der großen, politischen Auseinandersetzungen Frischs mit seiner Zeit und seiner Heimat.

Es gibt kaum ein Thema der späteren Streitschriften, das hier nicht schon angesprochen war: Freiheit ist nicht das Gegenteil von Planung, sie muß im Gegenteil durch planmäßige Bewirtschaftung erhalten werden; Spekulantenfreiheit ist das Gegenteil von politischer und sozialer Freiheit; eine Gesellschaft ohne Zukunftsvision ist eine sterbende Gesellschaft; politische Parteien, die nicht um große Ideen, sondern um Pfründen streiten, Politiker, die sich als Reklamestrategen statt als politische Vordenker verhalten, unterminieren die Demokratie; die Angst vor Veränderungen, die unbefragte Priorität materieller Gesichtspunkte, das schlechte Gewissen, der schweizerische Minderwertigkeitskomplex, der Mangel an staatsbildenden Ideen, die Neigung zu faulen Kompromissen, die fragwürdigen Finanzgeschäfte, sie sind der Wundbrand unserer Gesellschaft usw. Die Kritik wirkte um so aggressiver, als sie mit einem weihevollen Anlaß verknüpft wurde: Die Autoren schlugen nämlich vor, ihre neue Stadt als Landesausstellung 1964 zu bauen, und sie behaupteten, mit diesem Plan an den Geist der legendären Landi 1939 anzuknüpfen. Diese Verknüpfung war eine gezielte Provokation. 1939 war die alle fünfundzwanzig Jahre stattfindende nationale Schau Symbol einer Schweiz gewesen, die sich in Rückbesinnung auf ihre traditionellen Werte zusammengeschlossen hatte, um die Bedrohung von außen und die innere Zerrissenheit abzuwehren. Die neue Stadt sollte nun, fünfundzwanzig Jahre später, Symbol für eine Schweiz sein, die kühn vorausdachte, die bestehende Stagnation überwand und in eine bessere Zukunft aufbrach. Diese geistige Erbfolge empfanden manche Schweizer, welche die »Landi 39« in verklärter Erinnerung hatten, als Sakrileg. Die Beschwörung des »Landigeistes« war der Versuch, mit der Vergangenheit den Leser für das neue Projekt zu vereinnahmen. Auch die Insistenz der Autoren auf dem »wir« als Anredeform verfolgte populistische Effekte. Schließlich verknüpften sie geschickt fachliche Argumente mit polemischen Attacken, provozierten mit pointierten Fragen kontroverse Antworten und setzten durch dialogische Techniken ein Denken in Widersprüchen in Gang; kurz: Frisch erprobte in diesem Text jene »Ästhetik des Infragestellens«, die für sein weiteres politisches Schreiben charakteristisch werden sollte.

Nach dem Romancier und dem Dramatiker trat mit *Achtung: die Schweiz!* der politische Essayist auf den Plan, und er formulierte dabei auch gleich die beiden wichtigsten Referenzpunkte seiner Schweiz-Kritik: die Idee eines utopischen Sozialismus und den Geist der fortschrittlich-liberalen Schweiz von 1848. Das Demokratieverständnis und der staatsgründende Utopismus des Bürgertums von 1848 und die radikal aufklärerische Sozialutopie des Sozialismus waren von *Achtung: die Schweiz!* (1954) bis zu *Schweiz ohne Armee? Ein Palaver* (1989) die beiden Visionen, woran Frisch die eigene Zeit kritisch maß.

Achtung: die Schweiz! wurde das meistgelesene und meistdiskutierte Schweizer Buch der fünfziger Jahre. Über 200 Presseartikel reagierten auf die Publikation, viele durchaus wohlwollend. Kritische Einwände gab es zu architektonischen und technisch-organisatorischen Details. Oft war dies und jenes »zu bedenken« … Die meisten privaten Zuschriften − »über 1000!« − äußerten sich begeistert.

233

»Wollten wir sie als eine Art Abstimmungsresultat betrachten, wäre die neue Stadt eine beschlossene Sache, im Stimmenverhältnis 95 zu 5.«[58] Es gab auch da und dort harsche Ablehnung, wobei rechts und links eine Allianz eingingen. »Man braucht ... kein Marxist zu sein, um zu erkennen, wie falsch dieser dünnflüssige Idealismus ist«, und: »Von der Verächtlichmachung des Kompromisses durch politische Klugscheißer kann die Schweiz nicht leben, nicht einmal die geplante Musterstadt«, wetterten am linken Flügel *Der Vorwärts* (25. Februar) und das *Volksrecht* (5. Februar). Am rechten Rand attackierte wieder einmal Ernst Bieri die Autoren, die sich in »hohlen und nichtssagenden Worten und Wortspielen gegen das Bestehende austoben«. »Aus welchem geistigen Urschlamm solche Blasen wohl aufsteigen«, hätte er gerne gewußt.[59] Gemäßigte Kritiker sahen in der »Stadt auf freiem Feld« eine Flucht aus den akuten städtebaulichen Problemen: »Eine neue Stadt für 15 000 Einwohner, mit im voraus geplantem Straßennetz, das wäre überhaupt kein Problem; und das glatte Funktionieren des Verkehrs wäre für die anderen Ortschaften beneidenswert, aber kein Vorbild – denn die Pointe ist ja eben, daß sich überall sonst der Verkehr in der vorhandenen Bebauung und im vorhandenen Straßennetz zurechtfinden muß.«[60]

Achtung: die Schweiz! führte zur Gründung der Gesellschaft »Die neue Stadt«. Ziel des Vereins war die Verwirklichung des Projekts. In ihrer Zeitschrift *Der Plan* standen Fragen nach dem Wo und dem Wie im Zentrum; von den Forderungen nach einer neuen Demokratie nahm man bald Abstand. Frisch, dem dieser politische Aspekt der wichtigste war, hielt sich – zur Enttäuschung mancher Aktivisten – zurück. Der Verein löste sich auf, als die Pläne des Bundes für die Landesausstellung 1964 in Lausanne Gestalt annahmen.

Politisch barg *Achtung: die Schweiz!* viel Zündstoff, neue architektonische Ideen enthielt der Text nicht. Die Gartenstadt mit ihrer Trennung der Verkehrsströme, der Vorrang der Fußgängerplätze vor den Verkehrsflächen, die Anbindung an die öffentlichen Verkehrsmittel, die Durchmischung von Geschäfts- und Wohnbereichen usw., all das waren Zeitthemen, mit denen sich Gropius, Neutra, Le Corbusier, Mies van der Rohe und viele andere beschäftigten. In Skandinavien und den USA wurden die neuen Stadtmodelle auch praktisch erprobt. Der Glaube an die Planbarkeit eines hochkomplexen Gebildes namens »Stadt« war noch ebenso ungebrochen wie die Überzeugung, die Macht der Bodenspekulation, die sich hinter dem Schlagwort des »organischen Wachstums« verbarg, ließe sich mit neuen Gesetzen zurückdämmen. Erst Ende der sechziger Jahre begann ein Umdenken: Zu offenkundig waren die Mißerfolge mit den Satellitenstädten, die nie zu lebendigen urbanen Zentren wurden, zu mächtig konzentrierte sich das Immobilienkapital in den Händen supranationaler Investmentgesellschaften.[61] Ungelöst geblieben sind die Grundprobleme, auf die *Achtung: die Schweiz!* reagierte.[62] Wenig verändert haben sich die von Frisch diagnostizierten Neigungen vieler Schweizerinnen und Schweizer zur geistigen »Mumifikation«, ihre »Angst vor der Verwandlung«, ihr »Heimweh nach dem Vorgestern« oder ihr »Unvermögen, an Kompromissen überhaupt noch zu leiden«.

Der schreibende Architekt als bauender Schriftsteller?

Über die inneren Zusammenhänge von Frischs Architektur und seiner Schriftstellerei ist viel spekuliert worden. Er selbst hat vordergründige Analogien abgelehnt: Die Baugesetze eines Dramas oder eines Satzes seien nur dem Namen nach den Baugesetzen einer Betonmauer verwandt. Die Furcht, als schreibender Architekt oder als bauender Schriftsteller, d.h in beiden Fällen als Dilettant abqualifiziert zu werden, mag eine Rolle gespielt haben. Entscheidend ist wohl, auf welcher Ebene Schreiben und Bauen miteinander verglichen werden. Thematisch liegen die Analogien auf der Hand: Dieselbe Kritik an Stadtplanung und Gesellschaftsmisere, die Frisch in *Achtung: die Schweiz!* vorträgt, findet sich im fast gleichzeitig geschriebenen Roman *Stiller* wieder. Die Präferenz für ein Denken in Formen der Möglichkeit, der Veränderlichkeit, der Entwicklung, der Variation gilt ebenso für Frischs literarische wie für seine architektonische Argumentation. Die Überzeugung, daß Fragen und Suchen wichtiger sei als Finden und Antworten, ist eine weitere gemeinsame Leitidee. Der distanzierte Blick von außen, der Sinn für das offen Artistische und kunstvoll-künstlich Gemachte, die Scheu vor Sinnenbetörung, vor Naturimitation und emotionalem Einbezug dominieren in beiden Kunstsparten. Auch Frischs Vorliebe für ausgeprägte grafische Textgliederung ist mit seinem an der Architektur geschulten Blick in Verbindung gebracht worden.[63] Einen Schritt weiter geht Dieter Bachmann, wenn er schreibt: »Ich stelle mir vor: die Sprache dieses Schriftstellers ist geschult an Maßstäben der Architektur. Klarheit, Sparsamkeit, Reduktion auf das Wesentliche, das trägt. Auch: Zwischenräume. Und das Licht darin.«[64] Die Analogie ist bestechend. Ihr Makel: Sie trifft auch auf die Sprache Becketts, Brechts, Jandls und mancher anderer Nicht-Architekten zu. Frischs ästhetische Grundauffassungen sind ohne Zweifel geprägt von Klarheit, Sparsamkeit, Reduktion, Aussparung und Betonung des Konstruktiven; Ornamentik, Wucherungen, Fabulatorik und Verstiegenheit sind ihm fremd. Diese Präferenzen entsprangen aber nicht der Architektur, sie waren herrschender Zeitgeschmack in allen Kunstbereichen. Frisch hatte sie sich in der Literatur wie in der Architektur zu eigen gemacht; sie kamen wohl auch seinem Charakter entgegen. Der wichtigste Einfluß der Architektur auf das Schreiben – Frisch hat ihn im zitierten Brief an Käte Rubensohn hellsichtig prognostiziert (vgl. Seite 71 f.) – bestand wohl in den Erfahrungen, die Frisch im Bauberuf zuwuchsen. Als Architekt war er nicht länger nur distanzierter Beobachter und Schilderer. Er wurde zum tätigen Mit- und Umgestalter der sozialen Realität. Dadurch erschloß sich ihm die »soziale Struktur der Zeit«, wie er es nannte, auf eine neue, direkte und beweiskräftige Weise. Befragt, welche Punkte er in einer Biographie auf keinen Fall missen möchte, nannte Frisch unter anderem seine Beschäftigung mit der Architektur. Sie habe einen entscheidenden Einfluß auf die Entwicklung seines gesell-schaftskritischen Bewußtseins und damit auch auf die Schriftstellerei ausgeübt.

Epilog

1955 hat Frisch zwei ehrgeizige Ziele erreicht: Er ist ein international bewunderter Schriftsteller und ein national bekannter Architekt und Architekturtheoretiker geworden. Er hat einen großen Weg vom kleinbürgerlichen Heimatdichter zum europäischen Intellektuellen zurückgelegt, er hat seine Themen und seinen Stil gefunden, und er hat sich als Schriftsteller wie als Gesellschaftskritiker Positionen erarbeitet, denen er bis an sein Lebensende treu bleiben wird. Mit vierundvierzig Jahren schickt er sich an, im schweizerischen und im europäischen Geistesleben eine Instanz zu werden. In Zukunft wird jedes seiner Worte in der Öffentlichkeit (und im Schweizer Polizeiapparat) aufmerksam verfolgt werden, seine Voten erhalten staatspolitisches Gewicht, er selber wird die Ambivalenz erfahren, zugleich gefürchtet wie bewundert, zugleich verhaßter Staatskritiker wie umjubelter Staatsdichter zu sein. Er wird erleben, wie er selbst zum Monument versteinert und wie eine neue Generation ihn wieder zum Vorbild nimmt.

Der zweite Band beabsichtigt, diese Entwicklungen nachzuzeichnen.

Anmerkungen

Vorwort

1 Rolf Kieser: Das Tagebuch als Idee und Struktur im Werke Max Frischs. In: Walter Schmitz (Hg.): Max Frisch. Materialien. Frankfurt a.M. 1987, S. 17ff.

2 Diese Lektüre und Präsentation der Texte hat einen willkommenen Nebeneffekt: Unser Buch kann auch als Nachschlagewerk zur schnellen Information über die wichtigsten Schriften Frischs verwendet werden.

»Vom langsamen Wachsen eines Zorns«
Ein Prolog zum Gedenken

1 Alle Frisch-Zitate sind Gesprächsnotizen.

2 Wörtliche Transkription des mitlaufenden Tonbands.

»Einer davon bin ich«
Erinnerungen an Kindheit und Jugend (1911–1932)

1 Bürgerleben versus Künstlerleben resp. die Lächerlichkeit des erfolglosen Künstlers, dieses zentrale Thema des frühen Frisch findet sich also schon in der Familiengeschichte.

2 GW II, S. 584.

3 GW VI, S. 720.

4 Gespräch mit Volker Hage, zit. in: Volker Hage: Max Frisch. Reinbek 1983, S. 15.

5 Schweiz ohne Armee? Ein Palaver. Zürich 1989, S. 27.

6 GW VI, S. 730.

7 GW VI, S. 730.

8 Schweiz ohne Armee? Ein Palaver. Zürich 1989, S. 77f.

9 Eduard Sulz-Ziegler, in: Hans Ulrich Jost: Die reaktionäre Avantgarde, Die Geburt der neuen Rechten in der Schweiz um 1900. Zürich 1992. Insbes. S. 77 und 85.

10 Volker Hage: Max Frisch. Reinbek 1983, S. 16f.

11 Ebenda, S. 15. Vgl. GW VI, S. 340: »Ich habe also verdrängt: a) meinen Vater ...«

12 Gespräch mit Käte Schnyder-Rubensohn vom 8. Juni 1994.

13 Volker Hage: Max Frisch. Reinbek 1983, S. 16.

14 Ebenda, S. 16f. Siehe auch die Rußlandverbindungen der Mutter Jürg Reinharts in *Die Schwierigen*.

15 Gespräch mit Käte Schnyder-Rubensohn vom 8. Juni 1994. Die extrem ungleiche Elternbeziehung hat Frischs Geschlechterbilder wohl nachhaltig geprägt. Ein auffälliges Thema bis zum *Homo faber* sind uneheliche Kinder, Stiefväter, Adoptivverhältnisse und vor allem Söhne, die von ihren Müttern anderen Vätern untergeschoben werden *(Jürg Reinhart, Die Schwierigen, Santa Cruz, Homo faber, Stiller* und andere).

16 Sowohl Käte Rubensohn wie Trudy von Meyenburg, Frischs erste Ehefrau, bezeugen die Authentizität der Selbstcharakteristik in *Montauk*. Sie treffe vor allem für den jungen Frisch zu.

17 GW VI, S. 510.

18 GW VI, S. 340.

19 GW II, S. 584.

20 Peter Bichsel in: Du. Die Zeitschrift für Kultur 12/1991, S. 60.

21 GW II, S. 584f.

22 GW II, S. 585. Jahrzehnte später findet sich diese Szene wieder. Allerdings nicht bei Frisch, sondern bei Dürrenmatt. Es ist das Bild aus dem *Winterkrieg im Tibet,* in welchem Ebinger vom Dach des Bümplizer Hochhauses, dem einzigen, das im atomkriegzerstörten, brennenden, gelb rauchenden Bern stehen geblieben ist, in die Tiefe springt. Friedrich Dürrenmatt: Stoffe I–III. Zürich 1981.

23 GW II, S. 585. Vermutlich hatte der Text einige Qualität, sonst hätte das führende Theater der Zeit sich kaum damit befaßt. Frisch betonte verschiedentlich, er sei »zur Literatur ganz eindeutig nicht vom Roman, sondern durchs Theater« gekommen. Vgl. Heinz Ludwig Arnold: Gespräche mit Schriftstellern. München 1975, S. 10. Auch Frischs erster Roman, *Jürg Reinhart* (1934) war zuerst als Schauspiel konzipiert.

24 GW II, S. 585.

25 GW VI, S. 599ff.

26 GW VI, S. 649.

27 Anzumerken ist, daß Frisch in *Montauk* sein Verhältnis zu Coninx »unter Kunstzwang«, also nicht einfach autobiographisch beschrieb. In *Stiller* bemerkte er ironisch: »Wieviel Selbsterkenntnis erschöpft sich darin, den anderen mit einer noch etwas präziseren und genaueren Beschreibung unserer Schwächen zuvorzukommen, also in Ko-

ketterie!« Käte Rubensohn, die Coninx ebenfalls gut kannte, bestätigte allerdings die grundsätzliche Authentizität der Beschreibung des
Verhältnisses Frischs zu Coninx.

28 GW VI, S. 645.
29 Zit. in: Hans Ulrich Jost: Geschichte der Schweiz und der Schweizer.
    Frankfurt a.M. 1986, S. 73.
30 GW VI, S. 730.
31 Ebenda.
32 Näheres siehe Gustav Huonker: Literaturszene Zürich, Zürich 1985,
    S. 163f., resp. Wulf Koepke: Understanding Max Frisch, University
    of South Carolina 1991, S. 16f.
33 Nähere Angaben über die Verbundenheit der Zürcher Germanisten
    mit der nationalsozialistischen Bewegung vgl. Julian Schütt: Germani-
    stik und Politik. Schweizer Literaturwissenschaft in der Zeit des
    Nationalsozialismus. Zürich 1996, S. 57–72.
34 Volker Hage: Max Frisch. Reinbek 1983, S. 20.
35 Seit Theophrasts Maskenkatalog und Aristoteles' Mimesis-Konzeption
    ist die Debatte über das komplexe Verhältnis von *imitatio* und *fictio*
    in der Theaterkunst nicht abgebrochen. Stanislawskij hat ausführliche
    Modelle entwickelt, wie durch äußerliche Nachahmung zu inneren
    Vorgängen zu gelangen sei, und jede elementare Theatererfahrung
    zeigt, wie subtil das Wechselspiel zwischen Vorspielen und Selbst-
    spielen funktioniert. Frisch dagegen dekretiert: Die »starke reine«
    Mimik ist »natürliche und unmittelbare Folge« einer »starken und
    reinen Fiktion«. Die »Anregung zur Fiktion« steht im Text. Ergo:
    »Die mimische Partitur ist überflüssig.«
36 GW II, S. 639.
37 Heinz Ludwig Arnold: Gespräche mit Schriftstellern, München 1975,
    S. 11.
38 Zum Frühwerk vgl. v.a. Walburg Schwenke: Was bin ich? – Gedan-
    ken zum Frühwerk Max Frischs. In: Walter Schmitz (Hg.): Max
    Frisch. Materialien, S. 63–91. Verfaßt 1985.

»Was bin ich?«
Der Schriftsteller als Antibürger (1932–1936)

1 GW I, S. 17.
2 Gespräch mit Käte Schnyder-Rubensohn vom 19. April 1994 sowie
   telefonische Nachfrage vom 22. April 1994.
3 GW IV, S. 207.

4   Unter anderem für: Tages-Anzeiger Zürich, National-Zeitung Basel, Basler Nachrichten, Zürcher Student, Zürcher Illustrierte, Frankfurter Zeitung, Kölnische Zeitung.

5   GW VI, S. 802.

6   Mayer berichtete mir aber auch von sehr harten Debatten, die notwendig waren, um Frisch davon zu überzeugen, nicht einfach alle frühen Texte zu unterschlagen. (Gespräch mit Hans Mayer am 11. Mai 1992 in Zürich)

7   Alexander Stephan macht das Gegenteil. Er zitiert bei Frischs frühen journalistischen Arbeiten vorwiegend Archivtexte. Zu neuen Folgerungen gelangt er dadurch nicht. Er erschwert oder verunmöglicht aber den Leserinnen und Lesern, seine Interpretationen durch die Lektüre der Originaltexte nachzuvollziehen. Alexander Stephan: Max Frisch. München 1983.

8   *Wir bauen eine Straße,* NZZ vom 29. September 1932. Kein Wunder, daß dieser Text noch am 12. November 1932, kurz vor Hitlers Machtergreifung, in der Frankfurter Zeitung nachgedruckt wurde. Frischs ideologischer Hang zum ›einfachen Leben‹ spricht auch aus zahlreichen andern Texten. Zum Beispiel bekennt er in der NZZ vom 8. Juli 1932 unter dem Titel *Skizzen aus dem Eifischtal* angesichts der einfachen Walliser Frauen: »… irgendwie beneide ich diese Menschen.« Der Text wurde nicht in die *Gesammelten Werke* aufgenommen.

9   NZZ vom 18. Dezember 1932. Der Text wurde nicht in die *Gesammelten Werke* aufgenommen.

10 GW I, S. 32f. resp. NZZ vom 21. November 1932. Der spätere Artikel *Knipsen oder sehen* (NZZ vom 31. Juli 1934) variiert den Gegensatz zwischen Journalismus und Dichtung ins Optische. Knipsen heißt, die Oberfläche festhalten, das Flüchtige auf schnelle Weise dingfest machen. Sehen dagegen ist die geistige Arbeit, sich dem Flüchtigen von allen Seiten anzunähern, um es im Gedächtnis möglichst plastisch zu verankern. Durch Zeichnen lernt man, durch Knipsen verlernt man sehen. In der NZZ vom 12. Oktober 1932 ließ er seiner Abneigung gegen den Journalismus freien Lauf und beschimpft den freien Journalisten als »Personifikation des Existenzjammers«, als »antichambrierende Vogelscheuche«. Der Text unter dem Titel *Stadtherbst* wurde nicht in die *Gesammelten Werke* aufgenommen.

11 Er erschien im *Zürcher Student* Nr. 10 von 1932/33. Eine erste, mehr erzählende Variante hatte Frisch dem *Schweizerspiegel* geschickt. Dieser publizierte ihn jedoch erst 1948 mit der peinlichen Erklärung: «Der

Beitrag lag seit 1932 auf unserer Redaktion. Schon damals hatten wir die Absicht, ihn erst zu publizieren, wenn der Autor sich einen Namen gemacht hat.« GW I, S. 661.

12 GW I, S. 17.

13 GW I, S. 12.

14 »Ich wollte ein Künstler sein, ein Dichter sein … außerhalb der Gesellschaft.« Max Frisch in Heinz Ludwig Arnold: Gespräche mit Schriftstellern, München 1975, S. 17.

15 GW I, S. 13.

16 Interessanterweise denkt sich der angehende Künstler die Rolle des Mannes nicht anders als der von ihm verachtete Normalbürger: Er sieht ihn primär als Versorger von Frau und Kind.

17 GW I, S. 11.

18 Hans Mayer hat zu Recht bemerkt, daß das »Ich« in *Montauk,* trotz des Buchmottos: »Leser dies ist ein ehrliches Buch«, nicht den Autor als Person, sondern eine literarische Gestalt mit dem täuschenden Namen Max Frisch, mithin eine Kunstfigur bezeichnet, in die zwar Züge und Erfahrungen des Autors eingegangen sind, die aber keineswegs mit diesem identisch ist. Hans Mayer: Das Geheimnis jedweden Mannes, »Montauk«. In: Hans Mayer: Frisch und Dürrenmatt. Frankfurt a.M. 1992. Und im Gesprächsfilm mit Pilliod mokiert sich Frisch über jene, die die Ironie des Montaigne-Mottos nicht verstanden hatten. Max Frisch. Erzähler. Film von Philippe Pilliod. Berzona 1985.

19 Volker Hage: Max Frisch. Reinbek 1983, S. 22.

20 Nina Toepfer berichtet in der Zeitschrift *Du* 12/1991, Frisch habe die Reise unterbrochen, um am 11. Oktober seiner Mutter in Zürich einen Geburtstagsbesuch abzustatten, einen Besuch, den er wegen Käte Rubensohn verlängert habe. Dies stimmt nicht. Max und Käte lernten sich, so Käte Schnyder-Rubensohn, erst im Frühjahr 1934, zu Beginn des Sommersemesters, kennen. Gespräch mit Käte Schnyder-Rubensohn vom 19. April 1994.

21 GW I, S. 41.

22 GW I, S. 49.

23 GW I, S. 52.

24 GW I, S. 59.

25 GW I, S. 61.

26 GW I, S. 62, 63.

27 GW II, S. 586f. In Dubrovnik hatte er sich in die Tochter der dortigen Pensionswirtin verliebt. Während seines Abstechers nach Istanbul

starb das junge Mädchen. Auch dieses Ereignis ging in den Roman *Jürg Reinhart* ein.

28 Eine Auflistung dieser Episoden bei Walburg Schwenke: Was bin ich? – Gedanken zum Frühwerk Max Frischs. In: Walter Schmitz (Hg.): Max Frisch. Materialien, S. 89, Anm. 11.

29 Frisch wechselte damals zum Atlantis Verlag Zürich, wobei unklar bleibt, wie weit politische, wie weit andere Motive maßgebend waren. Auch der Atlantis Verlag unterhielt beste Verbindungen zum Dritten Reich. Er druckte noch Ende 1943 den dritten Frisch-Roman, *J'adore ce qui me brûle,* in Deutschland. Und selbst der Vorabdruck von *Blätter aus dem Brotsack* erschien 1939 ohne Anstände in einer Zeitschrift, deren Schriftleitung in Berlin saß. Siehe: Daniel de Vin: Max Frischs Tagebücher. Böhlau Forum Litterarum 10. Köln 1977, S. 10 und S. 303.

30 Selbstanzeige. In: Atlantis Almanach 1949. Zürich 1948, S. 97, resp. Heinz Ludwig Arnold: Gespräche mit Schriftstellern. München 1975, S. 14. Auch die Anlehnung an Demian und Steppenwolf von Herrmann Hesse ist augenfällig. Bei aller biographischen Nähe ist Jürg dennoch eine Kunstfigur, und Kunstfiguren sollen, wie Frisch anhand einer Zollinger-Rezension fordert, nicht Stimme des Autors, nicht »sprechende Broschüren« sein, sondern Menschen, die aus ihrer eigenen inneren Notwendigkeit so und nicht anders sprechen und handeln«. Vgl. GW I, S. 178.

31 GW I, S. 246.

32 GW I, S. 305.

33 Die Sterbehilfedebatte lag im Geist der Zeit, aber sie steht in keinem erkennbaren Zusammenhang mit der Euthanasiediskussion, in deren Gefolge wenige Jahre später in Deutschland der Massenmord am »unwerten Leben« begann. Sie diente lediglich dazu, Jürgs Tat zur erforderten Größe und »Männlichkeit« hochzustilisieren.

34 Vgl. Alexander Stephan: Max Frisch. München 1983, S. 25.

35 Brief an Käte Rubensohn vom 20. August 1934. Zu diesen Briefen vgl. Anmerkung ? dieses Kapitels.

36 Alexander Stephan: Max Frisch. München 1983, S. 24.

37 Max Frisch: Selbstanzeige. In: Atlantis Almanach 1949. Zürich 1948, S. 97, resp. Heinz Ludwig Arnold: Gespräche mit Schriftstellern. München 1975, S. 9.

38 Brief an K. Rubensohn vom 23. März 1938: »Ich las nun endlich den *Grünen Heinrich* und ich kann dir nur sagen, wie dankbar bin ich, daß ich ihn noch nicht kannte … Manchmal schlug ich mir fast an den

Kopf, warum habe ich das nicht früher gelesen; aber das ist ein Irrtum, ich hätte nichts fürs eigne Leben daraus gelernt ...«

39 GW II, S. 491.

40 Der Prosatext war eine Doppelgängergeschichte. Sie ist leider nicht erhalten. Laut Käte Rubensohn hat das negative Urteil von Werner Coninx maßgeblich zu ihrer Vernichtung beigetragen. Coninx »war vielleicht eifersüchtig, weil er selber nicht schreiben konnte. Auf jeden Fall hat er auf eine Art kritisiert, daß Max es hat sein lassen.« Gespräch mit Käte Schnyder-Rubensohn vom 19. April 1994.

41 Vom Herbst im Hochgebirge, NZZ vom 7. Oktober 1932, und Kleine Erinnerung, NZZ vom 29. November 1934. In Stiller, im Hörspiel Rip van Winkle, im Tagebuch 1966–1971 und anderswo wird Frisch immer wieder auf das Motiv und die Figur zurückkommen. Genauere Angaben vgl. GW I, S. 663, Anmerkung zu Kleine Erinnerung.

42 NZZ 24. März 1935. Am 31. Juli 1936 schrieb Frisch an Käte Rubensohn, Coninx besitze viele Bücher, die er nicht lese. »Er sagt: er hätte in seinem Schrank soviel Schönes, daß er in seinem ganzen Leben nicht damit fertig werde.« Gespräch mit Käte Schnyder-Rubensohn vom 8. Juni 1994.

43 GW I, S. 66.

44 GW I, S. 67.

45 Hans-Ulrich Jost: Bedrohung und Enge. In: Geschichte der Schweiz und der Schweizer, Frankfurt a.M. 1986, S. 785

46 Über die enge familiäre und geistige Verbundenheit des einflußreichen militärisch-industriellen Clans Wille-Schwarzenbach-Rieter mit dem deutschen Nationalsozialismus vgl. das Buch von Niklaus Meienberg: Die Welt als Wille und Wahn, Zürich 1987. Zum ganzen Komplex vgl. auch: Urs Bircher: »O über die verstunkene Schweiz«. In: Dieter Bachmann/Rolf Schneider (Hg.): Das verschonte Haus. Das Zürcher Schauspielhaus im Zweiten Weltkrieg. Zürich 1987.

47 Gespräch mit Käte Schnyder-Rubensohn vom 19. April 1994.

48 Ist es eine Schande? NZZ vom 9. September 1934. Der Text wurde nicht in die Gesammelten Werke aufgenommen.

49 Die Briefe Frischs – über 110 Stück – befinden sich im Besitz von Frau Schnyder-Rubensohn. Ihre eigenen Briefe an Frisch sind von ihm nicht dem Max-Frisch-Archiv übergeben worden. Sie sind zur Zeit nicht auffindbar. Auf meine Fragen hin suchte Frau Schnyder-Rubensohn in den Briefen Frischs nach den relevanten Stellen und ließ diese durch ihren Mann Dr. Fortunatus Schnyder vorlesen. Es handelte sich immer um längere Absätze und nicht um aus dem

Zusammenhang entnommene Zitate. Ich zeichnete sie auf Band auf, transkribierte sie, und Dr. Schnyder korrigierte die in den Buchtext aufgenommenen Passagen, auch bezüglich Orthographie und Interpunktion, anhand der Originalbriefe.

50 Gespräch mit Käte Schnyder-Rubensohn vom 19. April 1994. Frau Schnyder sprach zum Teil frei, zum Teil las sie aus einem selbstverfaßten Text vor, einer »Familienchronik für meine Buben«. Das Thema Kitsch scheint Frisch seit längerem beschäftigt zu haben. Am 22. Dezember 1932 fragte er in der NZZ: *Was ist Kitsch?* und antwortete nicht anders als im Faesi-Seminar: Wenn vor das schöne Bild der Natur ein künstlich verfertigtes Bild der Natur gestellt, wenn ein von Natur aus poetisches Bild durch ein künstliches poetisches Bild überdeckt wird.

51 Im nachhinein sieht die Sache so aus, als habe Frisch seine Zeitungsartikel zu Prosatexten zusammengebaut.

52 Gespräche mit Käte Schnyder-Rubensohn vom 19. April 1994 und vom 15. Juni 1994. Über seine erste Schwimmstunde existiert ein Brief an Käte Rubensohn, in welchem Frisch in höchst selbstironischer Weise seine Schwimmkünste beschreibt.

53 Brief an Käte Rubensohn vom 7. Februar 1937

54 Brief an Käte Rubensohn vom 31. März 1937.

55 Brief an Käte Rubensohn vom 30. März bzw. 2. April 1935. Rubensohn war auf dieser ersten Reise nicht dabei, wie z.B. Toepfer fälschlicherweise vermerkt. Nina Toepfer: Chronik von Leben und Werk. In: Du. Die Zeitschrift für Kultur 12/1991.

56 GW I, S. 85.

57 GW I, S. 84.

58 Kleines Tagebuch einer deutschen Reise, NZZ vom 30. April, 7., 14. und 20. Mai 1935.

59 Der Suhrkamp Verlag macht daraus eine schöne Freudsche Fehlleistung, indem er seit Jahrzehnten Stadtreinigung statt Stadtregierung druckt.

60 GW I, S. 96.

61 GW I, S. 97.

62 GW I, S. 88.

63 GW I, S. 89.

64 GW I, S. 91.

65 Ebenda.

66 GW I, S. 68.

67 Vgl. z.B. Monika Amrein: Das Schauspielhaus Zürich, in: Schweizerische Monatshefte, März 1995, oder die Dissertation von Peter

Exinger: Die Narretei eines Idealisten. Schillernd – böse – großartig. Ferdinand Rieser und das Schauspielhaus Zürich. Wien 1996.

68 Interessant an dem Brief ist auch, daß Frisch nicht fragt, wer die Autoren verboten hat und warum. Genug: sie sind verboten. Auch hierin macht er sich unfreiwillig zum Anwalt der nationalsozialistischen Kulturzerstörer. Fünfzig Jahre später wird Frisch die gegenteilige Position vertreten: »Als Person kann man nicht neutral sein. Das kannst Du nur, wenn Du auf Herz und Hirn und auf eine politische Gesinnung verzichtest.« Max Frisch. Erzähler. Film von Philippe Pilliod. Berzona 1985. Ausgestrahlt 1987 von WDR und SFB.

69 GW II, S. 587.

70 Erschienen 1937 in der Deutschen Verlags-Anstalt, Stuttgart. Auch dieser Text wurde, aus Qualitätsgründen, wie Frisch angab, später nicht in die *Gesammelten Werke* aufgenommen.

71 Max Frisch: Antwort aus der Stille. Eine Erzählung aus den Bergen. Stuttgart 1937, S. 16f. Dr. Leuthold ist, anders als Reinhart, fünf Jahre älter als sein Autor. Das ist mehr als ein handwerklicher Kniff, um die Problemlage des Helden zu verschärfen. Es ist ein vorwegnehmendes literarisches Erproben des Alters und der Situation, in der sich Frisch in fünf Jahren, also nach dem geplanten Architekturstudium, vermutlich befinden wird. Frisch schlüpft gewissermaßen ins Gewand seiner angepeilten künftigen Biographie.

72 So fragwürdig diese Vorstellung auch ist, sie hatte vom ›rechten‹ Luis Trenker bis zum ›linken‹ Reinhold Messner über Generationen hinweg Konjunktur.

73 Ebenda, S. 106.

74 Ebenda, S. 129. Auffällig ist, daß die Geschichte mit dem Titel *Antwort aus der Stille* die *Antwort* des Bergs unterschlägt. Leuthold schweigt sich mit bedeutungsvollem Antlitz aus, Zeugen waren nicht zugegen. Das dürfte seinen guten Grund haben: Was kann der Berg schon geantwortet haben, wenn die Konsequenz daraus heißt: ›Laß deinen übersteigerten Ehrgeiz fahren. Sei wie du bist und damit zufrieden‹? Eine Antwort, die bei aller literarischen Eloquenz vermutlich die Konstruktion der Erzählung in Frage gestellt hätte. So aber bekommt die Wandlung des elitären Leuthold zum Normalbürger die geheimnisvolle Aura des Unsagbaren.

75 GW II, S. 588.

76 Max Frisch: Selbstanzeige. In: Atlantis Almanach 1949. Zürich 1948, S. 97 und GW II, S. 587.

77 Heinz Ludwig Arnold: Gespräche mit Schriftstellern. München 1975, S. 17.

78 Gespräch mit Käte Schnyder-Rubensohn vom 19. April 1994. Soweit ich sehe, ist dieser Brief an Käte Rubensohn auch das erste Zeugnis, worin Frisch das Verhältnis von Architektur und Schriftstellerei zu bestimmen versucht, ein Verhältnis, das dann zwölf Jahre lang genau in den Bereichen, die er angibt, äußerst produktiv wurde.

79 Interview mit Käte Schnyder-Rubensohn in Richard Dindos Film: Journal I–III, 1981. Sie beendete ihr Studium in Basel, heiratete dort Fortunatus Schnyder, hat zwei Söhne und unterrichtete deutsche Sprache und Literatur am Mädchengymnasium der Stadt.

80 Aus einem Brief vom 15. September 1935 an Käte Rubensohn geht hervor, daß er sich schon damals mit dem Gedanken einer Manu-skriptverbrennung befaßte und daß die Vorstellung, all das von ihm Geschaffene eigenhändig wieder zu vernichten, ihn fasziniert hat. Ein Grund für die baldige Überwindung der Krise vom Herbst 1937 dürfte auch darin liegen, daß Frisch mit Madeleine Seigner eine neue Liebe fand. Ihr Bruder, Benno Besson, wurde Brechts Schüler in Berlin, Theaterleiter und ein weltberühmter Regisseur, der dann Frischs letztes Theaterstück, *Jonas und sein Veteran,* uraufführte. Ihre Tochter Karin Pilliod war, rund 50 Jahre nach der Mutter, Frischs letzte Lebensgefährtin.

81 Gespräche mit Käte Schnyder-Rubensohn vom 8. Juni 1994 und vom 15. Juni 1994. Ins gleiche Kapitel fällt die Episode von der verdienenden jungen Frau, die den mittellosen Studenten Frisch eine Weile ausgehalten, dann aber vor die Türe gesetzt hat *(Montauk* resp. *Tagebuch 1946–1949).*

82 Brief an Käte Rubensohn vom 29. August 1934.

83 Die Vergabung wird am 1. Dezember 1939 ohne Begründung ange-kündigt. Max-Frisch-Archiv Zürich.

84 Brief an Käte Rubensohn vom 23. März 1938 und Gespräch mit Käte Schnyder-Rubensohn vom 8. Juni 1994.

85 GW II, S. 588.

86 Siehe Brief von Dr. Karl Naef – zusammen mit Frischs Lehrer und Förderer Prof. Faesi im Vorstand des Schweizerischen Schriftsteller-Verbandes – an Frisch und Frischs Antwortbrief vom 25. November 1939, beide im Max-Frisch-Archiv Zürich.

87 Andere Probleme seien inzwischen ins Lebenszentrum gerückt und Schreiben nur noch eine »nebenher existierende Rückzugs-, Reor-ganisations- und Ausdrucksmöglichkeit« des vom Künstler zum

bürgerlichen Architekten gewandelten Max Frisch gewesen, so interpretiert etwa W. Schwenke (Walburg Schwenke: Was bin ich? –
Gedanken zum Frühwerk Max Frischs. In: Walter Schmitz (Hg.):
Max Frisch. Materialien, S. 85). Alle Indizien und auch die Aussagen
von Zeitzeugen deuten darauf hin, daß die Schrifstellerei bei Frisch
immer Priorität gehabt hat und jenes »Gelübde« eben nur eine tem-
poräre Krise war.

»Wir sind Schweizer, leidenschaftlicher als je«
Stud. arch. Max Frisch als geistiger und
militärischer Landesverteidiger (1936–1942)

1   Die NSDAP wurde zwar ebenfalls verboten, doch blieb man tolerant
und löste – man wollte den großen Bruder schließlich nicht verärgern
– die letzten Gruppierungen erst am 1. Mai 1945 auf.

2   Außenminister Motta pflegte seit 1924 auch privat freundschaftliche
Kontakte zu Mussolini. Der einflußreiche Antidemokrat und Berater
Philipp Etters, Gonzague de Reynold, bewunderte die »Erneuerer«
Mussolini, Hitler, Franco und vor allem den portugiesischen Diktator
Salazar.

3   Besonders das Theater sei beherrscht von ausländischem Geist. Als
Gegenwehr wurde darum von rechtskonservativen, z.T. profaschisti-
schen Kreisen 1926 die heute noch existierende »Schweizerische
Gesellschaft für Theaterkultur« gegründet.

4   Hans-Ulrich Jost: Geschichte der Schweiz und der Schweizer, Frankfurt a.M. 1986, S. 750.

5   Um den Eindruck einer zentralstaatlichen Kulturvorherrschaft zu
verhindern – dem »Bund die Kanonen, die Kultur den Kantonen«
hatte es 1848 geheißen –, sollte eine eigene, unabhängige Kultur-
stiftung ins Leben gerufen werden. Die Arbeitsgruppe *Pro Helvetia*
konnte allerdings erst nach dem Krieg zur Stiftung umgewandelt
werden. Ihre Untergruppe *Heer und Haus,* als Propagandaorganisation
während der Kriegsjahre von großem Einfluß, mutierte im kalten
Krieg zu jenem *Informationsbüro* der Armee, das sich bei der Bespitzelung kritischer Landeskinder, u.a. auch Max Frischs, besonders hervorgetan hat.

6   Dennoch schreibt er Rabinovitchs Namen falsch.

7   So schuf er z.B. abseits jeder »Humorigkeit« eine erschütternde
Radierung über die Zerstörung und Niedermetzelung ganzer Dörfer

durch die Faschisten im spanischen Bürgerkrieg, sozusagen sein »Guernica«. Rabinovitch war 1914 nach Zürich gekommen und starb dort 1958. 1980 fand im Zürcher Stadthaus eine große Retrospektive seiner Arbeiten statt. Rabinovitch wurde dabei ebenso als großer Zeichner und Radierer wie als unerschrockener Humanist, Demokrat und Antifaschist erinnert.

8   Der Brief befindet sich im Besitz Isa Hesses, der Tochter Gregor Rabinovitchs, eine Fotokopie ist in meinen Händen.

9   Träfe Frischs Kriterium zu – es ist im Kern dasselbe, womit er die politische Abstinenz der eigenen Dichtung rechtfertigt –, so wäre Picassos *Guernica* sowenig Kunst wie etwa Heartfields Fotomontagen, Goyas *Schrecken des Krieges* oder Grünewalds *Isenheimer Altar.*

10 Der derart Geschmähte leistete übrigens mit Begeisterung Militär- und während des Zweiten Weltkriegs auch Aktivdienst. Frisch befand sich mit seiner Militanz gegenüber Rabinovitch in bester Gesellschaft: Die Zensurbehörde des Bundes bedrängte und zensurierte den anti- faschistischen *Nebelspalter* auf Druck Deutschlands so hartnäckig, bis dieser mit der Selbsteinstellung aus Protest drohte. Das half. (Vgl. Bruno Knobel: Die Schweiz im *Nebelspalter*. Karikaturen 1875–1974, Rorschach 1974).

11 Siehe Ulrich Niederer: Geschichte des Schweizerischen Schriftstel- lerverbands. Basel und Tübingen 1994.

12 Vgl. Werner Mittenzwei: Exil in der Schweiz, Leipzig 1981, S. 387, und Dieter Bachmann/Rolf Schneider (Hg.): Das verschonte Haus. Das Zürcher Schauspielhaus im Zweiten Weltkrieg. Zürich 1987. Zu Rieser siehe auch Ursula Amrein: Das Schauspielhaus Zürich. In: Schweizerische Monatshefte, März 1995, vor allem aber Peter Exin- ger: Die Narretei eines Idealisten. Schillernd – böse – großartig. Ferdinand Rieser und das Schauspielhaus Zürich. Wien 1996. Exinger weist unter anderem nach, daß Rieser, ohne es je an die große Glocke zu hängen, auch Juden in Deutschland und Österreich wie- derholt geholfen hat.

13 Gespräch mit Käte Schnyder-Rubensohn vom 8. Juni 1994.

14 Am 4. Dezember 1934 rezensierte er in der NZZ Grigil Robakidses neuen Roman: Der Ruf der Göttin. Robakidse war ein georgischer Emigrant und glühender Antibolschewist.

15 Thomas Mann hatte auf Korrodis Anwürfe öffentlich repliziert, was die Nazis zum Vorwand nahmen, Manns Münchner Haus und sein Vermögen zu beschlagnahmen und Mann auszubürgern.

16 GW I, S. 101.

17 GW I, S. 98ff.

18 GW I, S. 100.

19 GW I, S. 101.

20 Vgl. Werner Mittenzwei: Exil in der Schweiz, Leipzig 1981, S. 67, und Hervé Dumont: Das Zürcher Schauspielhaus, Lausanne 1973, S. 97f. Louis Naef hat für die Zeit von 1933 bis 1945 an die zweihundert Uraufführungen von Schweizer Dramatikern an den wenigen Berufsbühnen der deutschen Schweiz gezählt, 20 davon allein am Schauspielhaus, wo weitere 30 nachgespielt wurden, die anderswo uraufgeführt worden waren. An der Masse hat es also nicht gefehlt. Vgl. Louis Naef: Harmlosigkeit als Zeitkrankheit. In: Dieter Bachmann/Rolf Schneider (Hg.): Das verschonte Haus. Das Zürcher Schauspielhaus im Zweiten Weltkrieg. Zürich 1987, S. 147f.

21 Eine Pointe am Rande: Frisch polemisierte in seinem Schauspielhaus-Artikel gegen »das üble Pathos, das uns [angesichts des Nationalsozialismus, U.B.] als Retter und Bewahrer deutscher Kultur anredet, von diesem lächerlichsten und anmaßendsten Floh, den man unseren braven Leuten jemals hat ins Ohr setzen wollen«. (GW I, S. 102) Er polemisierte also, wenn auch aus fragwürdigen Gründen, gegen jene Legende, von der das Schauspielhaus seit Kriegsende zehrt.

22 Ute Kröger/Peter Exinger: Sechzig Jahre Neue Schauspiel AG (Arbeitstitel). Manuskript, erscheint 1998 im Limmat Verlag.

23 GW VI, S. 704.

24 Zit. in: Otto Rudolf Salvisberg: Die andere Moderne. Zürich 1985, S. 120.

25 Ebenda, S. 123.

26 Zu Dunkels 70. Geburtstag gab die ETH Zürich eine Werkbroschüre heraus, worin Dunkels wichtigste Bauten und Projekte vorgestellt sind.

27 Der in Potsdam ausgebildete, betont deutschfreundliche Ulrich Wille, Sohn des gleichnamigen Generals des ersten Weltkrieges, hatte sich ebenfalls zur Wahl gestellt. Er erhielt trotz starken Rückhalts in den höchsten gesellschaftlichen Kreisen keine Stimme. Dies war eine entscheidende Weichenstellung für den politischen Kurs der Schweiz und für die Wehrbereitschaft der Armee, um die es schlecht bestellt war. Guisan fand bei Amtsantritt keine Operationspläne und nur für wenige Tage Verbandsmaterial vor. Die Schweiz war zwar ökonomisch hervorragend, nicht aber militärisch auf den Krieg vorbereitet.

28 Max Frisch in: Rolf Kieser: Max Frisch. Das literarische Tagebuch. Frauenfeld 1975, S. 18, zit. in: GW I, S. 664.

29 Jonas und sein Veteran. Zürich 1989, S. 25f.

30 Max Frisch: Neue Folge der Blätter aus dem Brotsack. In: Schweiz als Heimat? Frankfurt a.M. 1990, S. 97. Vgl. auch Nina Toepfer: Chronik von Leben und Werk. In: Du. Die Zeitschrift für Kultur 12/1991.

31 GW I, S. 96.

32 Zuerst in der Zeitschrift Atlantis im Dezember 1939 unter dem Titel: *Taschenbuch eines Soldaten,* als Buch überarbeitet und um manche Texte erweitert 1940 mit dem endgültigen Titel im Atlantis Verlag Zürich. Eine Neuausgabe erschien noch 1964! Eine zweite Folge der *Blätter aus dem Brotsack,* verfaßt 1940, erschien in sechs Folgen in der NZZ zwischen dem 23. Dezember 1940 und dem 1. Januar 1941. Sie wurde leider nicht in die *Gesammelten Werke* aufgenommen und in Buchform erst 1990 in *Schweiz als Heimat?* publiziert.

33 GW I, S. 127.

34 GW I, S. 113.

35 GW I, S. 115.

36 GW I, S. 119.

37 GW I, S. 123.

38 GW I, S. 173.

39 GW I, S. 125 und 126.

40 GW I, S. 164f.

41 GW I, S. 134f. und 136.

42 GW I, S. 146. Ein Text, der erst für die Buchausgabe in die *Blätter* aufgenommen wurde.

43 GW I, S. 148.

44 GW I, S. 149.

45 Naiv war allenfalls sein Glaube an die Wehrkraft der Schweizer Armee: Was soll die Übermacht der deutschen Kriegstechnik, tröstete er sich, gegen die »gläubige Wut eines Menschen, der auf seinem Boden steht ... und sich von einer naturdumpfen Kraft getrieben fühlt, die nur wachsen kann, wenn man auf ihn schießt, und möglicherweise, einmal dazu getrieben, einer panzerbrechenden Grausamkeit fähig ist«. GW I, S. 142.

46 Frisch war sich durchaus bewußt, daß er politische Fragen in seinem Text ausklammerte. Er selber berichtete – nicht ohne leises Erstaunen –, wie wenig diese Fragen ihn als Soldat im Militäralltag beschäftigten. Man spielt Handball, »Deutschland und die Westmächte, es wird uns zur Nebensache«. (GW I, S. 170) Ob Deutsche, Russen, Hitler oder die Zukunft des Abendlandes – »wie schemenhaft bleibt mir alle

Geschichte«. (GW I, S. 129) »Wo, denkt man oft, ist nun das Gespenst des Krieges, das Antlitz des Tötens und der Toten ... und wo die rauchenden Städte? Ich sehe nichts. Auch wenn ich daran denke. Aus Anstand daran denke.« GW I, S. 145.

47 Die Tat. 26. Juli 1940.

48 Schweizer Monatshefte 6/1940.

49 GW II, S. 548 und 616.

50 Briefe vom 9. Mai und vom 10. Juni 1940. Max-Frisch-Archiv Zürich.

51 GW VI, S. 605.

52 GW I, S. 134.

53 GW I, S. 165f., 141, 142, 158.

54 GW I, S. 171.

55 Sie wurde leider nicht in die *Gesammelten Werke* aufgenommen. Vgl. Anm. 32 dieses Kapitels.

56 Schweiz als Heimat? Frankfurt a.M. 1990, S. 92.

57 Brief an Käte Rubensohn vom 17. Juni 1940.

58 Populär war das Gerücht, Hitler sammle in einer speziellen Mappe deutschfeindliche Texte aus Schweizer Zeitungen, um einen Vorwand für den Einmarsch zu haben. Auch die Nazis regten sich wieder offen im Land: Im Oktober 1940 inspizierte der Chef des deutschen Generalstabs die Juragrenze – eine plausible Grenze für den Einmarsch. »Am selben Tag fand in Zürich ein deutsches Erntedankfest mit 2000 Teilnehmern statt. Der deutsche Gesandte begrüßte Herrn von Bibra öffentlich als Landesgruppenleiter der NSDAP in der Schweiz.« GW VI, S. 560f.

59 Aufzeichnung Hans Koenigs über eine Unterredung mit Weizsäcker in Berlin am 28. März 1941. In: Edgar Bonjour: Geschichte der schweizerischen Neutralität. Band V. Basel/Stuttgart 1970, S. 243.

60 In: Werner Rings: Die Schweiz im Kriege 1933–1945. Ein Bericht. Zürich 1974, S. 176.

61 Ein in die Alpen zurückverlegtes Verteidigungsdispositiv.

62 Die meisten anderen Staaten lehnten solche direkten Geldwäscherdienste für Deutschland ab. Offensichtlich gab es aber auch indirekte Transfers in diese Länder via Schweiz. Zur Zeit sind zwei Kommissionen (des Parlaments und der Bankiervereinigung) daran, die Finanzverbindungen der Schweiz zum Deutschen Reich und die Problematik der sogenannten herrenlosen Vermögen zu erforschen, und es ist sehr wahrscheinlich, daß zum Zeitpunkt der Publikation dieses Buches hier wichtige neue Erkenntnisse vorliegen.

63 Gespräch mit Hans Mayer am 28. April 1994 in Tübingen.

64 GW VI, S. 703 und 704.

65 GW II, S. 588.

66 Unter anderen Riklin, de Stoutz, Reinshagen, Rehfuß und die junge Lisa della Casa.

67 Trudy Frisch-von Meyenburg im Interview vom 4. August 1994. Nach der Emeritierung widmete Hanns von Meyenburg sich dem Weinbau und der schönen Literatur auf seinem Gut. Der Nachruf würdigte ihn als wortkarg, trocken, tüchtig, zuverlässig, sachlich, hilfsbereit und gedankenklar, so die Abschiedsworte von Prof. Dr. med. Erwin Ühelinger, in: Hanns v. Meyenburg-Weber, 6.6.1887 bis 5.11.1971 – Trauerfeier in der reformierten Kirche Herrliberg am 10. November 1971. Es scheint, daß zwischen dem Gutsherrn und dessen Tochter Hortense in den Schwierigen gewisse Verbindungen zu Vater Hanns und Tochter Trudy Constance von Meyenburg bestehen, obschon diese betont, nicht ihr Vater, sondern der Vater einer früheren Freundin Frischs habe für die Figur Modell gestanden.

68 Zit. in: Nina Toepfer: Chronik von Leben und Werk. In: Du. Die Zeitschrift für Kultur 12/1991, S. 96.

69 Zum Beispiel im Film Zürich-Transit von Erwin Leiser resp. Bernhard Wicki. Zur Entstehungsgeschichte und zum Scheitern dieses Filmprojekts vgl. Erwin Leiser: Gott hat kein Kleingeld. Köln 1993, S. 201ff.

70 Enrico Filippini: Geschichten wie Handschuhe. In: Du. Die Zeitschrift für Kultur 12/1991, S. 40. Filippini scheint aus einem nicht sehr zuverlässigen Gedächtnis zu zitieren. Frisch lebte nicht zwanzig, sondern dreizehn Jahre mit seiner Frau zusammen.

71 Gespräch mit Hannes Trösch vom 5. Juli 1994 resp. mit Käte Schnyder-Rubensohn vom 8. Juni 1994.

72 Ebenda.

73 Interview mit Trudy Frisch vom 4. August 1994 in Herrliberg. Es war auffallend, wie wenig Trudy Frisch über die Entstehung der damaligen Arbeiten Frischs, sowohl der literarischen wie der architektonischen, wußte. Es herrschte in der Ehe offensichtlich eine konventionelle Arbeitsteilung und wenig fachliche Kommunikation: Max schrieb und baute, Trudy führte den Haushalt und erzog die Kinder.

74 Gespräch mit Hannes Trösch vom 5. Juli 1994.

75 GW I, S. 182.

76 Albin Zollinger: Pfannenstiel. Zürich 1940, und Alfred Fankhauser: Der Messias. Zürich 1940. Rezensionen Frischs in der NZZ vom 22.

November 1941 resp. NZZ vom 12. Dezember 1940. Interessant ist auch Frischs Kritik an Zollinger. Mißraten schienen ihm die Passagen, in denen die Figuren »Meinungen äußerten, die nicht bloß … Spiegelungen ihres Wesens, Widerschein ihrer inneren Vorgänge« seien, wo sie »wie Broschüren« redeten. (GW I, S. 178) Im Klartext: Zollingers Figuren politisierten, ja polemisierten gegen die Schweiz. Und »Polemik ist immer Rechthaberei und somit unkünstlerisch«. (GW I, S. 212) Es ist eine Ironie der Geschichte, daß Frisch später dieselbe Kritik zu erleiden hatte, die er hier an Zollinger übte. So schrieb z.B. Marcel Reich-Ranicki vierunddreißig Jahre später: »Je privater Frischs Prosa, desto größer ihr Anrecht auf öffentliches Interesse. Und je direkter er das Öffentliche beschreibt, desto mehr wird sie zur Privatsache des Bürgers Frisch« und somit kunstfremd. Marcel Reich-Ranicki: Mein Name sei Max Frisch. In: Frankfurter Allgemeine Zeitung vom 7. Oktober 1975.

77 GW II, S. 378f.

78 *Kunst der Erwartung, Anmerkungen eines Architekten* in der Kulturzeitschrift *Du* vom Juli 1941 spielt diesen Gedanken ins Architektonische. Ohne »Maß«, »Beschränkung«, »Haltung« verleidet die Sehnsucht nach dem Schrankenlosen rasch. Die »Erwartung«, nicht die »Erfüllung« kennzeichne die »wahre Kunst«. Erfüllung sei immer »eine Entleerung«, eine »Handvoll Tod«. (GW I, S. 190) Hinter jeder Erfüllung folge Leere, folge »laufendes Band voller Leere«. GW I, S. 191.

79 GW I, S. 200.

80 Neue Schweizer Rundschau, Okt. 1942.

81 GW I, S. 213.

82 GW I, S. 207.

83 GW I, S. 203.

84 GW I, S. 203. Alexander Stephan, der nur die literarischen, nicht aber die historischen Zusammenhänge im Auge hat, resümierte entsprechend einseitig: »Frischs Stellungnahmen zu Büchern und Autoren jener Zeit reflektieren von der Auswahl der Texte bis zur Wortwahl des Rezensenten Positionen des konservativen Literaturbetriebs der Jahre nach 1930.« Alexander Stephan: Max Frisch. München 1983, S. 20.

85 Telefonische Gesprächsauskunft von Alfred Cattani vom 26. Mai 1994.

Bin
oder Der Architekt als Freizeitschriftsteller (1942–1945)

1 Die Gliederung der Fassung von 1943 lautete: Reinhart oder Die
Jugend; Hinkelmann oder Ein Zwischenspiel; Turandot oder Das
Heimweh nach der Gewalt; Anton, der Diener, oder Das wirkliche
Leben. Eine überarbeitete Fassung erschien 1957 und wurde in dieser
Form auch in die *Gesammelten Werke* aufgenommen. Sie trennte *Jürg
Reinhart* wieder ab, eliminierte einige kurze Texte, welche zur Ver-
klammerung der beiden Romane dienten, und stellte den Titel um
zu *Die Schwierigen oder J'adore ce qui me brûle.*

2 GW I, S. 394.

3 GW I, S. 401. Die Mutter/Ehefrau als Königs- oder Heldenmacherin
ist als neurotische Form der Mutter-Sohn-Beziehung in der psycho-
analytischen und feministischen Literatur der siebziger Jahre ausgiebig
thematisiert worden. Sie gilt als prototypisch für die bürgerliche Ehe:
Die Frau gibt ihre Eigeninteressen auf, um sich ganz der Karriere des
Mannes und der Familienpflege zu opfern. Auch Frischs Ehe war
nach diesem Muster organisiert.

4 GW I, S. 402.

5 GW I, S. 401.

6 GW VI, S. 689.

7 GW I, S. 418.

8 GW I, S. 435.

9 Das Scheitern ist Anlaß zu einem langen Männergespräch zwischen
Jürg und dem jungen Architekten (!) Ammann. (Ammann bezeichnet
in der Schweiz den Gemeindevorsteher, den Beamten also, im Gegensatz etwa zum Künstler.) In diesem Gespräch breitet Frisch das
Frauenbild aus, das für sein ganzes frühes Werk typisch ist: »Jede
Frau, die von ihrem Geliebten nicht unterdrückt wird, leidet schließlich an der Angst, überlegen zu sein – an der Angst, daß er kein
wirklicher Mann sei«, räsoniert Ammann, und Jürg repliziert:»Befreiung der Frau, es war ein Männergedanke. Am Ende zeigt es sich als
die größte Vergewaltigung der Frau ... Man tat ihr Gewalt an, sie
von der Gewalt [der zugreifenden Männer, U.B.] zu befreien, die
ihre natürliche Sehnsucht ist.« – »Nicht enträtselt wollen sie sein,
sondern geraubt ... Sehnsucht nach der verlorenen Peitsche, Heimweh nach der Gewalt, die ihre tiefste Erfüllung ist und ihr heimlicher
Sieg.« (GW I, S. 479f.) Und: Für die Frau ist »der Mann immer nur
Stufe zum Kind«. (GW I, S. 596) Immer wieder projizieren Frischs

Männerfiguren nicht nur ihre Sehnsüchte und Wunschträume, sondern ebensosehr ihre eigenen Schwächen in die Frauen.

10 GW I, S. 480.

11 GW I, S. 551.

12 GW I, S. 497.

13 Ebenda.

14 GW I, S. 500.

15 GW I, S. 503.

16 GW I, S. 542.

17 GW I, S. 578f.

18 Volker Hage: Max Frisch. Reinbek 1983, S. 51.

19 Und die vermutlich auch Frischs Beschäftigung mit *Zarathustra* reflektiert.

20 GW I, S. 587.

21 GW I, S. 591.

22 GW I, S. 599.

23 Eduard Korrodi: Ein Roman von Max Frisch, 1944. In: Walter Schmitz (Hg.): Über Max Frisch II. Frankfurt a.M. 1976, S. 176.

24 Die Differenz zwischen den beiden Schreibhaltungen wurde erstmals deutlich in *J'adore ce qui me brûle,* und sie entwickelte sich zum neuen Stil im *Tagebuch 1946–1949.* Die Differenz war anfänglich gering, doch es kennzeichnet Weichen, daß eine anfänglich kleine Abweichung eine grundsätzlich andere Richtung einleitet.

25 Brief vom 11. Dezember 1944, Max-Frisch-Archiv Zürich.

26 Fünfzig Jahre später kommentierte Frisch von Steigers Parole wie folgt: »30.8.42. Nach drei Kriegsjahren befinden sich 9600 Flüchtlinge in der Schweiz ... 9600, so viele wie bei einem mittleren Fußballspiel« (Tagebuch 1946–1949 resp. Schweiz ohne Armee? Ein Palaver, S. 29). Zum Vergleich: 1970 befanden sich, unter anderen wirtschaftlichen Verhältnissen, 1 213 000 Fremdarbeiter in der Schweiz. Der St. Galler Polizeihauptmann Grüninger wurde 1942 fristlos und in Unehren entlassen, weil er entgegen der Bundesweisung Flüchtlingen, darunter vielen Juden, den illegalen Grenzübertritt und Aufenthalt in der Schweiz ermöglicht hatte. Grüningers seit 1968 fünfmal abgelehnte Rehabilitation fand erst 1993, lange nach seinem Tod, statt.

27 GW I, S. 220.

28 Ebenda.

29 GW I, S. 224.

30 Erschienen 1945 im Atlantis Verlag Zürich.

31 Sie fand in der erzählerischen Mischform zugleich eine originelle, Frisch-spezifische Lösung. Die verrätselte Erzählweise hat naturgemäß zu unterschiedlichsten Interpretationen inspiriert. So interessant diese sind, wir beschränken uns auch hier auf den bisherigen biographischen Ansatz.

32 Hans Mayer: Frisch und Dürrenmatt. Frankfurt a.M. 1992, S. 89.

33 GW I, S. 604.

34 GW I, S. 606.

35 GW I, S. 607.

36 GW I, S. 627.

37 GW I, S. 629.

38 GW I, S. 630.

39 Ebenda.

40 GW I, S. 631.

41 Ebenda.

42 GW I, S. 632.

43 GW I, S. 640.

44 GW I, S. 646.

45 GW I, S. 652.

46 GW I, S. 604.

47 GW I, S. 658.

48 Mayer vermerkt: »Peking und die Etappen der Reise bleiben stets Abfolgen aus der täglichen Wirklichkeit, Kompositionen aus realen Erlebnissen.« (Hans Mayer: Frisch und Dürrenmatt. Frankfurt a.M. 1992, S. 90) Manche Episoden lassen sich auf autobiographische Ereignisse zurückführen. Eine diesbezügliche Auflistung siehe bei Peter Spycher: Nicht-gelebtes und gelebtes Leben in Max Frischs *Bin oder Die Reise nach Peking* und *Santa Cruz*, in: Gerhard Knapp (Hg.): Max Frisch. Aspekte des Bühnenwerks. Bern 1978, S. 138.

49 Hans Mayer: Frisch und Dürrenmatt. Frankfurt a.M. 1992, S. 90f.

50 GW I, S. 617.

51 Briefe resp. Karten von Emil Staiger an Max Frisch vom 19. März 1945, 25. April 1945, 8. November 1954. Max-Frisch-Archiv Zürich.

»Spiel, das sich als Spiel bewußt bleibt«
Dramatische Jahre (1945–1950)

1 Hermann Glaser: Kulturgeschichte der Bundesrepublik Deutschland, Zwischen Kapitulation und Währungsreform 1945–48, München/ Wien 1985. Und Joachim Kaiser erinnerte sich: »In diesem heillosen

und heilvollen Jahr 45 brach nicht etwa alles zusammen für die meisten jungen Menschen, die es durchmachten, sondern es brach auch vielmehr etwas auf.« Joachim Kaiser: Wieviel gelogen wird. Süddeutsche Zeitung 28./29. April 1979.

2   Zit. ebenda, S. 118.

3   Das deutsche Volk beginnt »die furchtbaren Verbrechen zu büßen, die unter der Leitung derer, welche es zur Zeit ihres Erfolgs offen gebilligt hat und denen es blind gehorcht hat, begangen wurden«, hieß es zum Beispiel im Abschlußprotokoll der Potsdamer Konferenz vom 5. Juni 1945.

4   Alexander Stephan: Max Frisch. München 1983, S. 36. Offensichtlich beginnt dieser Prozeß erst in unseren Tagen, ausgelöst durch die Offenlegung der Flucht- und Opfergeldtransaktionen der Schweizer Banken während der Kriegszeit.

5   Friedrich Dürrenmatt: Dramaturgisches und Kritisches. Zürich 1972, S. 240.

6   Max Frisch in: Horst Bienek: Werkstattgespräche mit Schriftstellern, München 1965, S. 13. Brecht, Giraudoux, Camus, vor allem aber Thornton Wilder nennt Frisch als seine wichtigsten frühen Theaterlehrmeister und Anreger. In: Heinz Ludwig Arnold: Gespräche mit Schriftstellern, München 1975, S. 25. Vgl. auch GW II, S. 626.

7   Zum Beispiel im Film von Philippe Pilliod: Max Frisch, Erzähler, 1985 gedreht. 1987 ausgestrahlt in SFB und WDR.

8   Daß Frisch, mit einer Ausnahme, keine Emigrantenliteratur für die NZZ rezensierte und keine Beziehungen zu den sozialkritischen Kreisen um Humm, Bührer und Brenner gepflegt hat, wurde bereits berichtet. (Interview mit Trudy Frisch-von Meyenburg vom 4. August 1994). Walter Schmitz betont die Bedeutung von Frischs Kontakt mit dem Schauspielhaus v.a. für die literarische Tradition: »Erst der Kontakt zum Zürcher Schauspielhaus und den Emigrantenzirkeln … ermöglichen Frisch die Stellung, die er in der Literaturgeschichte einnimmt: Er vertritt, wie wenige, die ›mittlere Moderne‹, eine Generation, die sich mit dem literarischen Erbe des ersten Jahrhundertdrittels produktiv auseinandersetzen konnte.« Walter Schmitz: Max Frisch. Das Werk (1931–1961). Bern 1985, S. 125.

9   Die Besetzung: Elvira: Brigitte Horney, Pelegrin: Emil Stöhr, Rittmeister: Robert Freitag, Pedro: Ernst Ginsberg, Wirtin: Traute Carlsen, Viola: Agnes Fink. Hilpert kam erst nach Kriegsende ans Schauspielhaus. Er war nicht künstlerisch, jedoch politisch umstritten. Die »Alt«-Emigranten mißtrauten den in Deutschland gebliebenen

Kollegen und verdächtigten sie, wenn sie nun in die Schweiz kamen, der ›Butteremigration‹. (Verglichen mit Deutschland war die Versorgungslage in der Schweiz unmittelbar nach dem Krieg wesentlich besser.) Teo Otto arbeitete als Hausbühnenbildner seit den dreißiger Jahren am Schauspielhaus, bevor er zu Brecht ans Berliner Ensemble ging.

10 GW II, S. 7.

11 GW II, S. 17f.

12 GW II, S. 22.

13 GW II, S. 24.

14 Das Bild steht auch für die eingeschlossene Schweiz, für das »Land, worin es immer schneit«, für die Unmöglichkeit, in die Ferne zu reisen. Die Enge der bürgerlichen Gesellschaft hat Frisch allerdings schon zu Zeiten, da das Ausland noch offen stand, schmerzlich empfunden (z.B. in *Was bin ich?*). Sie ist in erster Linie ein sozio-psychologisches Problem. Es wäre falsch, nur die geographische Enge für Frischs Vorstellung von der bürgerlichen Gesellschaft verantwortlich zu machen, wie das Hans Jürg Lüthi nahelegt. Frisch hat sich gegen eine solche Problemverschiebung in der Auseinandersetzung mit Karl Schmid *(Das Unbehagen im Kleinstaat)* dezidiert gewehrt, da sie ein gesellschaftliches zu einem geographischen Problem entpolitisiert. Vgl. Hans Jürg Lüthi: Max Frisch. München 1981, u.a. S. 105.

15 GW II, S. 28.

16 GW II, S. 31.

17 GW II, S. 34.

18 GW II, S. 41.

19 GW II, S. 43.

20 GW II, S. 76.

21 GW II, S. 49 resp. Brief an Käte Rubensohn vom 29. August 1934.

22 GW II, S. 51.

23 GW II, S. 64f.

24 GW II, S. 72.

25 GW II, S. 73.

26 GW II, S. 74.

27 GW II, S. 75.

28 Frank Hoffmann: Der Kitsch bei Max Frisch, Bad Honnef 1979.

29 Eine Aufstellung der literarischen Bezüge vgl. Peter Spycher: Nichtgelebtes und gelebtes Leben in Max Frischs *Bin oder Die Reise nach Peking* und *Santa Cruz,* in: Gerhard Knapp (Hg.): Max Frisch. Aspekte des Bühnenwerks. Bern 1978, S. 142f.

30 GW II, S. 76.

31 GW I, S. 617.

32 Vgl. dazu die Kontroverse zwischen Spycher und Karasek um die Frage, ob die Figuren Charaktere oder keine Charaktere seien. Peter Spycher: Nicht gelebtes und gelebtes Leben in Max Frischs *Bin oder Die Reise nach Peking* und *Santa Cruz*, in: Gerhard Knapp (Hg.): Max Frisch. Aspekte des Bühnenwerks. Bern 1978, und Hellmuth Karasek: Max Frisch. Felber bei Hannover 1968.

33 Schweizerische Monatshefte 26/1946, S. 51–53. Manfred Jurgensen hielt *Santa Cruz* noch 1968 auf Grund seiner poetischen Sprache für ein bedeutendes Bühnenwerk. Manfred Jurgensen: Max Frisch: Die Dramen. Bern 1968.

34 Erschienen ist der Text in der von Walter Muschg edierten Sammlung Klosterberg, Verlag Benno Schwabe & Co, Basel 1946.

35 GW II, S. 137.

36 GW II, S. 85.

37 GW II, S. 89.

38 GW II, S. 95.

39 Schweizer Regierung und Armeeführung wußten seit Herbst/Winter 1942 verläßlich von der systematischen Judenvernichtung. Sie unterdrückten jedoch aus außenpolitischem Kalkül die Publikation dieser Erkenntnisse und sperrten die Grenzen für jüdische Flüchtlinge.

40 GW II, S. 100.

41 GW II, S. 123.

42 GW II, S. 127.

43 Karasek sieht gar in dieser Unbelehrbarkeit den ersten Ansatz zu Frischs späteren und berühmten »Lehrstücken ohne Lehre« *Biedermann* und *Andorra*. Diese Ansicht ist fragwürdig: Zum einen, weil es einen Überlebenden gibt, der die Lehre der Toten versteht, zum andern, weil die »Lehrstücke ohne Lehre« durchaus eine handfeste Lehre haben. Drittens sind ausweglose Stückausgänge ein gängiges Theatermittel – Brecht hat es z.B. in der *Mutter Courage* virtuos vorgeführt –, um die Zuschauer zu nötigen, sich selber Ausgänge aus scheinbar ausweglosen Situationen auszudenken. Vgl. Hellmuth Karasek: Max Frisch. Bad Honnef 1979.

44 GW II, S. 133.

45 Im *Jürg Reinhart* und in *Die Schwierigen* waren Proletarier allenfalls Jammergestalten, die vor den Chefs eine tumbe Figur abgaben. Die *Blätter aus dem Brotsack* berichten erste positive Erfahrungen mit Arbeitern.

46   -oe- im Tages-Anzeiger vom 31. März 1945.

47   Die Tat, 1. April 1945. Cäsar von Arx, der erfolgreichste Schweizer
     Dramatiker der Zwischenkriegszeit, war von der Talentprobe des
     Nachwuchsautors so erschüttert, daß er sich mit dem Gedanken trug,
     das eigene Schreiben »aufzustecken«. Felix Müller in der NZZ vom
     20. April 1985.

48   Weltwoche vom 6. April 1945.

49   Wiener Zeitung vom 31. März 1968. Es galt gar als »ein brisanteres
     und wirkungsvolleres Werk zur ›Vergangenheitsbewältigung‹, als die
     historischen und dokumentarischen Bilderbögen, die die Schuldigen
     für Guernica, Dresden, Hiroshima und Auschwitz suchen«. Neue
     Wege, März 1968.

50   GW II, S. 471.

51   Vgl. etwa die Kritik der Westdeutschen Allgemeinen Zeitung vom
     12. Januar 1957 anläßlich einer szenischen Lesung in Gelsenkirchen:
     Das Stück, so das Blatt, werde »durch die Einbeziehung des Toten-
     reichs und seiner versöhnlichen Perspektive« erträglich. »Ansonsten
     würde die Schuld der Lebenden in dieser szenischen Darstellung
     unerträglich erscheinen.«

52   Max Frisch. Erzähler. Porträtfilm von Philippe Pilliod, Berzona 1985,
     Teil 1. Die Literaturwissenschaft ignorierte allerdings diese Selbst-
     kritik. Gustav Huonker z.B. schrieb noch 1985: »In Frischs frühem
     Stück werden, auch nach Ansicht maßgebender deutscher Kritiker,
     die Probleme ›der deutschen Vergangenheitsbewältigung‹ gründlicher
     und subtiler analysiert« als von der Flut der späteren ›Vergangenheits-
     Bewältigungs-Literatur‹. Gustav Huonker: Literaturszene Zürich,
     Zürich 1985, S. 179.

53   Das Requiem geht durch Klage im Diesseitigen (Requiem aeternam)
     durch die Offenbarung des Göttlichen (Kyrie u.a.) zur Erlösung im
     Jenseitigen (Dona eis requiem). Die siebenteilige Form von *Nun
     singen sie wieder* korrespondiert nicht streng, doch in lockerer Analogie
     der sechs- bzw. siebenteiligen Form des Requiems: 1. Introitus:
     Requiem aeternam, 2. Kyrie, 3. Graduale mit der Sequenz: Dies irae,
     dies illa, 4. Offertorium: Domine Jesu Christe, 5. Sanctus et Benedic-
     tus, 6. Agnus Dei und (7.) Dona eis requiem.

54   GW II, S. 222.

55   Bänziger, der das Stück zwischen Wilders *Unsere kleine Stadt* und
     Zuckmayers *Gesang im Feuerofen* ansiedelte, bemerkte richtig, daß die
     Sprache in diesem Stück noch undramatischer ist als in *Santa Cruz* –
     »sie wird auf weite Strecken lyrisch« –, er machte hierfür jedoch

nicht die thematische Abstraktion verantwortlich, sondern Frischs »Gefühl, nicht dabeigewesen zu sein« – als ob Frisch in *Santa Cruz* dabeigewesen wäre! (Hans Bänziger: Frisch und Dürrenmatt. Bern 1962.) Karasek wirkt plausibler, wenn er Gründe des ästhetischen Empfindens anführt: »Eine ungebrochen dramatische Handlung« wäre für sein »Thema aber nicht denkbar gewesen«. Hellmuth Karasek: Max Frisch. Bad Honnef 1979, S. 26.

56 Verdammen oder Verzeihen? NZZ vom 23. Mai 1945.

57 GW II, S. 292f.

58 GW II, S. 295f.

59 GW II, S. 768.

60 Frischs Antwort an Bieri erschien daraufhin im Juni 1945 in der *Neuen Schweizer Rundschau.*

61 Siehe GW II, S. 226. Frisch gibt in dieser Rückschau von 1965 die Atomexplosion auf Bikini als Schockerlebnis an. Er irrt, denn Atombombenversuche fanden auf Bikini erst ab 1946 statt, als das Stück schon geschrieben war. Der erste Wasserstoffbomben-Versuch auf Bikini datiert von 1952.

62 Drei Stücke Brechts wurden 1941 bis 1943 am Schauspielhaus uraufgeführt: *Mutter Courage und ihre Kinder, Der gute Mensch von Sezuan, Leben des Galilei.* 1948 folgten die Uraufführung von *Herr Puntila und sein Knecht Matti* und in Basel die deutschsprachige Erstaufführung von *Furcht und Elend des Dritten Reiches.*

63 Auch dieser Text erschien in der Sammlung Klosterberg, Basel 1947. Das Stück liegt in vier Fassungen vor: 1946, 1955, 1965, 1972. Die Fassungen entstanden jeweils anläßlich neuer Inszenierungen und zeigen, wie sich Frischs Problem- und Formbewußtsein im Laufe der Jahre stark verändert hat. Nähere Angaben vgl. GW II, S. 760ff.

64 Der Name Min Ko kann, in der Art der anspielungsreichen Namensbildungen, wie Brecht sie kurz zuvor in *Me Ti, Buch der Wendungen,* vorgeführt hatte, durchaus als Min Kopf, Dialekt für: Mein Kopf, gelesen werden.

65 Text: Paul Ad. Brügger, Musik: Paul Burkhard.

66 Auch Brechts Wasserverkäufer im *Guten Menschen von Sezuan* trägt diesen Namen, und Frischs Wang ist stumm wie Kathrin in Brechts Mutter Courage.

67 Die Chinesische Mauer, Basel 1947, S. 33.

68 Ebenda, S. 122.

69 Ebenda, S. 88.

70 Ebenda, S. 127.

71 In der Fassung von 1972 – die Anschläge der RAF hielten die Gesellschaft in Spannung – aktualisierte Frisch den Punkt: Brutus ersticht
nun die beiden Kapitalisten und spendet den zynischen ›Trost‹: »Seid
getrost! Ihr sterbt nicht aus, / O edle Bürger mit der hohlen Hand,
/ ... / Getrost! – als Sorte bleibt ihr an der Macht.« (GW II, S. 213)
Das letzte Wort hat nun Romeo, der unglücklich Liebende: »Bald
ist die Welt ein einzig Grab.« GW II, S. 216.

72 In den späteren Fassungen spielt er auf diesen Gedanken an, wenn
er schreibt: »Zeit der Handlung: heute abend. (Also in einem Zeitalter, wo der Bau von Chinesischen Mauern, versteht sich, eine Farce
ist.)« (GW II, S. 145) 1955 spricht er auch von einer »Parodie auf
unser Bewußtsein, einer Farce des Inkommensurablen«. (GW II, S.
225). Mit dem »Sire, geben Sie Gedankenfreiheit« nachempfundenen
Moralismus: Sire, »verhindern Sie nicht länger das Reich der Wahrheit!«, ist der Macht im Atomzeitalter nicht mehr beizukommen; wer
es dennoch versucht, dem gerät der Versuch zwangsläufig zur Farce.

73 GW II, S. 223.

74 Die Substitution des Dichters durch den Dr. iur. bringt einerseits eine
kritische Zurücknahme der sozialen Wirksamkeit von Dichtung, sie
mag aber auch uneingestanden der Tatsache Rechnung getragen
haben, daß Frisch 1972, außer dem Nobelpreis, alle großen Literaturpreise erhalten hatte. Eine unfreiwillige Selbstparodie wäre ohne die
Trennung zwischen Dichter und Heutigem kaum zu vermeiden
gewesen.

75 Basler Zeitung vom 12. Oktober 1946.

76 Schweizerische Monatshefte 26/1946/47, S. 509ff.

77 NZZ vom 21. Oktober 1946.

78 ›Claudine‹ in Weltwoche vom 25. Oktober 1946. Eine Nelly Heuser
erinnerte sich in der *Schweizer Bücherzeitung* wehmütig an *Santa Cruz*,
jenes »schlackenlos schöne Spiel innerlichster menschlicher Werte«,
welches dem neuen Stück so gänzlich abgehe (Schweizer Bücherzeitung, Nov. 1946).

79 GW II, S. 326f.

80 Max Frisch: Erinnerungen an Brecht in *Tagebuch 1966–71*, GW VI,
S. 30f.

81 Gespräch mit Hannes Trösch vom 5. Juli 1994.

82 Therese Giehse: Ich hab nichts zum Sagen. Gespräche mit Monika
Sperr. München 1973, S. 89 und 91.

83 GW II, S. 330.

84 GW II, S. 594f.

85 GW II, S. 595.

86 GW II, S. 598.

87 GW II, S. 593.

88 Neue Zeitung vom 9. Mai 1948.

89 GW II, S. 334.

90 GW II, S. 335.

91 Ebenda.

92 Die Dominanz Brechts führte auch zu polemischen Abgrenzungen. So erklärt sich etwa der gegen Brecht polemisierende Untertitel: Ein Lehrstück ohne Lehre (zu *Biedermann und die Brandstifter*). Nicht immer ging es dabei ganz redlich zu. In der Rede *Der Autor und das Theater* etwa, gehalten 1964 auf der Frankfurter Dramaturgentagung, also nach Brechts Tod, bekämpfte Frisch Brechts Theorie, indem er deren Begrifflichkeit bewußt polemisch und falsch gebrauchte. Doch dies waren Ausnahmen.

93 Neue Schweizer Rundschau, Januar 1946.

94 GW II, S. 305f.

95 GW II, S. 376.

96 GW II, S. 379.

97 GW II, S. 312.

98 GW II, S. 383.

99 Frischs Reisebericht *Death is so permanent* erschien in der Neuen Schweizer Rundschau (2/46) und ging in überarbeiteter Form ins *Tagebuch 1946–1949* ein (GW II, 367, 371, 374, 376, 379, 382). Vgl. auch den Reisebericht *Das Schlaraffenland, die Schweiz,* erschienen in der Münchner Neuen Zeitung vom 26. April 1946.

100 GW II, S. 317.

101 Max Frisch: Erinnerungen an Brecht. *Tagebuch 1966–1971,* GW VI, S. 30f.

102 GW II, S. 397.

103 Der Text erschien in Der Monat, 1949. Er war ursprünglich ein Votum an einer Veranstaltung der *Schweizerisch-deutschen Kulturvereinigung,* zu deren Vorstand Frisch zusammen mit »mehreren prominenten Kommunisten« gehörte, so der Eintrag in Frischs Polizeiakte.

104 Thomas Mann: Kultur und Politik. Gesammelte Werke XII, S. 854.

105 GW II, S. 474.

106 GW II, S. 632.

107 GW II, S. 474.

108 GW II, S. 341.

109 GW II, S. 337, 340.

110 GW II, S. 341.

111 GW II, S. 342.

112 Er liegt dem *Bericht der Eidgenössischen Expertenkommission für Fragen der schweizerischen Kulturpolitik,* vulgo Clottu-Bericht, von 1975 ebenso zugrunde wie dem Kulturartikel im Entwurf zu einer neuen Bundesverfassung von 1977 oder der großen kulturpolitischen Rede von Bundesrat Hürlimann, CVP, 1978 auf Schloß Lenzburg.

113 GW II, S. 523.

114 GW II, S. 603.

115 Hans Mayer: Ein Deutscher auf Widerruf. Frankfurt a.M. 1982, S. 410. Frisch und Mayer befreundeten sich später, und Mayer gab 1976 Frischs *Gesammelte Werke* heraus.

116 Vgl. Frischs Kommentar zu seiner Bundespolizei-Akte *Ignoranz als Staatsschutz,* Zürich 1990/91, unveröffentlichtes Typoskript, Max-Frisch-Archiv Zürich.

117 Max Frisch: Friedrich Dürrenmatt. Zu seinem neuen Stück »Romulus der Große«. Weltwoche vom 6. Mai 1949. Vgl. auch GW II, S. 344 und 346.

118 Friedrich Dürrenmatt: Turmbau. Zürich 1990.

119 Hans Mayer: Frisch und Dürrenmatt, Frankfurt a.M. 1992, S. 11.

120 Zit. in: Karin Tantow/Lutz Tantow: Max Frisch. München 1994, S. 82.

121 Regie: Kurt Horwitz, Bühnenbild: Caspar Neher. Brigitte Horney spielte die Agnes, Walter Richter den russischen Oberst Stepan Iwanov, Robert Freitag den Horst Anders, Helga Roloff die Gitta. Das Manuskript des Stückes lag im Juli 1948 unter dem Titel *Ihr Morgen ist die Finsternis* vor, ein späterer Titel hieß *Judith.* Die Buchausgabe des Textes erschien 1949 in der Schweizerischen Reihe der Sammlung Klosterberg, Verlag Benno Schwabe & Co. Basel.

122 GW II, S. 530f. und S. 536f.

123 Vgl. GW II, S. 767 und S. 279 und den Brief an Zuckmayer vom 10. Mai 1949.

124 Anfang der fünfziger Jahre wurde es an verschiedenen deutschen Bühnen aufgeführt, ab Mitte der fünfziger Jahre verschwand es von den Spielplänen und tauchte in der Folge nur noch sporadisch und an unbedeutenden Bühnen auf.

125 »Der Weg vom Dargestellten zur Darstellung führt über die Notwendigkeit. Es kommt alles aus Sprachnotwendigkeiten heraus.« Max Frisch im Berner Tagblatt vom 26. Januar 1958.

126 GW II, S. 338f.

127 Handke, Beckett, in gewisser Weise auch Jandl haben später gezeigt, wie ein Theaterstück ohne verbale Verständigung funktionieren kann.

128 Alexander Stephan: Max Frisch. München 1983, S. 111.

129 Alexander Seiler in Schweizer Rundschau 18/1948/49, S. 1024ff. Seiler, ein späterer Weggefährte Frischs und linksengagierter Dokumentarfilmer – u.a. über *Schweiz ohne Armee* –, kritisiert hier noch ganz von der Warte des apolitischen, bürgerlichen Moralisten aus, dem Frisch allzu zeitkritisch und engagiert schreibt.

130 Carl Seelig in: National-Zeitung vom 12. Januar 1949 resp. Werner Weber in der NZZ vom 12. Januar 1949. Frisch hat sich später Webers Kritik zu eigen gemacht. Unmittelbar nach der Premiere reagierte er allerdings recht empfindlich darauf. Vgl. GW II, S. 638f. Lob ernteten die Schauspielerinnen und Schauspieler – allen voran Brigitte Horney und Robert Freitag. Auch die Regie wurde im großen ganzen als subtil und differenziert bewertet – im Einzelfall auch als langweilig und unvollkommen. St. Galler Tagblatt vom 13. Januar 1949.

131 National-Zeitung, 12. Januar 1949.

132 GW II, S. 644.

133 Kritiker von um die zwanzig deutschen Zeitungen waren angereist, die Thematik schien provokant. Die meisten hielten das Werk für gelungen, *Die Welt* sprach gar vom bisher stärksten Stück Frischs. Nur der Berliner *Kurier* fand, ähnlich der NZZ, den dritten Akt abfallend und eigentlich überflüssig. Der Kurier, Berlin, vom 3. Mai 1949; Die Welt, Hamburg, vom 26. April 1949.

134 GW II, S. 766.

135 Es verwendete eine literarische Form, die damals zwar en vogue war. Carossas Kriegstagebuch war schon vor dem Zweiten Weltkrieg populär, Ernst Jüngers *Strahlungen,* Günther Weisenborns *Memorial,* Ernst von Salomons *Fragebogen* und viele andere Tagebücher mit unterschiedlichem Wahrheitsgehalt waren während der Kriegszeit und unmittelbar danach veröffentlicht worden. Das Tagebuch wurde jedoch von Frisch anders strukturiert und als literarische Form weiterentwickelt. Vgl. z.B. Wulf Koepke: Understanding Max Frisch, University of South Carolina 1991, S. 41f.

136 Diese Mehrfachverwertung hat Frisch seit *Jürg Reinhart* immer wieder praktiziert, sei es, daß er Teile aus Romantexten herausbrach und als Artikel verkaufte oder Artikel in Romantexte umschrieb. In seinem letzten Werk *Schweiz ohne Armee? Ein Palaver* trieb er das Verfahren auf eine selbstironische Spitze, indem er Sätze aus einem früheren Werk *(Dienstbüchlein)* zitierte, die bereits Gedankenzitate aus einem

noch früheren Werk *(Blätter aus dem Brotsack)* waren, die er auch journalistisch bereits mehrfach verwertet hatte. Gedankenrecycling total.

137 »Ich hatte schlicht und einfach nicht die Zeit für eine große Form … das ›Tagebuch‹ war also zunächst eine Notform für mich«, erzählte Frisch Heinz Ludwig Arnold 1975. (Heinz Ludwig Arnold: Gespräche mit Schriftstellern. München 1975, S. 41.) Das hört sich plausibel an, unterschlägt allerdings, daß Frisch in derselben Zeit auch zwei abendfüllende Stücke geschrieben hat.

138 Max Frisch: Brief vom 17. Mai 1950, GW II, S. 776.

139 Siehe Heinz Ludwig Arnold: Gespräche mit Schriftstellern, München 1975, S. 18. Vgl. auch Jürgen H. Petersen: Max Frisch, München 1989, S. 78 ff.

140 Im Gespräch mit Heinz Ludwig Arnold sowie in *Montauk* finden sich Hinweise auf dieses intime Tagebuch. (Vgl. GW VI, S. 672) Walter Obschlager, der Leiter des Max-Frisch-Archivs, bestätigte dessen Existenz. Es bleibt jedoch bis zum Jahre 2011 versiegelt.

141 GW II, S. 379.

142 GW II, S. 349. Später gab er, angeblich auf Wunsch des Verlegers, dem *Tagebuch* ein Inhaltsverzeichnis bei, wodurch eine Art thematisches Brevier entstand, das förmlich zum Hinundherblättern einlädt.

143 GW II, S. 488.

144 Ohne Anspruch auf Vollständigkeit sind im *Tagebuch,* neben Materialien, die Frisch später nicht weiterverarbeitet hat, die Stoffe für folgende Werke bereitgestellt: *Andorra, Graf Öderland, Als der Krieg zu Ende war, Biedermann und die Brandstifter, Don Juan, Rip van Winkle* sowie Ansätze zu *Biografie* und *Triptychon.*

145 Hans Jürg Lüthi z.B. baut seine ganze Frisch-Interpretation darauf auf. Hans Jürg Lüthi: Max Frisch. München 1981.

146 GW II, S. 374.

147 GW II, S. 361.

148 Ebenda.

149 GW II, S. 371.

150 GW II, S. 369f.

151 Heinz Ludwig Arnold: Gespräche mit Schriftstellern. München 1975, S. 48.

152 Besonderen Anstoß nahm der Kanonier am Umgang der Schweiz mit den Juden und Emigranten. Die Nachkriegserkenntnis, daß die offizielle Schweiz spätestens seit Herbst 1942 detailliert von der Judenvernichtung gewußt hatte, verursachte einen irreparablen Riß in seinem Bild der Schweiz.

153 Elisabeth Müller, sie spielte die Mee Lan in der *Chinesischen Mauer* (und taufte ihre ältere Tochter auf den Namen Melanie), berichtete z.B., wie Frisch ihr auf langen Pfannenstielwanderungen seine Liebe, allerdings erfolglos, dargelegt habe. Es gab auch eine Einkehr in jenes Lokal, wo Frisch einige Jahre zuvor mit Trudy von Meyenberg den verehrten Albin Zollinger kennengelernt hatte. Auch erinnerte sie sich an eine Premierenfeier, bei welcher sie zwischen Frisch und Brecht zu sitzen kam. Plötzlich spürte sie eine Hand auf dem Knie. Sie griff zu und erwischte die Hand – Brechts! Gespräch mit Elisabeth Müller vom 12. August 1993.

»Es gibt Augenblicke, wo man sich wundert über alle, die keine Axt ergreifen«
Der Ausbruch (1950–1955)

1 Das Thema vom unerfüllten Leben war zwar auch in Frischs zeitpolitischen Theaterstücken nicht verschwunden, doch hinter dem Zeitbezug zurückgetreten. Nun wurde es wieder Hauptthema.

2 Anneliese Römer war seine Gattin Elsa, Gisela Mattuschent die Doppelfigur der Hilde/Inge. Fred Tanner als Mörder und Gustav Freytag in verschiedenen Rollen waren weitere bekannte Bühnennamen. Die übrigen Rollen waren weniger prominent besetzt.

3 GW II, S. 406–443.

4 GW III, S. 93.

5 Ebenda.

6 Eine Analyse der verschiedenen Ebenen *Öderlands* bei Marianne Biedermann: Graf Öderland in Beziehung zu seiner Umwelt. In: Walter Schmitz (Hg.): Max Frisch. Materialien. Frankfurt a.M. 1987, S. 129ff.

7 GW III, S. 9.

8 Die Motive sind öderländischer Natur: Wie pervers ist eine Gesellschaft, die den Menschen lebenslang zum Lohnsklaven depraviert, jedoch seine Unversehrtheit postuliert, sobald er totgeschlagen wird?

9 Manfred E. Schuchmann: Der Autor als Zeitgenosse. Frankfurt a.M./ Bern/Las Vegas 1979, S. 146f.

10 Hier entließ die Prosaskizze des *Tagebuchs* den Leser mit einem »usw.«: Sollte er sich doch das Ende der Geschichte selber ausdenken.

11 Fritz Langs Film *Der Dritte Mann* mit seinen Szenen in der gespenstischen Kanalisation Wiens machte zu jener Zeit Furore.

12 GW III, S. 89.

13 GW III, S. 92.

14 Friedrich Dürrenmatt: Eine Vision und ihr dramatisches Schicksal. Zu Graf Öderland von Max Frisch, 1951. In: Walter Schmitz (Hg.): Max Frisch. Materialien. Frankfurt a.M. 1987, S. 128.

15 NZZ vom 12. Februar 1951, Der Tag vom 3. März 1951, Theater und Film vom 3. März 1951, Vorwärts vom 1. März 1951, Neue Zürcher Nachrichten vom 16. März 1951, Sie und Er vom 23. Februar 1951, Der Mittag vom 1. Februar 1951. »Alles leere Automaten, die ihre Motive bis zum Überdruß ticken«, statt »lebendige Seelen« sahen die *Basler Nachrichten* vom 12. Februar 1951. »Die Axt im Haus erspart den Dichter«, urteilte die *Neue Zeitung* am 15. März 1951. Kritische Töne gab es auch aus dem Ausland. Die FAZ brachte sie auf folgenden Punkt: »Gesellschaftskritik läßt sich nicht mit verschwommenen Impressionen im lyrischen Ton erörtern, sie erfordert mehr scharfes Denken.« FAZ vom 16. Februar 1951.

16 Max Frisch: Kleines Memorandum zu »Graf Öderland«, März 1951. Max-Frisch-Archiv Zürich.

17 Vgl. Ute Kröger/Peter Exinger: 60 Jahre Neue Schauspiel AG (Arbeitstitel). Manuskript. Erscheint 1998 im Limmat Verlag.

18 Bei der Niederschrift des ersten Entwurfs zu seinem *Don Juan* in New York kannte Frisch, so seine Selbstaussage, keinen »einzigen Vorgänger. Die Figur des Don Juan war mir aus allgemeinem Wissen bekannt«. Sogar Mozarts Oper habe er erst später gehört. (Vgl.: Kuno Räber: Lieber schreiben als lesen. Eine Unterhaltung mit Max Frisch. Das Schönste 6/1962, S. 55) Immerhin kannte Frisch, wie Walter Schmitz nachgewiesen hat, bereits die Don-Juan-Bearbeitungen von José Zorilla y Moral, Grabbe und Shaw sowie Rojas Drama *Celestina*.

19 GW III, S. 169.

20 Die Buchausgabe des Stücks erschien im Frühjahr 1953. 1961 nahm Frisch eine leichte Überarbeitung vor. Die endgültige Fassung erschien 1963 in *Stücke* und wurde auch in die *Gesammelten Werke* aufgenommen.

21 Etwa Traugott Vogel in der NZZ vom 6. Mai 1953.

22 Wilhelm Zimmermann in den katholischen *Neuen Zürcher Nachrichten* war besonders »betreten über einen so hoffnungsvoll angetretenen Dichter«. Neue Zürcher Nachrichten vom 8. Mai 1953.

23 P.B. in der Zeitschrift *Sie und Er* vom Juni 1953.

24 So eine Diskutantin am Streitgespräch zu *Don Juan,* welches am 13. Mai im Neumarktsaal stattfand und an dem neben Max Frisch auch Friedrich Dürrenmatt teilnahm.

25 Erich Kuby: Don Juans Liebe zur Geometrie ist zu klein. In: Walter Schmitz (Hg.): Don Juan. Materialien. Frankfurt a.M. 1985, S. 81.

26 Max Frisch in: Horst Bienek: Werkstattgespräche mit Schriftstellern, München 1965, S. 32. Frisch schrieb das Hörspiel für den Bayerischen Rundfunk von Anfang Juli bis Anfang November 1952. Die Erstsendung fand am 26. März 1953 statt.

27 Max Frisch: Die Brandstifter. Entwurf für ein Hörspiel. 1949. In: Walter Schmitz (Hg.): Materialien zu Max Frisch: Biedermann und die Brandstifter. Frankfurt a.M. 1979, S. 38.

28 Hellmuth Karasek resp. Hans Bänziger resp. Martin Esslin resp. Herbert Knust resp. Peter von Matt. Alle in: Walter Schmitz (Hg.): Materialien zu Max Frisch: Biedermann und die Brandstifter. a.a.O.

29 Max Frisch: Que signifie la Parabole? In: Walter Schmitz (Hg.): Materialien zu Max Frisch: Biedermann und die Brandstifter. a.a.O.

30 GW II, S. 566.

31 GW II, S. 565.

32 Gespräch mit Hannes Trösch vom 24. August 1994. Am 23. August 1953 schrieb Max Frisch an Peter Suhrkamp u.a.: »Ich habe (jetzt) einen Ton gefunden, der sich bisher als sehr ergiebig erwiesen hat.«

33 Ingeborg Bachmann: Das dreißigste Jahr, München 1966, S. 18.

34 GW III, S. 346.

35 Und Stiller wird, damit auch die Kriminalgeschichte ordentlich zu Ende geführt sei, wegen allerlei staatsbürgerlichen Bagatellversäumnissen zu einer Geldbuße verurteilt, jedoch vom Spionageverdacht freigesprochen.

36 GW III, S. 753.

37 GW III, S. 601.

38 GW III, S. 311, 313.

39 Günther Anders veröffentlichte 1956 seinen ersten Band der *Antiquiertheit des Menschen,* worin er u.a. eine glänzende Analyse zum Wirklichkeitsverlust durch das Fernsehen lieferte.

40 Man blickte auch vom Pfannenstiel herab auf Herrliberg, wo das Landgut der Familie von Meyenburg liegt, und auf Thalwil, den Wohnort des marxistischen Kunsthistorikers Konrad Farner, den Frisch in jener Zeit kennen- und schätzen lernte.

41 Daneben kommen auch hier allerlei andere Themen zur Sprache. Biographisch interessant ist Stillers Wut gegen das über Glion gelegene Caux. Hier etablierte sich Ende der vierziger Jahre im Grand-Hotel Mountainhouse das Schweizer Zentrum der internationalen *Bewegung für Moralische Aufrüstung.* Diese, vom Amerikaner Frank

Buchanan 1938 gegründete, Vereinigung hatte sich einem militanten Antikommunismus und politischen Konservatismus verschrieben und verfügte über große Summen für propagandistische Feldzüge. Vgl. Jürg Frischknecht u.a.: Die unheimlichen Patrioten. Politische Reaktion in der Schweiz. Zürich 1984, S. 76 ff.

42   GW III, S. 751.

43   GW III, S. 780.

44   Emil Staiger in der Neuen Zürcher Zeitung vom 17. November 1954, Werner Weber im Schweizer Rundfunk (SRG) am 16. November 1954, Anonym in den Neuen Zürcher Nachrichten vom 18. Dezember 1954. Insgesamt blieb man jedoch Frisch sehr wohlgesinnt. Werner Weber: »Wir träumen uns jetzt einen gelösten, vom Ressentiment ganz befreiten Dichter Max Frisch ...«

45   Rino Sander in: Die Welt vom 18. Dezember 1954, Rudolf Goldschmitt in: Stuttgarter Zeit vom 18. Dezember 1954, Thilo Koch in: Die Zeit vom 2. Dezember 1954, Friedrich Luft in: Die Neue Zeitung (München) vom 21. November 1954, Franz Schonauer in: Deutsche Zeitung vom 20. November 1954.

46   So lehnte z.B. das Jurymitglied Karl Hoppe, Direktor des Seminars für deutsche Sprache und Literatur der Technischen Hochschule Braunschweig, den *Stiller* als ein »ganz billiges Werk« ab. Eduard Justi, der Rektor derselben Hochschule, reichte einen offiziellen Einspruch gegen Frisch ein und zitierte dabei das Urteil des renommierten Stuttgarter Germanisten Hermann Pongs, wonach in zwei Jahren niemand mehr von *Stiller* sprechen werde. Pongs: »Die ungewollte Parodie, die über dem Starrsinn dieses Zwangsneurotikers liegt, der sein Ich verleugnen will, wird vermischt unter den Ressentiments, mit denen Frisch seine Heimat bedenkt.« Vgl. Karin Tantow/Lutz Tantow: Max Frisch. München 1994, S. 120ff.

Achtung: die Schweiz!
Der Architekt und Stadtplaner (1943–1955)

1   Gespräch mit Hannes Trösch vom 24. August 1994.

2   Max Frisch im Film von Philippe Pilliod, a.a.O.

3   Gespräche mit Trudy Frisch-von Meyenburg vom 10. Mai 1997 und Hannes Trösch vom 24. August 1994. Hannes Trösch formuliert apodiktisch: »Frisch hat das Büro gewaltsam kaputt gemacht. Wenn er einen Auftrag kaputt machen konnte, dann hat er das gemacht.«

4   Brief von Kurt Peter an Max Frisch, Berzona, vom 11. Januar 1980. Max-Frisch-Archiv Zürich.

5   Datiert März 1980. Max-Frisch-Archiv Zürich. Frisch hat sich, so Tröschs Erinnerung, mit Peters Vorwürfen intensiv auseinandergesetzt.

6   Petra Hagen: Städtebau im Kreuzverhör. Max Frisch zum Städtebau der fünfziger Jahre, Zürich 1986.

7   GW VI, S. 704.

8   Ebenda.

9   Das Äquivalent dieser Summe im Jahr 1997 betrüge ca. 35–40 Millionen Franken.

10   GW II, S. 515.

11   Gespräche mit Trudy Frisch-von Meyenburg vom 10. Mai 1994 und mit Hannes Trösch vom 24. August 1994.

12   Im Brief vom 28. Mai 1943 an Emil Staiger spricht Frisch von diesen Entwürfen. Ab Jahreswende 1944/45 sind Frisch und Staiger Duz-Freunde.

13   GW II, S. 511f.

14   Expertise zuhanden des Hochbauamtes der Stadt Zürich und der Neuen Schauspiel AG datiert vom 30. Januar 1965. Max-Frisch-Archiv Zürich.

15   Die Diskussionen um die Umgestaltung des Heimplatzes zogen sich über Jahre hin, und Frisch griff noch mehrmals öffentlich in die Debatte ein. So war er 1968 Mitverfasser des Flugblattes *Eine Chance für Zürich,* herausgegeben von der sozialdemokratischen Partei Zürichs. Er veröffentlichte überdies im *Züri-Leu* ein großes Interview mit dem Titel: *Integration der Kultur* und schrieb in der Basler *National-Zeitung* den Artikel *Entkalkung der Zürcher Kultur.* Utzons Heimplatz-Konzept überzeugte ihn, weil es seinen eigenen städtebaulichen Vorstellungen von der Etagencity entsprach.

16   Der städtebauliche Verlust dieser Sparlösung liegt auf der Hand. Anderseits wissen wir heute, dank der Erfahrungen in anderen Städten, z.B. in Basel, daß Utzons voluminöses Theater die künftige Rolle des Theaters in der Gesellschaft vermutlich überschätzt hat und sein Bau eine überdimensionierte Lösung mit enormen Folgekosten gewesen wäre. Die architektonische Radikalität, die auch Frisch bestochen hatte, verbarg den fragwürdigen Funktionsnutzen.

17   Bereits 1941 hatte Frisch diese Gedanken im Aufsatz *Kunst der Erwartung* (I, 189) anhand der Aussicht durch ein Sprossenfenster entwickelt.

18 Was man angesichts der postmodernen Scheußlichkeiten in der Umgebung auch durchaus positiv werten kann.

19 Frisch berichtete darüber in: Spanien – Im ersten Eindruck. GW III, S. 179.

20 GW II, S. 556.

21 Die Reise führte über Barcelona nach Madrid, Toledo, Sevilla, Granada nach Gibraltar und von dort mit dem Schiff zurück. Max Frisch: Spanien – Im ersten Eindruck, erschienen 1951 in der Zeitschrift *Atlantis*.

22 »Alles ist gigantisch-kleinlich, eine Folterkammer des Geistes, stur und schrecklich schon durch den Mangel an Geschmack, spießerhaft bis in den Grundriß.« GW III, S. 184f.

23 GW III, S. 191f.

24 »Soviel gute, sogar hervorragende Beispiele fortschrittlicher Architektur habe ich noch nirgends getroffen. Besonders Hochhäuser«, vermeldet z.B. der Bericht *Orchideen und Aasgeier* von der herbstlichen Reise durch Mexico. GW III, S. 196.

25 GW III, S. 196.

26 GW III, S. 275.

27 GW III, S. 350.

28 GW III, S. 230ff.

29 GW III, S. 192.

30 Siehe Hannes Tröschs Publikation in: Werk. Bauen und Wohnen. 1/1955, S. 2f.

31 Zur Tradition dieser Ideen vgl. Du. Die Zeitschrift für Kultur 2/1995.

32 Gespräch mit Hannes Trösch vom 5. Juli 1994.

33 GW III, S. 275.

34 GW VI, S. 705.

35 GW III, S. 234.

36 Gebaut wurde allerdings meist ein fragwürdiger Kompromiß: Rund um den historisch restaurierten Dom entstanden in der Regel den alten Bauformen ›nachempfundene‹ Neubauten mit einer Fußgängerzone, die nach Ladenschluß zur Betonwüste verödete. Auch Neubauviertel wurden selten kühn konzipiert, sondern bestanden meist aus Standardbauten. Ansätze wie das Hansaviertel in Berlin blieben Ausnahmen.

37 Vgl. Johanna Gisler: Leitbilder des Wohnens und sozialer Wandel 1935–1965. In: Schweizerisches Sozialarchiv (Hg.): Bilder und Leitbilder im sozialen Wandel. Zürich 1991.

38 Cum grano salis. GW III.

39 GW III, S. 281.

40 GW III, S. 231.

41 GW III, S. 235f.

42 GW III, S. 239.

43 GW III. Erstsendung im Hessischen Rundfunk am 14. Mai 1955.

44 GW III, S. 264.

45 GW III, S. 279.

46 GW III, S. 287f.

47 GW III, S. 294.

48 Bericht von Martin Ganz: Nonkonformes von vorgestern: Achtung: die Schweiz! In: Schweizerisches Sozialarchiv (Hg.): Bilder und Leitbilder im sozialen Wandel. Zürich 1991. Vgl. auch die Angaben in GW III, S. 864.

49 Arthur Zimmermann: Polemik – ein Gespräch mit Max Frisch. In: Pro Helvetia (Hg.): Max Frisch. Bern 1981, S. 39.

50 Zit. bei Martin Ganz: Nonkonformes von vorgestern: Achtung: die Schweiz! a.a.O., S. 381.

51 Ebenda.

52 GW III, S. 309f.

53 GW III, S. 321, 309.

54 GW III, S. 335f.

555 GW III, S. 336.

56 GW III, S. 305.

57 GW III, S. 338.

58 Ernst Egli u.a.: Die neue Stadt. Basel 1956, S. 62. Eine Folgebroschüre zu *Achtung: die Schweiz!,* worin die Diskussion anhand der öffentlichen Reaktionen weitergeführt und konkretisiert wird.

59 NZZ vom 30. Januar 1955.

60 Peter Meyer: Achtung: die Schweiz! In: Neue Schweizer Rundschau, S. 657. Auch die Verknüpfung der Musterstadt mit der Landesausstellung stieß auf Ablehnung. »Man kann sich nicht vorstellen, daß die Bewohner der Stadt es gerne hätten, wenn Hunderttausende von zahlenden Besuchern ihnen z.B. jeden Morgen beim Aufstehen oder beim Frühstück zusehen würden.« (Hans Hoffmann in der Weltwoche vom 4. Februar 1955) Frisch gab denn auch die Verbindung mit der Landesausstellung wieder auf.

61 Aufschlußreich etwa die Artikel von Ernst Hubeli, Christoph Luchsinger, Diener & Diener zur aktuellen Bausituation im wiedervereinigten Berlin. In: Werk. Bauen und Wohnen 1/2/1995.

62 Vgl. z.B. Oskar Flück: Auto-Mobilität und Siedlungsstruktur. Um-
    orientierung statt Errichtung einer Megalopolis. NZZ vom 21. Mai
    1995.
63 Zum Beispiel M. Schaub: Warum Manhattan? Max Frisch in New
    York. In: Tages-Anzeiger-Magazin vom 9. Mai 1981.
64 Dieter Bachmann in Du. Die Zeitschrift für Kultur 12/1991, S. 19.

Zu den Abbildungen

Max Frisch – Chronologie seines Lebens

1911 Geburt Max Frischs am 15. Mai in Zürich. Vater: Franz Bruno Frisch, Architekt und Liegenschaftenmakler. Mutter: Karolina Bettina Frisch, geb. Wildermuth

1924 »Realgymnasium« Zürich. Finanzielle Schwierigkeiten der Eltern

1930 Studium der Germanistik an der Universität Zürich

1932 Tod des Vaters; Abbruch des Studiums. Freier Mitarbeiter bei der *Neuen Zürcher Zeitung* und der *Zürcher Illustrierten*

1933 Reisen auf dem Balkan und in Südosteuropa, laufend finanziert durch veröffentlichte Reiseschilderungen

1934 *Jürg Reinhart. Eine sommerliche Schicksalsfahrt,* sein erster Roman, erscheint in der Deutschen Verlags-Anstalt Stuttgart

1935 Erste Reise nach Deutschland: Konfrontation mit der nationalsozialistischen Rassenideologie

1936 Beginn eines Architekturstudiums an der Eidgenössischen Technischen Hochschule Zürich (ETH).

1937 *Antwort aus der Stille. Eine Erzählung aus den Bergen* erscheint, wiederum bei der Deutschen Verlags-Anstalt

1938 Conrad-Ferdinand-Meyer-Preis der Stadt Zürich

1939 Mit Kriegsbeginn aktiver Dienst als Kanonier; bis 1945 leistet er 650 Diensttage

1940 *Blätter aus dem Brotsack,* das Tagebuch eines Soldaten, erscheint im Atlantis Verlag Zürich. Erwirbt das Diplom als Architekt während eines Urlaubs vom Militärdienst

1941 Anstellung beim Architekten Prof. William Dunkel. Entwurf eines Einfamilienhauses für seinen Bruder in Zusammenarbeit mit Constance von Meyenburg

1942 1. Preis unter 82 Konkurrenten im Architekturwettbewerb für den Bau eines städtischen Freibades am Letzigraben in Zürich. Gründung eines eigenen Büros. Heirat mit Constance von Meyenburg.

1943 Im Atlantis Verlag Zürich erscheint *J'adore ce qui me brûle oder Die Schwierigen*

1945 *Bin oder Die Reise nach Peking* erscheint. Am Schauspielhaus Zürich wird *Nun singen sie wieder. Ein Schauspiel aus der Gegenwart* uraufgeführt.

1946 Reisen nach Deutschland und Italien. Uraufführungen der Stücke *Santa Cruz* und *Die Chinesische Mauer*

1947 Bekanntschaft mit Bertolt Brecht und erste Begegnung mit Peter Suhrkamp, seinem künftigen Verleger. Beginn des Letzibad-Baus

1948 Reisen nach Berlin, Prag und Warschau. Teilnahme am »Congrès Mondial des Intellectuels pour la Paix« in Wrocław (Breslau) mit Le Corbusier, Picasso, Karl Barth, François Bondi u.a.

1949 Reisen nach Wien und Berlin. Das Letzibad wird eröffnet

1950 *Tagebuch 1946–1949* erscheint im neugegründeten Suhrkamp Verlag in Frankfurt

1951 Uraufführung der Moritat *Graf Öderland* in Zürich. Einjähriger Aufenthalt als Stipendiat der Rockefeller Stiftung in den USA (New York, Chicago, San Francisco, Los Angeles und Mexiko)

1953 Der Bayrische Rundfunk sendet Frischs Hörspiele *Herr Biedermann und die Brandstifter* und *Rip van Winkle*. Vortrag vor Architekten in Zürich: *Cum grano salis;* Beginn einer öffentlichen Polemik zur Situation des modernen Städtebaus

1954 *Stiller* erscheint. Frisch trennt sich von seiner Familie

1955 Max Frisch, Lucius Burckhardt und Markus Kutter schlagen in ihrer Broschüre *Achtung: die Schweiz* vor, eine neue Stadt zu bauen. Schleussner-Schueller-Preis des Hessischen Rundfunks für Frischs Hörspiel *Der Laie und die Architektur*. Verkauf des Architekturbüros an den langjährigen Mitarbeiter Hannes Trösch.

1956 Teilnahme an der International Design Conference in Aspen (Colorado); Referat: *Why don't we have the cities we need?* Reise nach Mexiko.

1957 *Homo faber* erscheint. Reisen nach Griechenland und in die arabischen Staaten.

1958 Bekanntschaft mit Ingeborg Bachmann. Georg-Büchner-Preis der Deutschen Akademie für Sprache und Dichtung. Literatur-Preis der Stadt Zürich. Charles-Veillon-Literaturpreis. Ehe mit Constance Frisch-von Meyenburg geschieden. Übersiedlung nach Rom. *Andorra* in Zürich, Frankfurt, München und Düsseldorf uraufgeführt. Mitglied der Jury beim Wettbewerb für einen Neubau des Schauspielhauses Zürich.

1964 *Mein Name sei Gantenbein* erscheint

1965 Man's Freedom-Prize der Stadt Jerusalem. Kehrt von Rom in die Schweiz zurück: nach Berzona im Tessiner Onsernonetal.

1966 Reise nach Moskau, Leningrad und Odessa. Vortrag vor kantonalen Fremdenpolizeichefs zum Thema »Überfremdung«. Tod der Mutter. *Biografie: ein Spiel* wird uraufgeführt. Reise in die Sowjetunion; Bekanntschaft mit Gerhard und Christa Wolf. Heirat mit Marianne Oellers

1969 Reise nach Japan

1970 Reise in die USA: Gast im Weissen Haus beim Sicherheitsberater des Präsidenten, Henry A. Kissinger

1971 *Wilhelm Tell für die Schule* erscheint

1972 *Tagebuch 1966–1971* erscheint. Wohnung in Berlin

1974 *Dienstbüchlein* erscheint. Grosser Schiller-Preis der Schweizerischen Schillerstiftung

1975 *Montauk*. Reise nach China

1976 Friedenspreis des Deutschen Buchhandels. *Gesammelte Werke in zeitlicher Folge* erscheinen, herausgegeben von Hans Mayer und Walter Schmitz.

1979 Uraufführung von *Triptychon. Drei szenische Bilder* in Lausanne. *Der Mensch erscheint im Holozän*. Ehe mit Marianne Frisch-Oellers geschieden

1981 Kauf einer Loft in New York. Entwurf eines Wohnhauses für seinen Verleger Siegfried Unseld. Gründung des Max-Frisch-Archivs an der ETH Zürich.

1982 *Blaubart*. Ehrendoktor der City University New York

1983 *Max Frisch: Forderungen des Tages. Porträts, Skizzen, Reden 1943–1982,* herausgegeben von Walter Schmitz

1984 Wohnung in Zürich, Stadelhoferstr. 28

1986 Neustadt-Literaturpreis der University of Oklahoma; Frisch stellt die Preissumme von 25 000 Dollar für den Bau einer Schule in Nicaragua zur Verfügung

1987 Einladung zum von Mikhail Gorbatschow veranstalteten »Forum für eine atomwaffenfreie Welt und das Überleben der Menschheit« nach Moskau. Ehrendoktor der Technischen Universität Berlin

1989 *Schweiz ohne Armee? Ein Palaver* erscheint. Uraufführung von *Jonas und sein Veteran* in Lausanne und Zürich. Heinrich-Heine-Preis der Stadt Düsseldorf

1990 *Max Frisch: Schweiz als Heimat? Versuche über 50 Jahre,* herausgegeben von Walter Obschlager

1991 Am 4. April stirbt Max Frisch in seiner Wohnung in Zürich.

Namen- und Werkregister